崇文国学经典

庄 子

高竞艳　译注

长江出版传媒｜崇文书局

图书在版编目（CIP）数据

庄子 / 高竞艳译注 . -- 武汉：崇文书局，2023.4
（崇文国学经典）
ISBN 978-7-5403-7145-6

Ⅰ．①庄… Ⅱ．①高… Ⅲ．①《庄子》－译文②《庄
子》－注释 Ⅳ．① B223.54

中国国家版本馆 CIP 数据核字（2023）第 042237 号

出 品 人　韩　敏
丛书统筹　李慧娟
责任编辑　黄振华　李慧娟
责任校对　董　颖
装帧设计　甘淑媛
责任印制　李佳超

庄子
ZHUANGZI

出版发行　长江出版传媒｜崇文书局
地　　址　武汉市雄楚大街 268 号 C 座 11 层
电　　话　（027）87677133　邮政编码　430070
印　　刷　湖北恒泰印务有限公司
开　　本　880 mm×1230 mm　　1/32
印　　张　10.25
字　　数　248 千
版　　次　2023 年 4 月第 1 版
印　　次　2023 年 4 月第 1 次印刷
定　　价　49.00 元
（如发现印装质量问题，影响阅读，由本社负责调换）

总 序

　　现代意义的"国学"概念，是在 19 世纪西学东渐的背景下，为了保存和弘扬中国优秀传统文化而提出来的。1935 年，王缁尘在世界书局出版了《国学讲话》一书，第 3 页有这样一段说明："庚子义和团一役以后，西洋势力益膨胀于中国，士人之研究西学者日益众，翻译西书者亦日益多，而哲学、伦理、政治诸说，皆异于旧有之学术。于是概称此种书籍曰'新学'，而称固有之学术曰'旧学'矣。另一方面，不屑以旧学之名称我固有之学术，于是有发行杂志，名之曰《国粹学报》，以与西来之学术相抗。'国粹'之名随之而起。继则有识之士，以为中国固有之学术，未必尽为精粹也，于是将'保存国粹'之称，改为'整理国故'，研究此项学术者称为'国故学'……"从"旧学"到"国故学"，再到"国学"，名称的改变意味着褒贬的不同，反映出身处内忧外患之中的近代诸多有识之士对中国优秀传统文化失落的忧思和希望民族振兴的宏大志愿。

　　从学术的角度看，国学的文献载体是经、史、子、集。崇文书局的这一套国学经典，就是从传统的经、史、子、集中精选出来的。属于经部的，如《诗经》《论语》《孟子》《周易》《大学》《中庸》《左传》；属于史部的，如《史记》《三国志》《资治通鉴》《徐霞客游记》；属于子部的，如《道德经》《庄子》《孙子兵法》《山海经》《黄帝内经》《世说新语》《茶经》《容斋随笔》；属于集部的，如《楚辞》《古诗十九首》《乐府诗选》《古文观止》。这套书内容丰富，而分量适中。一个希望对中国优秀传统文化有所了解的人，读了这些书，一般说来，犯常识性错误的可能性就很小了。

崇文书局之所以出版这套国学经典，不只是为了普及国学常识，更重要的目的是，希望有助于国民素质的提高。在国学教育中，有一种倾向需要警惕，即把中国优秀的传统文化"博物馆化"。"博物馆化"是20世纪中叶美国学者列文森在《儒教中国及其现代命运》中提出的一个术语。列文森认为，中国传统文化在很多方面已经被博物馆化了。虽然中国传统的经典依然有人阅读，但这已不属于他们了。"不属于他们"的意思是说，这些东西没有生命力，在社会上没有起到提升我们生活品格的作用。很多人阅读古代经典，就像参观埃及文物一样。考古发掘出来的珍贵文物，和我们的生命没有多大的关系，和我们的生活没有多大关系，这就叫作博物馆化。"博物馆化"的国学经典是没有现实生命力的。要让国学经典恢复生命力，有效的方法是使之成为生活的一部分。崇文书局之所以坚持经典普及的出版思路，深意在此，期待读者在阅读这些经典时，努力用经典来指导自己的内外生活，努力做一个有高尚的人格境界的人。

国学经典的普及，既是当下国民教育的需要，也是中华民族健康发展的需要。章太炎曾指出，了解本民族文化的过程就是一个接受爱国主义教育的过程："仆以为民族主义如稼穑然，要以史籍所载人物制度、地理风俗之类为之灌溉，则蔚然以兴矣。不然，徒知主义之可贵，而不知民族之可爱，吾恐其渐就萎黄也。"（《答铁铮》）优秀的传统文化中,那些与维护民族的生存、发展和社会进步密切相关的思想、感情,构成了一个民族的核心价值观。我们经常表彰"中国的脊梁",一个毋庸置疑的事实是,近代以前,"中国的脊梁"都是在传统的国学经典的熏陶下成长起来的。所以,读崇文书局的这一套国学经典普及读本,虽然不必正襟危坐,也不必总是花大块的时间,更不必像备考那样一字一句锱铢必较,但保持一种敬重的心态是完全必要的。

期待读者诸君喜欢这套书,期待读者诸君与这套书成为形影相随的朋友。

陈文新

(教育部长江学者特聘教授,武汉大学杰出教授)

前 言

庄子,战国中期人,约生于公元前369年,约卒于公元前286年,名周,宋国蒙(今河南商丘东北)人。庄子与齐宣王、魏惠王同时,与惠施为友。他曾做过蒙地漆园小吏,后来厌恶政治,脱离仕途,靠编草鞋糊口,过着隐居生活。他一生的行踪多在楚境。他那汪洋恣肆的风格和奇妙无穷的思辨,与楚国的文化传统有着密切的关联。

庄子及其学派的学术结晶,便是《庄子》一书。是书汉代有五十二篇,言多诡诞,类似《山海经》或占梦书。魏晋流行至今的通行本有三十三篇,其中内篇七,外篇十五,杂篇十一。自宋以来,一些学者就提出了《庄子》内、外、杂篇的区分和真伪问题。一般认为,内篇语言风格接近,思想连贯,自成一体,乃庄子自著,是全书之核心。外篇和杂篇大多出于庄子后学之手。有意思的是,司马迁在《史记》中说庄子著书十万余言,列举的篇目却只是外、杂篇的《胠箧》《渔父》《盗跖》等,近年湖北出土了汉简《盗跖》。苏轼和晚近不少学者怀疑外、杂篇,指其为伪书。今人也有反其道而行者,力证外、杂篇才是庄子自著。

《庄子》以"三言",即"寓言""重言""卮言"为主要表现形式。其书"寓言十九",意即绝大部分是寓言。所谓"寓言",乃言在此而意在彼。作者借助河神、海神、云神、元气,甚至鸥鸦狸狲、山灵水怪,演为故事,让读者体会其中的道理。所谓"重言",是借重古贤圣哲或当时名人的话,或另造一些古代的"乌有先生"来谈道说法,让他们互相辩论,或褒或贬,没有一定之论。但在每一个场合,却都隐藏着一个俏皮的庄子。卮是酒器,或是漏斗。"卮言"即无心之言,或酒后之言,没有很强的主观性,或是漏斗式的话,隐喻无成见之言。其实,庄子说的话,只是从不同角度替大自然宣泄不同的声音。《庄子》的言语,暗示性无边无涯,涵盖面无穷无尽,给人以广阔的想象空间,可以做出多重的、创造性的解读。以下,我们略为介绍一下庄子的思想。

首先是"道论"。庄子是世界级的哲学家。他的"道论"与老子的"道论"既有联系,又有区别。第一,庄子的"道"是宇宙的本源,又具有超越性。"道"先于物并生成各物,是使万物成为各自个体的那个"物物者",即"本根"。宇宙无所谓开始,亦无所谓结束,这是因为"道无终始"。但是,这个"道"不是造物主、上帝或绝对精神本体,而是一无始无终的大生命(宇宙生命)。万物的生命,即此宇宙大生命的发用流行。既然道的生命是无限的,那么在一定的意义上我们也不妨说,万物的生命也是无限的。第二,庄子的"道"具有普遍性。万物都具备"道","道"内在于一切物之中,没有道,物不成其为物。道无所不在,道甚至存在于低下、不洁等物品,如瓦甓、尿溺之中。第三,庄子的"道"是一个整体,其特性为"通",通贯万物。"道"是浑然一体的,没有任何的割裂。世间的万事万物,都有其存在的原因、合理性及价值。只要不人为干预,因任自然,因物付物,任万物自用,可各尽其用,各遂其性,都有意义与价值。第四,庄子的"道"是"自本自根"的。"道"是一切的本根。"道"不依赖于任何事物,自己成立,创生万有,天下万物依凭着道而得以变化发展。第五,庄子的"道"不可感知与言说。它不仅是客观流行之体,又是主观精神之境界,其自然无为、宽容于物的特性,也是人的最高意境。道体自然,道本无为,不可用语言来表达与限定。

其次是理想人格论。这是"道论"在人生论上的推展。庄子认为,人们通过修养去体验大道、接近大道,可以超越人们对于生死的执着和外在功名利禄的系缚。但这不需要人为地去做什么。他的修养的原则是"不以心损道,不以人助天",依此而可以达到"寥天一"的境界。其生命体验、审美体验的方式是直觉主义的"坐忘"。"坐忘"的要点是超脱于认知心,即利害计较、主客对立、分别妄执,因为这妨碍了自由心灵。与"坐忘"相联系的另一种实践功夫是"心斋"。"心斋"就是洗汰掉附着在内心里的经验、成见、认知、情感、欲望与价值判断,自虚其心,恢复灵台明觉的功夫。

庄子的"天地与我并生,而万物与我为一"的思想,强调自然与人是有机的生命统一体,肯定物我之间的同体融合。人应当顺应自然,而不应任意地宰制、占有自然。

庄子主张"齐物","齐物"的意思即是"物齐"或"'物论'齐",即把形色性质不同之物、不同之论,把不平等、不公正、不自由、不和谐的现实世界种种的差别相("不齐"),暂时视之为无差别的"齐一"。这种"以不齐为齐一",即提升自己的精神境界,在接受、面对真实生活的同时,调整身心,超越俗世,解脱烦恼。"以不齐为齐",亦包含着任万物万事各得其所,存其不齐,即承认并尊重每一事物自身具有的价值标准。庄子希望人们不必执定于有条件、有限制的地籁、人籁之声,而要倾听那自然和谐、无声之声、众声之源的"天籁",以消解彼此的隔膜、是非和有限的生命与有限的时空、价值、知性、名言、概念、识见乃至生死的系缚,从有限进入无限之域。庄子以道观的视域,反对唯我独尊,不承认有绝对的宇宙中心,反对各是其是,各非其非,主张破除成见,决不抹杀他人他物及各种学说的生存空间,善于站在别人的立场,更换视域去理解别人,而不以己意强加于人。

庄子"逍遥"的境界是"无所待",即不依赖外在条件与他在的力量,期盼"与道同体"而解脱自在。庄子"各适己性"的自由观的前提是"与物同化"的平等观。庄子自由观的背景是宽容,这种平等的价值观肯定、容忍各种相对的价值系统,体认其意义。庄子修身的特性是:独善其身,超然物外,一任自然,遂性率真;与时尚风俗、社会热潮、政权架构、达官显贵保持距离。与儒家积极入世的现实品格相比较,道家凸显的是超越和放达,以超脱的心态,批评、扬弃、超越、指导现实。我国历朝历代的文人,没有不读《庄子》的。这是因为传统社会文士的人生不免充满坎坷,需要心灵的慰藉、寄托与调节。

在庄子看来,所谓"真人"是天生自然的人,能去心知之执,解情识之结,破死生之惑,守真抱朴,与天为徒,又随俗而行,与人为徒,既不背离天理,又不脱离人事。庄子提出了"逍遥无待之游"——"至人无己,神人无功,圣人无名"的人生理想。庄子之真人、至人、神人、圣人,都是道的化身,因而都具有超越、逍遥、放达、解脱的秉性,实际上是一种精神上的自由、无穷、无限的境界。这深刻地表达了人类崇高的理想追求与向往。这种自然无为、逍遥天放的天人合一之境,看似玄秘莫测,实际上并不是脱离实际生活的。任何现实的人都有理想,都有真、善、美的追求,而道家的理想境界,就是至真、至善、至美的合一之境。

再次是艺术精神。庄子所谓至人、真人、神人,可以说都是能"游"的人,即艺术精神呈现出来的人,艺术化了的人。他们的人生,是艺术的人生。徐复观先生说,庄子所把握到的人的主体,即作为人之本质的德、性、心,乃是艺术的德、性、心。所谓"心斋""坐忘",正是美的观照得以成立的精神主体,也是艺术得以成立的精神主体,也是艺术得以成立的最后根据。而要达到"心斋""坐忘",只能有两条路子:一是消解由生理而来的欲望,心便从欲望的要挟和利害的痴迷中解放出来;二是消解由知识而来的是非,即与物相接时,心便从对知识无穷地追逐中得到解放。人在世俗是非之中,即呈现出"天地精神"而与之往来。庄子体认出的艺术精神,由人生的修养工夫而得,从人格根源之地所涌现、所转化出来,其艺术作品也是直接从其人格中流出。庄子创造性地展示了道家放达、解脱的智慧与精神上独立自由的境界追求。《庄子》一书是中国艺术精神的源头活水之一。中国艺术的两元,一是来自儒家,主要是孟子的"充实之谓美",一是来自道家,主要是庄子的"空灵之谓美"。中国美学,是这两者的巧妙结合。

本书为选本,在篇目的选择上则要收录,保留了内篇全部内容,外篇选取除《天道》《山木》《田子方》《知北游》外的十一篇,内篇则选入《外物》《列御寇》《天下》三篇。希望读者在对重要篇目的阅读中,体会庄子博大精深的思想。

武汉大学哲学学院与国学院教授、博士生导师　郭齐勇

目录

内篇

逍遥游

　　《逍遥游》是《庄子》的首篇,在思想和艺术上都可作为《庄子》一书的代表。《逍遥游》的主题是追求一种绝对自由的人生观,作者认为只有忘却物我的界限,达到无己、无功、无名的境界,无所依凭而游于无穷,才是真正的"逍遥游"。

【原文】

　　北冥有鱼①,其名为鲲②。鲲之大,不知其几千里也。化而为鸟③,其名为鹏④。鹏之背,不知其几千里也。怒而飞⑤,其翼若垂天之云⑥。是鸟也,海运则将徙于南冥⑦。南冥者,天池也⑧。

　　《齐谐》者⑨,志怪者也⑩。《谐》之言曰:"鹏之徙于南冥也,水击三千里⑪,抟扶摇而上者九万里⑫,去以六月息者也⑬。"野马也⑭,尘埃也,生物之以息相吹也⑮。天之苍苍⑯,其正色邪? 其远而无所至极邪? 其视下也,亦若是则已矣。

　　且夫水之积也不厚⑰,则其负大舟也无力⑱。覆杯水于坳堂之上⑲,则芥为之舟⑳,置杯焉则胶,水浅而舟大也。风之积也不厚,则其负大翼也无力㉑。故九万里则风斯在下矣㉒,而后乃今培风㉓;背负青天而莫之夭阏者㉔,而后乃今将图南。

蜩与学鸠笑之曰㉕："我决起而飞㉖，抢榆枋㉗，时则不至而控于地而已矣，奚以之九万里而南为㉘？"适莽苍者㉙，三餐而反㉚，腹犹果然㉛；适百里者，宿舂粮㉜；适千里者，三月聚粮。之二虫又何知㉝！

小知不及大知㉞，小年不及大年㉟。奚以知其然也？朝菌不知晦朔㊱，蟪蛄不知春秋㊲，此小年也。楚之南有冥灵者㊳，以五百岁为春，五百岁为秋；上古有大椿者㊴，以八千岁为春，八千岁为秋。而彭祖乃今以久特闻㊵，众人匹之㊶，不亦悲乎！

汤之问棘也是已㊷："穷发之北㊸，有冥海者，天池也。有鱼焉，其广数千里，未有知其修者，其名为鲲。有鸟焉，其名为鹏，背若太山㊹，翼若垂天之云，抟扶摇羊角而上者九万里㊺，绝云气㊻，负青天，然后图南，且适南冥也。斥鴳笑之曰㊼：'彼且奚适也？我腾跃而上，不过数仞而下㊽，翱翔蓬蒿之间，此亦飞之至也，而彼且奚适也？'"此小大之辩也㊾。

故夫知效一官㊿，行比一乡(51)，德合一君而征一国者，其自视也(52)，亦若此矣。而宋荣子犹然笑之(53)。且举世而誉之而不加劝(54)，举世而非之而不加沮(55)，定乎内外之分(56)，辩乎荣辱之境(57)，斯已矣。彼其于世，未数数然也(58)。虽然(59)，犹有未树也(60)。

夫列子御风而行(61)，泠然善也(62)，旬有五日而后反(63)。彼于致福者(64)，未数数然也。此虽免乎行，犹有所待者也(65)。若夫乘天地之正(66)，而御六气之辩(67)，以游无穷者(68)，彼且恶乎待哉(69)！故曰：至人无己(70)，神人无功(71)，圣人无名(72)。

【注释】

①冥：亦作"溟"，指大海。

②鲲(kūn)：大鱼。

③化:变化,化成。为:变成,成为。在《庄子》中有许多承认事物发展变化的辩证思想,鲲变鹏就是其中一例。

④鹏:大鸟名。古文"凤"字。

⑤怒:奋力,奋起。

⑥垂天之云:天边的云。垂天,天边。

⑦海运:指海动。海动必伴以大风,大鹏借此大风飞向南海。南冥:亦作"南溟",指南方大海。

⑧天池:天然的大池。

⑨齐谐(xié):齐国记载诙谐怪异的书。

⑩志:记载。

⑪水击:拍水,这里指鹏翼拍水而飞。

⑫抟(tuán):盘旋。

⑬去:离开,这里指飞向南方大海。

⑭野马:游气浮动于天地之间,状如野马奔驰。

⑮生物:指各种有生命的东西。

⑯苍苍:深蓝色。

⑰且夫:表示要进一步论述,提起下文。

⑱负:载。

⑲覆:倒。坳(ào)堂:指厅堂地面上的坑凹处。

⑳芥:小草。

㉑大翼:这里指大鹏。

㉒斯:乃,就。

㉓而后乃今:这之后方才。培:凭借着。

㉔夭阏(è):阻止,阻拦。

㉕蜩(tiáo):蝉。学鸠:小斑鸠。

㉖决(xuè):迅疾的样子。

㉗抢(qiāng):冲,突。

㉘奚以:何以。

㉙适:往,到。莽苍:郊外的莽莽草色,这里指郊野。

㉚反:通"返"。

㉛果然:饱的样子。

㉜宿:指一夜。舂粮:在臼内捣谷物,这里指舂好的粮食。

㉝之:这。二虫:指蜩和学鸠。

㉞知(zhì):通"智",智慧。

㉟小年:短命。大年:长寿。年,寿命。

㊱朝菌:一种朝生暮死的菌类植物。晦朔:农历每月最后一天和第一天,这里指早晚。

㊲蟪蛄(huìgū):寒蝉,春生夏死或夏生秋死。

㊳冥灵:传说中的大龟,一说树名。

㊴大椿:传说中的古树名。

㊵彭祖:传说中的人物,活八百岁。因封于彭,又年寿长,故称"彭祖"。

㊶匹:比。

㊷汤:即商汤。棘:即商汤时贤大夫夏革。是已:是也。

㊸穷发:不生草木的不毛之地。

㊹太山:即泰山,在今山东省。

㊺羊角:即旋风,回旋向上如羊角状。

㊻绝:超绝。

㊼斥鷃(yàn):一种生活在小泽中的小鸟。

㊽仞:古代长度单位。周时为八尺,汉代为七尺。

㊾辩:通"辨",区别。

㊿效:胜任。

51比:适合。

52其:指上述四种人。自视:自己看自己,自己对待自己。

53宋荣子:战国时期的思想家。犹然:讥笑的样子。

54举世:整个社会。劝:奋勉,努力。

6

⑤非:责难,批评。沮:沮丧。

㊴内外:指自我和外物。

㊵辩:通"辨",辨别。境:界限。

㊸数数(shuò):犹"汲汲",汲汲追求名誉的样子。

㊹虽然:虽然如此。

⑳树:建立,建树。

㊶列子:即列御寇,郑人,战国时期思想家。御:驾驭。

㊷泠(líng)然:轻盈美好的样子。

㊳旬:十天。有:又。反:通"返"。

㊴致福:求福。

㊵待:凭借,依靠。

㊶乘:遵循,凭借。正:规律。

㊷六气:指阴、阳、雨、风、晦、明。辩:通"变",变化。

㊸无穷者:无穷尽的境界。

㊹恶(wū):何,什么。

⑩无己:忘我,无我。

⑪无功:不追求功利。

⑫无名:不追求名誉地位。

【译文】

北海有一条鱼,叫作鲲。鲲的体积巨大,不知道有几千里。鲲变化成鸟,叫作鹏。鹏的脊背,不知道有几千里。奋起而飞,它的翅膀就像天边的云。这只鸟,在海水翻腾时就要乘风迁徙到南海。南海,是个天然的大池。

《齐谐》是记载怪异之事的书。书上说:"鹏向南海迁徙时,拍水而飞,能激起三千里的水花,然后借着旋风飞上九万里高空,乘着六月的大风而去。"如同奔马的游气,飞扬的尘埃,都是借生物呼吸之气的吹动而在空中飘荡。天的深蓝色,是天真正的颜色呢,还是因为它高远没有边际呢？大鹏从天上往下看，也是这样的吧。

　　再说如果水积得不深，那么就没有力量负载起大船。倒一杯水在堂前洼地上，那么一根小草就可以当船，放上一个杯子就会粘住不动，这是水浅而船大的缘故。如果风的强度不大，那么就没有力量负载起大鹏。所以鹏高飞九万里，积得很强劲的大风就在它下面，然后才开始凭借风力飞行；它背负着青天，不受什么阻碍，然后才图谋南飞。

　　蝉和斑鸠讥笑大鹏说："我从地上迅疾飞起，碰到榆树和檀树就停下来，有时飞不上去，那就落在地上罢了，哪里用得着飞上九万里的高空往南海去呢？"到郊外去，只带三餐的粮食，当天回来，肚子还是饱的；到百里远的地方去，就要准备一宿的粮食；到千里远的地方去，就要准备三个月的粮食。这两只小动物又哪里知道这个道理！

　　才智小的比不上才智大的，寿命短的比不上寿命长的。怎么知道是这样的呢？朝生暮死的菌类不知道昼夜的更替，生命短暂的蟪蛄不知道一年的时光，这就是"小年"。楚国南边有一只灵龟，以五百年为一个春季，五百年为一个秋季；上古时有一棵大椿树，以八千年为一个春季，八千年为一个秋季。彭祖至今还以长寿著称，众人与他相比，岂不是很可悲！

　　商汤也是这样问棘的："不毛之地的北方，有无边无际的大海，那是天然形成的大池。里面有一条鱼，有几千里宽，没有人知道它到底多长，它的名字叫鲲。有一只鸟，名字叫鹏，脊背像泰山，翅膀像天边的云，乘着旋风直上九万里高空，超绝云气，背负青天，然后向南飞翔，将要到南海去。生活在小水洼的小鸟讥笑鹏说：'它将飞到什么地方去呢？我飞腾起来，不过几丈就落下来了，在野草之间飞来飞去，这就是飞翔的最佳境界了，而它究竟要飞到什么地方去呢？'"这就是小和大的区别。

　　那些才智可以胜任一官之职，品行可以团结一乡之人，品德可以投合一国之君，能力可以取信于一国之民的人，他们自鸣得意就像斥鷃、蝉和斑鸠一样。宋荣子却讥笑这种人。宋荣子能做到当整个社会都赞美他时，他也不因此更加努力；当整个社会都非难他时，他也不因此更加沮丧。他能认定自我和外物的区别,分清光荣和耻辱的界限,不过如此而已!他并未汲汲追求世俗的声誉。虽然如此,他还有尚未达到的最高境界。

列子能驾风行走,轻盈极了,十五天后方才回来。他对于求福的事,从来不去汲汲追求。这样虽然可以免去步行的劳苦,可还是有所凭借的。如果能依循自然的规律,把握六气的变化,遨游于无边无际的境界,他还有什么依赖呢!所以说,至人无己,神人无功,圣人无名。

【原文】

尧让天下于许由^①,曰:"日月出矣,而爝火不息^②,其于光也,不亦难乎!时雨降矣^③,而犹浸灌^④,其于泽也^⑤,不亦劳乎^⑥!夫子立而天下治^⑦,而我犹尸之^⑧,吾自视缺然^⑨。请致天下^⑩。"

许由曰:"子治天下^⑪,天下既已治也,而我犹代子,吾将为名乎?名者,实之宾也,吾将为宾乎^⑫?鹪鹩巢于深林^⑬,不过一枝;偃鼠饮河^⑭,不过满腹。归休乎君,予无所用天下为!庖人虽不治庖^⑮,尸祝不越樽俎而代之矣^⑯。"

【注释】

①尧:上古时期的圣明君主。许由:尧时的隐士。

②爝(jué)火:火把,火炬。

③时雨:按时令节气降的雨,俗称"及时雨"。

④浸灌:灌溉。

⑤泽:滋润。

⑥劳:徒劳。

⑦夫子:指许由。立:立为天子。

⑧尸:主持。

⑨缺然:缺乏能力的样子。

⑩请致天下:请让我把天下让给你。致,让。

⑪子:指尧。

⑫宾:从属、派生的东西。

⑬鹪鹩(jiāoliáo):一种小鸟,善于筑巢,俗称"巧妇鸟"。

⑭偃鼠:即鼹鼠,好饮河水。

⑮庖人:厨师。

⑯尸祝:古代祭祀中主持祭礼的巫师。越:越权。樽:酒器。俎(zǔ):盛肉的器皿。

【译文】

尧打算把天下让给许由,说:"日月都升起来了,而小小的火把还不熄灭,它要和日月比光,不是很难吗!及时雨降落了,还在浇水灌溉,对于滋润土地,不是徒劳吗!先生如能居于天子之位,天下一定会太平,而我还占着这个位子,我觉得自己能力不够。请让我把天下让给你。"

许由说:"您治理天下,天下已经太平了,而我还要替代您,我难道是为了名声?名是实的附属品,难道我是为了这附属品吗?鹪鹩在深林中筑巢,不过占一根树枝罢了;鼹鼠到河里饮水,不过喝满肚子罢了。您还是请回吧,我要天下干什么!厨师虽然不下厨,主持祭祀的人也不会越位而代替厨师去烹调。"

【原文】

肩吾问于连叔曰①:"吾闻言于接舆②,大而无当③,往而不返④。吾惊怖其言,犹河汉而无极也;大有径庭⑤,不近人情焉。"

连叔曰:"其言谓何哉?"

"曰：'藐姑射之山⑥，有神人居焉，肌肤若冰雪，淖约若处子⑦，不食五谷，吸风饮露，乘云气，御飞龙，而游乎四海之外。其神凝⑧，使物不疵疠而年谷熟⑨。'吾以是狂而不信也⑩。"

连叔曰："然！瞽者无以与乎文章之观⑪，聋者无以与乎钟鼓之声。岂唯形骸有聋盲哉？夫知亦有之。是其言也，犹时女也。之人也，之德也，将旁礴万物以为一⑫，世蕲乎乱⑬，孰弊弊焉以天下为事⑭！之人也，物莫之伤，大浸稽天而不溺⑮，大旱金石流、土山焦而不热。是其尘垢秕糠⑯，将犹陶铸尧舜者也⑰，孰肯以物为事！"

宋人资章甫而适诸越⑱，越人断发文身⑲，无所用之。

尧治天下之民，平海内之政，往见四子藐姑射之山⑳、汾水之阳㉑，窅然丧其天下焉㉒。

【注释】

①肩吾、连叔：传说是得道的隐士，事迹不可考。

②接舆：姓陆，名通，字接舆，楚国的隐士。

③无当：不着边际，不切实际。

④往而不返：言语无反覆可寻，指说话漫无边际。

⑤径庭：比喻差别很大。径，门外的道路。庭，院内堂外之地。

⑥藐：遥远。姑射(yè)：神话传说中的山名。

⑦淖(chuò)约：姿态柔美的样子。淖，通"绰"。

⑧凝：指神情专一。

⑨疵疠(cīlì)：疾疫灾害。

⑩狂：通"诳"，诳语。

⑪瞽(gǔ)：盲。文章：指华美的色彩和花纹。

⑫旁礴：混同。

⑬蕲(qí)：求。

⑭弊弊:辛苦经营,忙碌。

⑮大浸:大水。稽:至。

⑯秕糠:米糠的瘪谷,比喻细小的糟粕。

⑰陶铸:造就。

⑱资:贩卖。章甫:殷商时期的一种帽子。

⑲断发:剪断头发。文身:在身上刺花纹或图腾。

⑳四子:指王倪、齧缺、被衣、许由四人,均为虚构人物。

㉑阳:指山南水北。

㉒窅(yǎo)然:怅然的样子。

【译文】

肩吾向连叔请教说:"我听接舆说话,大而无当,漫无边际。我惊骇于他的言论,就像银河一样无边无际;和一般人的想法差别太大,荒唐得不近情理啊。"

连叔说:"他讲的是什么呢?"

肩吾说:"他说:'在遥远的姑射山上,住着一位神人,肌肤如冰雪般洁白,姿态如少女般柔美,不吃五谷杂粮,只吸清风,饮甘露,乘云气,驾飞龙,在四海之外遨游。他的精神专一,能使万物不受灾害,谷物年年丰收。'我认为这都是一些谎话,不值得相信。"

连叔说:"是啊!瞎子没办法同别人共赏华丽的文采,聋子没办法同别人共听钟鼓的乐声。难道只在形体上才有聋子和瞎子吗?心智上也有。这些话,就是说你的。那位神人,他的品德将要与万物合而为一,世人期盼世间乱象得到治理,他哪里肯劳碌地把治理天下当回事呢!这样的人,外物伤害不了他,大水滔天也淹不死他,即使是令金石熔化、土山焦裂的大旱,也不会让他感到灼热。用他身上的尘垢和秕糠,就能造就尧舜,他怎肯把治理天下当回事呢!"

宋国人到越国去卖帽子,越国人有断发文身的习俗,帽子对他们无用。

尧治理天下人民,安定国内政事,他到遥远的姑射山上、汾水的北面,拜见四位高士,不禁茫茫然把治理的天下都忘掉了。

【原文】

惠子谓庄子曰①:"魏王贻我大瓠之种②,我树之成而实五石③。以盛水浆,其坚不能自举也。剖之以为瓢,则瓠落无所容④。非不呺然大也⑤,吾为其无用而掊之⑥。"

庄子曰:"夫子固拙于用大矣。宋人有善为不龟手之药者⑦,世世以洴澼絖为事⑧。客闻之,请买其方百金⑨。聚族而谋曰:'我世世为洴澼絖,不过数金;今一朝而鬻技百金⑩,请与之。'客得之,以说吴王⑪。越有难⑫,吴王使之将⑬。冬,与越人水战,大败越人,裂地而封之⑭。能不龟手,一也,或以封,或不免于洴澼絖,则所用之异也。今子有五石之瓠,何不虑以为大樽而浮乎江湖⑮,而忧其瓠落无所容?则夫子犹有蓬之心也夫⑯!"

【注释】

①惠子:即惠施,宋国人,曾为梁惠王相,是庄子的好友,为先秦名家学派的代表人物。

②魏王:即梁惠王,战国时期魏国国君。魏都原居安邑,后迁到大梁,故又称梁惠王。贻:赠送。瓠(hù):葫芦。

③树:种植,培育。实:结成葫芦。石(dàn):容量单位,十斗为一石。

④瓠落:廓落,很大的样子。

⑤呺(xiāo)然:空虚巨大的样子。

⑥掊(pǒu):砸破。

⑦龟(jūn):通"皲",手足皮肤因受冻而开裂。

⑧洴澼(píngpì):在水中漂洗。纩(kuàng):同"纊",丝絮。

⑨方:药方。

⑩鬻(yù)技:出卖技术,这里指出卖药方。

⑪说(shuì):用话劝说,游说。

⑫难:难事,指军事进攻。

⑬将(jiàng):统帅部队。

⑭裂:割裂。

⑮虑:拴,结。樽:本为酒器,这里指腰舟。

⑯蓬:蓬草,这里比喻惠子心如茅塞。

【译文】

惠施对庄子说:"魏王送我一颗大葫芦的种子,我把它种在地里生长,结出的葫芦有五石的容量。用它盛水,可它脆而不坚承受不了水的压力。把它剖开制成瓢,却没有那么大的水缸来容纳。它不是不大,可我认为它没有什么用处,就把它砸碎了。"

庄子说:"你不善于使用大的东西。宋国有个人,善于炮制不皲手的药,他们家世世代代以漂洗丝絮为业。有位客人听说了这件事,愿意出百金购买他的药方。宋人把全族人集合在一起,商量说:'我家祖祖辈辈漂洗丝絮,所得到的钱很少;现在一旦卖出这个药方就能得到百金,不如就卖给他吧。'客人买到药方,用它去游说吴王。这时越国正好发兵侵略吴国,吴王就派他统率军队。冬天和越军在水上作战,大败越军,吴王便划地封赏他。同是一个不皲手的药方,有的人用来博取封赏,有的人却免不了漂洗丝絮,这是因为使用方法不同。现在你有五石容量的大葫芦,何不拴着它当作腰舟漂浮在江湖之上,反而愁它大得无处容纳呢?可见你的心仍是像被蓬草塞住一般,没有开窍啊!"

【原文】

惠子谓庄子曰:"吾有大树,人谓之樗①。其大本拥肿而不

14

中绳墨②,其小枝卷曲而不中规矩③,立之涂④,匠者不顾。今子之言,大而无用,众所同去也。"

庄子曰:"子独不见狸狌乎⑤?卑身而伏,以候敖者⑥;东西跳梁⑦,不辟高下⑧,中于机辟⑨,死于罔罟⑩。今夫斄牛⑪,其大若垂天之云。此能为大矣,而不能执鼠。今子有大树,患其无用,何不树之于无何有之乡⑫,广莫之野⑬,彷徨乎无为其侧⑭,逍遥乎寝卧其下。不夭斤斧⑮,物无害者,无所可用,安所困苦哉!"

【注释】

①樗(chū):一种高大的落叶乔木,木质粗劣。

②本:指树干。拥肿:木瘤盘结。

③规矩:即圆规和角尺。

④涂:通"途",道路。

⑤狸:野猫。狌(shēng):黄鼠狼。

⑥敖:出游、闲游。

⑦跳梁:跳跃。

⑧辟:通"避",避开。

⑨机辟:捕禽兽的工具。

⑩罟(gǔ):网的总称。

⑪斄(lí):牦牛。

⑫无何有:虚无。

⑬广莫:辽阔。

⑭彷徨:放任不拘的样子。

⑮夭:折。斤:斧头。

【译文】

惠施对庄子说:"我有一棵大树,人们叫它樗。它的树干木瘤盘结,不符合绳墨取直的要求;它的树枝弯弯曲曲,也不符合圆规和角尺取材的需要。虽然生长在道路旁,木匠却连看也不看。现在你的言谈,大而无用,为大家所不取。"

庄子说:"你没看到那野猫和黄鼠狼吗? 它们把身子伏在地上,等待那些出来觅食或游玩的小动物;一会儿东,一会儿西,跳来跳去,一会儿高,一会儿低,上下蹿越,往往会踏中机关,死于猎网中。再看那牦牛,庞大的身躯像天边的云彩。这可说是大了,却不能捕鼠。如今你有棵大树,却担忧它没有用处,你为什么不把它栽到那虚无之地、辽阔的旷野,悠然地游于树旁,逍遥地躺在树下。这样它不会被斧头砍伐,也没有东西来伤害它,虽然没有什么用处,可是哪里会有困惑苦恼呢!"

【赏析】

《逍遥游》是集中代表庄子哲学思想的一篇杰作。在构思上采用了形象思维写作手法,运用了大量浅近的寓言、神话和对话。想象像匹骏马,驰骋于宇宙,摄取与中心思想有关的题材,生动、形象地阐释了作者鄙视高官厚禄,否定现实,追求无己、无功、无名的绝对自由的思想。对统治者以官爵笼络贤能的伪善给予深刻的揭露,对后世散文发展有着积极的影响。

全文在构思上,围绕着"逍遥"安排了设喻、阐理、表述三个部分。设喻中极力写鲲鹏体型之大和南迁的行程之远、耗时之长。相比起鲲鹏,蝉、鸠只满足于活动在弹丸之地,讥笑鹏鸟远徙南海之举,小者的愚昧和见识短浅一览无余,反衬出大小境界的巨大差异。接下来,文章顺势转入阐理,从有己与无己的对照入手,有己的人们凭着自己的职位高才,虽然能对国君尽职,却也只能靠权势发挥才能。当进入豁达无所求、无己、无功、无名境界时,才能摆脱世俗的缠绕,这也是无我的最高标准。第三部分为表述,通过庄子与惠子两段对话,用大瓠和大树来阐明作者反对用大炫耀自己位尊的思想,强调要解除外在的优势,达到无己、无功、无名的境界,这就是作者写作的目的。

齐物论

本篇是《庄子》内篇中的第二篇,体现了庄子哲学思想关于本体论和认识论的基本观点。"齐物论"包括"齐物"与"齐言"两方面,讲论宇宙万物的齐一和是非相对。"齐物"指世界万物包括人的品性和感情,看起来千差万别,归根结底却又是齐一的。"齐言"指人们的各种看法和观点,看起来也千差万别,但世间万物既是齐一的,言论归根结底也应是齐一的,没有所谓的是非和不同。

【原文】

南郭子綦隐机而坐①,仰天而嘘②,苔焉似丧其耦③。颜成子游立侍乎前④,曰:"何居乎⑤?形固可使如槁木⑥,而心固可使如死灰乎⑦?今之隐机者,非昔之隐机者也。"

子綦曰:"偃,不亦善乎,而问之也!今者吾丧我⑧,汝知之乎?女闻人籁而未闻地籁⑨;女闻地籁而未闻天籁夫!"

子游曰:"敢问其方。"

子綦曰:"夫大块噫气⑩,其名为风。是唯无作⑪,作则万窍怒吗⑫。而独不闻之翏翏乎⑬?山林之畏佳⑭,大木百围之窍穴,似鼻,似口,似耳,似枅⑮,似圈,似臼,似洼者,似污者;激者,謞者⑯,叱者,吸者,叫者,譹者,宎者⑰,咬者⑱。前者唱于而随者唱喁。泠风则小和⑲,飘风则大和,厉风济则众窍为虚。而独不见之调调之刁刁乎⑳?"

子游曰:"地籁则众窍是已,人籁则比竹是已㉑。敢问天籁。"

子綦曰:"夫吹万不同,而使其自己也,咸其自取,怒者其谁邪㉒?"

【注释】

①南郭子綦(qí):战国时楚人,因居于南郭,故以此为称号。隐机:倚靠几案。

②嘘:缓缓地吐气。

③荅(tà):形体寂然无神的样子。耦:通"偶",指形体。

④颜成子游:南郭子綦弟子,姓颜成,名偃,字子游。

⑤居(jī):表疑问,故。

⑥固:本来。

⑦而:你。

⑧吾:指今日得道的我。丧:忘。我:指没有忘掉功名利禄的我。

⑨籁:箫,古代的一种管状乐器,这里泛指从孔穴里发出的声响。"人籁"即出自人为的声响,与"地籁""天籁"相对应,所谓"地籁"或"天籁",指出自自然的声响。

⑩大块:指大地。噫(ài)气:吐气出声。

⑪是唯无作:风不刮起则已。是,此,这里指风。

⑫呺(háo):呼啸,吼叫。

⑬翏翏(lù):远远袭来的风声。

⑭畏佳(cuī):通"嵬崔",山陵高峻的样子。

⑮枅(jī):房柱上用以承接栋梁的横木,此指横木上的方孔。

⑯謞(xiào):飞箭声。

⑰宎(yǎo):深窍声,像风吹到深谷的声音。

⑱咬(jiǎo):哀切的声音。

⑲泠(líng)风:小风,微风。

⑳调调之刁刁:风吹林木枝叶摇曳的样子。

㉑比竹:用多支竹管并起来制作的乐器。

㉒怒者其谁邪:使它们怒号的是谁？这里在反诘子游,让他自己领会天籁的旨趣。

【译文】

南郭子綦靠几案静坐,仰面向天缓缓吐气,好像精神脱出了身体,进入了忘我的境界。颜成子游侍立在跟前,问道:"这是什么缘故呢？人的形体本来可以使它像干枯的树木,而心灵可以使它像熄灭的灰烬吗？您今天靠几而坐的神情,和过去大不相同啊。"

子綦回答说:"偃,你问得很好！今天我忘却了以前的我,你知道吗？你听过人吹箫管发出的声音,却没听过风吹洞穴发出的声音;你听过风吹洞穴发出的声音,却没听过天地间的自然音吧！"

子游说:"请问其中的道理。"

子綦说:"大地呼出的气,叫风。这风不发作则已,一发作则上万种孔穴都会怒吼起来。你难道没听过长风呼啸的声音吗？山林高低险阻的地方,百围大树上的孔穴,有的像鼻孔,有的像嘴巴,有的像耳朵,有的像梁上的方孔,有的像杯圈,有的像舂臼,有的像深注,有的像浅塘;长风吹这些孔穴所发出的声音,有的像湍流声,有的像飞箭声,有的像呵叱声,有的像呼吸声,有的像叫喊声,有的像号哭声,有的声音深沉,有的声音哀切。前面的风声唱着,后面的风声应和着。轻风则相和的声音小,大风则相和的声音大,烈风停止后,所有的孔穴就寂然无声了。难道你没看见风吹过后草木摇曳摆动的样子吗？"

子游说:"地籁是风吹众窍发出的声音,人籁是人吹竹箫发出的声音。请问天籁是什么？"

子綦说:"天籁是风吹万窍而发出的各不相同的声音,然而使它们发作或停止的都是它们自己,那么使它们怒号的又是谁呢?"

【原文】

大知闲闲①,小知间间②;大言炎炎③,小言詹詹④。其寐也魂交⑤,其觉也形开⑥,与接为构⑦,日以心斗⑧。缦者⑨,窖者⑩,密者⑪。小恐惴惴⑫,大恐缦缦⑬。其发若机栝⑭,其司是非之谓也⑮;其留如诅盟⑯,其守胜之谓也⑰;其杀若秋冬⑱,以言其日消也⑲;其溺之所为之⑳,不可使复之也㉑;其厌也如缄㉒,以言其老洫也㉓;近死之心,莫使复阳也㉔。喜怒哀乐,虑叹变慹㉕,姚佚启态㉖;乐出虚㉗,蒸成菌㉘。日夜相代乎前,而莫知其所萌。已乎㉙,已乎!旦暮得此㉚,其所由以生乎!

【注释】

①闲闲:广博的样子。

②间间:细加分别,这里有计较的意思。

③炎炎:烈火猛烈,引申为盛气凌人。

④詹詹:喋喋不休的样子,说话啰嗦。

⑤魂交:心神交错。

⑥形开:形体不得安宁。

⑦与接为构:与外界接触,发生交接。

⑧日以心斗:整天钩心斗角。

⑨缦:疏慢,漫不经心。

⑩窖:深沉,用心难测。

⑪密:严密,谨慎。

⑫惴惴(zhuì):忧惧不安的样子。

⑬缦缦:精神涣散,情绪沮丧的样子。

⑭机:弩的发射器。栝(kuò):箭尾扣弦的部位。

⑮司:同"伺",窥伺。

⑯留如诅盟:指持言不发,犹如发过盟誓一般。

⑰守胜:以守取胜。

⑱杀(shài):衰杀,衰退。

⑲日消:指天真日丧。消,消毁。

⑳溺:沉溺。

㉑不可使复之也:指不能使之恢复生机。

㉒厌:闭塞。缄:包封,包藏,形容心灵闭塞。

㉓洫(xù):深。

㉔复阳:恢复生机。

㉕慹(zhí):恐惧。

㉖姚:轻浮。佚(yì):奢华放纵。启:狂放。态:故作姿态。

㉗乐出虚:乐声发自于虚空的乐器。

㉘蒸成菌:地气蒸发出菌类。

㉙已乎:叹词,算了吧。

㉚旦暮:早晚,喻短时间内。

【译文】

大智广博,小智褊狭;大言雄词激烈,小言争论不休。他们睡时心神不安,醒时形体不宁,每日与外界接触,钩心斗角。有的漫不经心,有的用心难测,有的不露声色。遇到小的恐惧提心吊胆,遇到大的恐惧失魂落魄。他们发言好像射出的利箭一样,窥伺是非并以此攻击;持言不发的时候犹如发过盟誓,默默等待时机以取得胜利;他们神情沮丧好似秋冬的万物,这说明他们日渐消毁;他们沉溺在所作所为之中,无法恢复生机;他们心灵闭塞,这说明他们愈老愈无法自拔;走向死亡的心灵,不可能再恢复生机。他们有喜怒哀乐、忧虑恐惧、轻浮躁动、放纵张狂、装模作样等多种情态;如同乐声从虚空的乐器中发出,又像菌类从地上的蒸

21

气中产生一样。种种的情绪和心态日夜交替出现,却不明白它们是怎么产生的。算了吧,算了吧! 早晚懂得了它们产生的道理,也就懂得了它们之所以发生的根由了!

【原文】

非彼无我①,非我无所取②。是亦近矣,而不知其所为使。若有真宰③,而特不得其眹④。可行已信⑤,而不见其形,有情而无形⑥。

百骸、九窍、六藏⑦,赅而存焉⑧,吾谁与为亲? 汝皆说之乎⑨? 其有私焉⑩? 如是皆有为臣妾乎? 其臣妾不足以相治乎? 其递相为君臣乎? 其有真君存焉⑪? 如求得其情与不得,无益损乎其真。

一受其成形,不亡以待尽⑫。与物相刃相靡,其行尽如驰,而莫之能止,不亦悲乎! 终身役役而不见其成功⑬,茶然疲役而不知其所归⑭,可不哀邪! 人谓之不死,奚益? 其形化,其心与之然,可不谓大哀乎? 人之生也,固若是芒乎⑮? 其我独芒,而人亦有不芒者乎?

【注释】

①彼:指上述的种种情态。

②无所取:指无所取以体现彼。

③真宰:身心的主宰者,真我。

④眹(zhèn):迹象,征兆。

⑤可行已信:真宰的行为可以被验证。

⑥情:实。

⑦百骸:多个骨节。九窍:指眼、耳、鼻等人体器官的九个孔穴。六

藏：心、肝、脾、肺、肾，称为五脏；肾有左肾和右命门，故称为六脏。藏，通"脏"。

⑧赅：完备。

⑨说(yuè)：通"悦"，喜欢，喜悦。

⑩私：偏爱，偏重。

⑪真君：即"真宰"。

⑫不亡以待尽：形体常驻不变而等待其耗尽。

⑬役役：忙碌的样子。

⑭茶(nié)然：精神不振，疲倦的样子。

⑮芒：愚昧无知。

【译文】

没有种种情态就没有我，没有我，它们也就无从体现。人们认识到这种关系，算是接近事物的真谛了，但还是没有真正明白是被什么主使的。好像有真宰，然而又找不到它的形迹。它的行为是可以被验证的，虽然看不到它的形体，但它是真实存在而无形的。

百骸、九窍、六脏，都完备地存在于我的身体之中，我和哪个最亲近呢？你都同样喜欢它们吗？还是有所偏爱呢？如果同等看待它们，那是都把它们当成奴婢吗？难道是奴婢就不能相互支配吗？还是让它们轮流做君臣呢？难道真有一个真宰存在吗？无论是否求得真宰的真实情况，都不会对其本身的存在有所损益。

人一旦形成形体，形体就一直存在，只能等待形体耗尽为止。和外物相互伤害摩擦，驰骋追逐其中，没有人能制止，不是很可悲吗！终生辛劳而不见成功，疲惫困苦也不知是为了什么，不是很可哀吗！这样的人虽说不死，又有什么意义呢？他的形体逐渐衰老，精神也随之消亡，这不是莫大的悲哀吗？人生在世，本来就如此愚昧吗？还是只有我愚昧，而别人也有不愚昧的呢？

【原文】

夫随其成心而师之①,谁独且无师乎?奚必知代而心自取者有之②?愚者与有焉。未成乎心而有是非,是今日适越而昔至也。是以无有为有。无有为有,虽有神禹且不能知,吾独且奈何哉!

【注释】

①成心:偏见,主观成见。师:取法。
②知代:懂得事理的更替变化。

【译文】

人如果以自己的成见作为判断是非的标准,那么谁没有一个标准呢?何必一定要通晓事物更替变化之理且心有见地的智人才有标准呢?即便是愚人也同样有。如果说心中尚无成见已有是非,就好比今天去越国而昨天已经到达一样。这就是把没有当成有。如果把没有当成有,即便是神明的大禹尚且弄不清楚,我又有什么办法呢!

【原文】

夫言非吹也①。言者有言②,其所言者特未定也③。果有言邪?其未尝有言邪?其以为异于鷇音④,亦有辩乎⑤,其无辩乎?

道恶乎隐而有真伪⑥?言恶乎隐而有是非?道恶乎往而不存?言恶乎存而不可?道隐于小成⑦,言隐于荣华⑧。故有儒墨之是非,以是其所非而非其所是。欲是其所非而非其所是,则莫若以明⑨。

物无非彼⑩,物无非是⑪。自彼则不见,自知则知之。⑫故

24

曰:彼出于是,是亦因彼⑬。彼是方生之说也⑭。虽然,方生方死,方死方生;⑮方可方不可,方不可方可;⑯因是因非,因非因是。⑰是以圣人不由而照之于天⑱,亦因是也。是亦彼也,彼亦是也⑲彼亦一是非,此亦一是非,果且有彼是乎哉?果且无彼是乎哉?彼是莫得其偶,谓之道枢⑳。枢始得其环中,以应无穷。是亦一无穷,非亦一无穷也。故曰:莫若以明。

【注释】

①吹:吹气,吹风。

②言者有言:辩论者各有所说。

③特未定:不能作为判断是非的标准。

④鷇(kòu)音:雏鸟孵出时的叫声。

⑤辩:通"辨",区别。

⑥恶(wū)乎:为何。

⑦小成:片面的认识。

⑧荣华:华美的言论,花言巧语。

⑨莫若以明:不如用明净之心观照。

⑩物无非彼:以我观物,事物没有不是彼的。

⑪物无非是:以物自观,事物没有不是此的。

⑫自彼则不见,自知则知之:从彼方就看不见这一面,从本身知道的来看当然是知道了。

⑬因:因依,依托。

⑭彼是方生:彼和此同时产生。

⑮方生方死,方死方生:指诞生的同时就开始走向死亡,走向死亡的同时也会出现生。

⑯方可方不可,方不可方可:指对的同时就出现了错,错的同时也出现了对。

⑰因是因非,因非因是:有因而认为是的就有因而认为非的,有因而

认为非的就有因而认为是的。

⑱照之于天：观照于事物的本然。

⑲是亦彼也，彼亦是也：指此也是彼，彼也是此，彼此没有区别，这是庄子万物齐一的哲学观。

⑳道枢：道的枢纽，道的关键。

【译文】

言论与风吹不同。发言的人都有自己的言辞观点，他们说的话并不能作为评判是非的标准。那么，他们到底是发了言呢，还是未曾发言呢？他们以为自己所言不同于刚出壳小鸟的叫声，那么到底是有分别呢，还是没有分别呢？

大道被什么蒙蔽而有了真伪之分呢？言论被什么蒙蔽而有了是非之别呢？大道因何而不存在呢？言论为何存而不可呢？道被一孔之见所蒙蔽，言论被浮华之辞所蒙蔽。所以有了儒墨各家的是非争辩，他们各自肯定对方所否定的，而否定对方所肯定的。想要肯定对方所否定的而否定对方所肯定的，则不如用明净之心去观照事物的本然。

以我观物，世界上的事物没有不是彼的；以物自观，也没有不是此的。从彼方看来就看不见这一面，而从本身知道的来看当然是知道的。所以说，彼方出于事物的此方，此方也依赖于彼方。这是彼此同时产生的理论。虽然如此，生命诞生的同时也就开始走向死亡，走向死亡的同时也预示着新生命的诞生；事物被认为对的同时就出现了错，被认为错的同时也出现了对；有因而认为是的就有因而认为非的，有因而认为非的就有因而认为是的。所以，圣人不走是非对立的路子，而是观照事物的本然，这也是顺应自然的道理。此就是彼，彼就是此。彼有一个是非，此也有一个是非，果真有彼此之分吗？果真无彼此之分吗？超出彼此是非的对立之上，就叫掌握了大道的枢要。合乎枢要才像进入了圆环的中心，可以顺应无穷的变化。是的变化无穷尽，非的变化也无穷尽。所以说，不如用明净之心去观照事物的本然。

【原文】

以指喻指之非指，不若以非指喻指之非指也；以马喻马之非马，不若以非马喻马之非马也。天地一指也，万物一马也。

可乎可，不可乎不可。道行之而成，物谓之而然。恶乎然^①？然于然。恶乎不然？不然于不然。物固有所然，物固有所可。无物不然，无物不可。故为是举莛与楹^②，厉与西施^③，恢恑憰怪^④，道通为一^⑤。

其分也，成也；其成也，毁也。凡物无成与毁，复通为一。唯达者知通为一，为是不用而寓诸庸。庸也者，用也；用也者，通也；通也者，得也。适得而几矣。因是已。已而不知其然，谓之道。劳神明为一，而不知其同也，谓之朝三。何谓朝三？狙公赋芧^⑥，曰："朝三而暮四。"众狙皆怒。曰："然则朝四而暮三。"众狙皆悦。名实未亏而喜怒为用，亦因是也。是以圣人和之以是非，而休乎天钧^⑦，是之谓两行。

【注释】

①恶乎然：为什么是这样。

②莛(tíng)：草本植物的茎。楹(yíng)：厅堂前面的柱子。莛、楹在这里分别代表物的小和大。

③厉：通"癞"，病癞，这里指丑女人。

④恢(guǐ)憰(jué)怪：指千奇百怪的异状。恢，宏大。恑，诡秘。憰，欺诈。怪，怪异。

⑤道通为一：以道来看都是一样的。

⑥狙(jū)公：养猴的人。

⑦天钧：自然的均衡之道。钧，通"均"。

【译文】

用大拇指来说明大拇指不是手指，不如用非大拇指的东西来说明大拇指不是手指;用白马来说明白马不是马,还不如用非白马的东西来说明白马不是马。其实天地之大就是"一指",万物千差万别不过就是"一马"。

可就是可,不可就是不可。道路是人走出来的,事物的称谓是人叫出来的。为什么是这样的呢? 自有它这样的道理,所以人们就认为是这样的。为什么不是这样的呢? 自有它不是这样的道理,所以人们就认为不是这样的。事物本来就有它正确的地方,事物本来有它被认可的地方。由此看来,天下没有什么事物不是,没有什么事物不可。所以就像草茎和房柱,丑陋的女子和美貌的西施,以及一切奇异古怪的东西,从道的观点来看都是一样的。

此物的分解,就是彼物的形成;此物的完成,就是彼物的毁灭。所以一切事物无所谓形成和毁灭,到头来都复归于一。只有通达大道的人才知道万物通而为一的道理,因而他们不固执于自己的成见而寄寓于寻常之物上。无用之用为有用;以无用为有用,就是通达;通达之人无往而不自得。能达到自得,就接近大道了。这就是顺应自然的道理。顺应自然而不知其所以然,这就叫作"道"。耗费心思以求事物的一致,而不知万物本来就是同一的,这就叫作"朝三"。什么叫"朝三"呢? 养猴的人在分橡子给猴时说:"早晨三升,晚上四升。"猴子都非常愤怒。养猴人又说:"那么就早晨四升,晚上三升吧。"猴子都非常高兴。其实名和实并没有什么亏损,而猴子的喜怒却不同,这只是顺应猴子的心理罢了。所以,圣人调和是非任其自然均调,这就叫作物我各得其所。

【原文】

古之人,其知有所至矣①。恶乎至? 有以为未始有物者,至矣,尽矣,不可以加矣。其次以为有物矣,而未始有封也②。其次以为有封焉,而未始有是非也。是非之彰也,道之所以亏也。道之所以亏,爱之所以成③。果且有成与亏乎哉? 果且无成与亏乎哉？有成与亏，故昭氏之鼓琴也④；无成与亏，故昭氏之不鼓琴也。昭文之鼓琴也，师旷之枝策也⑤，惠子之据梧也⑥，三子之知⑦，几乎皆其盛者也，故载之末年⑧。唯其好之也，以异于彼；其好之也，欲以明之⑨。彼非所明而明之，故以坚白之昧终⑩。而其子又以文之纶终⑪，终身无成。若是而可谓成乎？虽我亦成也。若是而不可谓成乎？物与我无成也。是故滑疑之耀⑫，圣人之所图也⑬。为是不用而寓诸庸，此之谓以明。

【注释】

①至：指最高境界。

②封：界域，界限。

③爱：私好，偏爱。

④昭氏：姓昭，名文，善于弹琴。

⑤师旷：字子野，晋平公的乐师。

⑥惠子：惠施。据：倚靠。

⑦三子：指昭文、师旷和惠施。

⑧载：从事。末年：晚年。

⑨明之：使动用法，使他人领悟。

⑩坚白：指战国时著名论题"坚白论"。

⑪其子：指昭文的儿子。纶：琴弦，这里代指弹琴。

⑫滑（gǔ）：迷乱。

⑬图：革除，摒弃。

【译文】

古人的认识达到了最高境界。怎样才能达到最高境界呢？他们认为宇宙形成之初未曾形成万物，这种认识可谓深刻透彻，是最高境界，尽美尽善，无以复加了。智慧低一等的人，虽然认为有万物存在，但未曾去分界限定。再次一等的人，认识到了事物有界限之别，却不曾去分辨是非。是非之别明显了，道也因此有了亏损。道亏损了，偏爱就产生了。天下果真有所谓成就和亏损吗？果真没有成就和亏损吗？有成就和亏损，犹如昭文弹琴；没有成就和亏损，犹如昭文不弹琴。昭文弹琴，师旷举杖击节，惠施倚靠梧桐树与人辩论，这三人的认识和才智几乎算得上登峰造极了，所以他们都终身从事所爱好的事业。这三个人只是各自有爱好，便想要以此炫耀和别人的不同；他们各有所好，便想以自己的所好去教诲他人。这并非别人必须了解的东西而非要人明白了解，所以终生迷于"坚白论"的偏蔽。昭文的儿子继承昭文的琴技，一辈子也没有什么成就。像这样可以说有成就吗？那么即使是我，也算是有成就了。像这样不算有成就吗？那么万物与我就都是无所成就了。所以迷乱人心的炫耀，是圣人要摒弃的。所以圣人不固执于自己的成见而是寄寓于寻常之物，这就叫作以明净之心去观照事物的本然。

【原文】

今且有言于此，不知其与是类乎？其与是不类乎？类与不类，相与为类，则与彼无以异矣。虽然，请尝言之：有始也者①，有未始有始也者，有未始有夫未始有始也者；有有也者，有无也者，有未始有无也者，有未始有夫未始有无也者。俄而有无矣②，而未知有无之果孰有孰无也。今我则已有谓矣，而未知吾所谓之其果有谓乎？其果无谓乎？

天下莫大于秋豪之末，而大山为小；莫寿于殇子③，而彭祖为夭。天地与我并生，而万物与我为一④。既已为一矣，且得有言乎？既已谓之一矣，且得无言乎？一与言为二，二与一为三。⑤自此以往，巧历不能得⑥，而况其凡乎！故自无适有以至于三，而况自有适有乎！无适焉⑦，因是已。

夫道未始有封^⑧,言未始有常^⑨,为是而有畛也^⑩。请言其畛:有左,有右,有伦,有义,有分,有辩,有竞,有争,此之谓八德^⑪。六合之外^⑫,圣人存而不论;六合之内,圣人论而不议。春秋经世先王之志^⑬,圣人议而不辩。故分也者,有不分也;辩也者,有不辩也。曰:"何也?""圣人怀之,众人辩之以相示也^⑭。故曰:辩也者,有不见也。"

夫大道不称,大辩不言,大仁不仁^⑮,大廉不嗛^⑯,大勇不忮^⑰。道昭而不道,言辩而不及,仁常而不周,廉清而不信,勇忮而不成。五者园而几向方矣。故知止其所不知,至矣。孰知不言之辩,不道之道? 若有能知,此之谓天府^⑱。注焉而不满,酌焉而不竭,而不知其所由来,此之谓葆光^⑲。

【注释】

①有始也者:指宇宙有个开始。

②俄:顷刻。

③殇(shāng)子:夭折的婴儿。

④一:一体。

⑤一与言为二,二与一为三:即同于老子的"道生一,一生二,二生三"的观点。

⑥巧历:善于计算的人。不能得:不能算出结果。

⑦无适焉:不必再推算下去了。

⑧道未始有封:道未曾有界限,道无所不在。

⑨言未始有常:言论未曾有定论。常,定准,定论。

⑩畛:界限。

⑪八德:八种界限。

⑫六合:指天地四方。

⑬春秋:古代编年史。经世:治理天下。先王之志:先王治世的记

载。志,记载。

⑭相示:指互相夸耀自胜,相互显示其才智。

⑮大仁不仁:大仁是没有偏爱的。

⑯嗛(qiān):通"谦",谦逊。

⑰忮(zhì):伤害。

⑱天府:自然的府库,形容心胸广大。

⑲葆光:指隐蔽光明而不外露。

【译文】

现在姑且发表一些言论,不知道这些话与其他人的话是同类呢,还是不同类呢?同类也好,不同类也罢,既然开口发言了,那么和其他人所言就没什么分别了。虽然如此,还是让我试着说说。宇宙万物有它的开始,有它未曾开始的开始,还有它未曾开始的那未曾开始的开始;宇宙万物的最初形态有它的"有",有它的"无",有它未曾有的"无",有它未曾有的那"未曾有"的"无"。一下子产生了"有"和"无",然而不知道这个"有""无"是不是果真为"有"和"无"。现在我已经说了这些话,但不知道我所说的果真是说了呢,还是没说呢?

天下没有比秋毫末端更大的东西,而泰山却是小的;没有比夭折的婴儿更长寿的,而活了八百岁的彭祖却是短命的。天地与我并生,而万物与我同为一体。既然已经合为一体了,那还有什么可说呢?既然说了合为一体,怎能说没什么可说呢?万物一体加上我所说的就成了"二","二"加上"一"就成了"三"。由此推算下去,精于计算的人也不能得出最后的数目,何况凡夫俗子呢!所以,从"无"到"有",已经推至三,更何况从"有"到"有"!不必再推算下去了,顺应自然就是了。

大道本来不曾有人我、是非、彼此等界限,言论本来是没有是非定说的,为了争一个"是"字而妄加了种种界限。请让我说说这些界限。如有卑下,有尊贵,有伦序,有等级,有分别,有论辩,有竞言,有相争,这就是所谓的八种界限。天地之外的事,圣人是存而不论的;天地以内的事,圣人只论述而不评议。古史是先帝治世的记载,圣人只评议而不争辩是非曲直。所以,天下的事理有能分别的,就有不能分别的。有能辩论的,就有不能辩论的。"这是为什么呢?""圣人虚怀若谷,不去争辩,众人则争辩不休而竞相夸示。所以说,所谓争辩,是因为没有看到道的广大。"

大道是不可称谓的,大辩是不用言语的,大仁是没有偏爱的,大廉是不讲谦逊的,大勇是不伤害他人的。道一旦昭明了就不是道,言语争论就有了片面性,仁爱固定在一方就不能周遍,廉若过了分就不可信,勇有伤害就不能成为勇。这五者犹如求圆却近方了。故一个人能止于他所不知的领域,就是知的极点了。谁知道不用言语的争论,不用称说的道呢?假若有谁能知道,那他就有宽广的心胸。这种心胸,注入多少东西都不会盈满,取出多少东西也不会枯竭,而且不知道它来自何处,这就叫作潜藏不露的光辉。

【原文】

故昔者尧问于舜曰①:"我欲伐宗、脍、胥敖②,南面而不释然③,其故何也?"

舜曰:"夫三子者④,犹存乎蓬艾之间⑤。若不释然,何哉?昔者十日并出⑥,万物皆照,而况德之进乎日者乎⑦?"

【注释】

①故:发语词。

②宗、脍(kuài)、胥敖:上古时期的三个小国,不见于经传。

③南面:古代帝王的座位面向南,故以南面指帝位,这里指临朝听政。不释然:不安的样子。

④三子:指三个国家的国君。

⑤蓬艾:蓬蒿艾草,这里指三国卑小。

⑥十日并出:神话传说。这里比喻光明普照万物。

⑦进:胜过,超过。

【译文】

从前尧问舜说:"我想讨伐宗、脍、胥敖这三个小国,可是临朝听政时总感到心里不安,这是什么原因呢?"

舜说:"这三个小国的国君,犹如生存在蓬蒿艾草中。您还心绪不安、心神不宁,这是为什么呢?过去有十个太阳一起出来,普照万物,何况道德的光芒胜过了太阳的呢?"

【原文】

啮缺问乎王倪曰①:"子知物之所同是乎②?"

曰:"吾恶乎知之!"

"子知子之所不知邪?"

曰:"吾恶乎知之!"

"然则物无知邪?"

曰:"吾恶乎知之!虽然,尝试言之。庸讵知吾所谓知之非不知邪③?庸讵知吾所谓不知之非知邪?且吾尝试问乎女④:民湿寝则腰疾偏死,鳅然乎哉?木处则惴栗恂惧⑤,猿猴然乎哉?三者孰知正处?民食刍豢⑥,麋鹿食荐,蝍蛆甘带⑦,鸱鸦耆鼠⑧,四者孰知正味⑨?猿猵狙以为雌⑩,麋与鹿交,鳅与鱼游⑪。毛嫱丽姬,人之所美也;鱼见之深入,鸟见之高飞,麋鹿见之决骤⑫。四者孰知天下之正色哉⑬?自我观之,仁义之端,是非之涂⑭,樊然淆乱⑮,吾恶能知其辩⑯!"

啮缺曰:"子不知利害,则至人固不知利害乎?"

王倪曰:"至人神矣!大泽焚而不能热,河汉沍而不能

34

寒^⑰,疾雷破山、飘风振海而不能惊。若然者,乘云气,骑日月,而游乎四海之外。死生无变于己,而况利害之端乎!"

【注释】

①齧(niè)缺、王倪:皆为虚构人物。

②所同是:所共同认可的标准。

③庸讵:何以,怎么。

④女:通"汝",你。

⑤木处:在树上住。惴栗:发抖。恂(xún)惧:害怕。

⑥刍豢(chúhuàn):食草为刍,食谷物为豢,这里指牛羊猪狗等家畜。

⑦蝍蛆(jíū):蜈蚣。甘:可口。带:蛇。

⑧鸱(chī):猫头鹰。耆:通"嗜",喜好。

⑨正味:真正好吃的味道。

⑩猵(piàn)狙:野兽名。似猿,首如犬。以为雌:相配为雌雄。

⑪游:交合。

⑫决骤:疾速奔跑。

⑬正色:真正美丽的面容。

⑭涂:通"途",途径。

⑮樊然:杂乱的样子。淆:混杂,搅扰。

⑯辩:通"辨",分别,区别。

⑰河汉:黄河和汉水,这里泛指江河。冱(hù):结冻,封冻。

【译文】

齧缺问王倪说:"你知道万物有共同的标准吗?"

王倪说:"我怎么知道呢!"

齧缺又问说:"你知道你所不明白的东西吗?"

王倪说:"我怎么知道呢!"

齧缺再问说:"那么万物不就无法认识了吗?"

王倪说:"我怎么知道呢!即便如此,请让我试着说说。怎么知道我所说的'知道'不是他人所说的'不知'呢？怎么知道我所说的'不知'不是他人所说的'知道'呢？且让我问你：人睡在潮湿的地方就会腰痛甚至半身不遂，泥鳅会这样吗？人在树上居住就会惊恐不安，猿猴也会这样吗？人、泥鳅、猿猴这三者，究竟谁最了解居住在什么地方最好呢？人吃家畜肉，麋鹿吃薽草，蜈蚣以蛇为食，猫头鹰和乌鸦爱吃老鼠，这四者究竟谁知道什么是真正的美味呢？母猿与猵狙成为配偶，麋和鹿交配，泥鳅和鱼交尾。毛嫱、丽姬是世所公认的美人，但是鱼儿见到她们就潜入水底，鸟儿见到她们就飞向高空，麋鹿见到她们就疾速奔跑。这四者究竟谁知道什么才是天下真正的美色呢？依我看来，仁义的端倪，是非的途径，纷然杂乱，我怎么知道它们的差别呢！"

齧缺说："你不了解利和害，难道至人也不了解利和害？"

王倪说："至人太神妙了！山泽燃烧而不能使他感到热，江河封冻而不能使他感到冷，疾雷劈山、暴风震海而不能使他感到惊吓。像这样的至人，乘着云雾，骑着日月，而遨游于四海之外。连生和死都不能影响到他，何况是利害这种小事呢！"

【原文】

瞿鹊子问乎长梧子曰①："吾闻诸夫子②：'圣人不从事于务，不就利，不违害，不喜求，不缘道③。无谓有谓④，有谓无谓⑤，而游乎尘垢之外。'夫子以为孟浪之言⑥，而我以为妙道之行也。吾子以为奚若？"

长梧子曰："是黄帝之所听荧也⑦，而丘也何足以知之！且女亦大早计⑧，见卵而求时夜⑨，见弹而求鸮炙⑩。予尝为女妄言之，女以妄听之。奚旁日月⑪，挟宇宙⑫，为其吻合⑬，置其滑涽⑭，以隶相尊⑮？众人役役⑯，圣人愚芚⑰，参万岁而一成纯⑱。万物尽然，而以是相蕴。予恶乎知说生之非惑邪！予恶乎知恶死之非弱丧而不知归者邪^⑲！

"丽之姬^⑳，艾封人之子也^㉑。晋国之始得之也，涕泣沾襟；及其至于王所，与王同筐床，食刍豢，而后悔其泣也。予恶乎知夫死者不悔其始之蕲生乎？梦饮酒者，旦而哭泣；梦哭泣者，旦而田猎。方其梦也，不知其梦也。梦之中又占其梦焉，觉而后知其梦。且有大觉而后知此其大梦也。而愚者自以为觉，窃窃然知之^㉒。君乎，牧乎，固哉！丘也与女，皆梦也；予谓女梦，亦梦也。是其言也，其名为吊诡。万世之后而一遇大圣，知其解者，是旦暮遇之也。

"既使我与若辩矣，若胜我，我不若胜，若果是也，我果非也邪？我胜若，若不吾胜，我果是也，而果非也邪？其或是也，其或非也邪？其俱是也，其俱非也邪？我与若不能相知也，则人固受其黮暗^㉓，吾谁使正之？使同乎若者正之？既与若同矣，恶能正之？使同乎我者正之？既同乎我矣，恶能正之？使异乎我与若者正之？既异乎我与若矣，恶能正之？使同乎我与若者正之？既同乎我与若矣，恶能正之？然则我与若与人俱不能相知也，而待彼也邪？

"化声之相待^㉔，若其不相待，和之以天倪，因之以曼衍^㉕，所以穷年也。何谓和之以天倪^㉖？曰：是不是，然不然。是若果是也，则是之异乎不是也，亦无辩；然若果然也，则然之异乎不然也，亦无辩。忘年忘义，振于无竟，故寓诸无竟^㉗。"

【注释】

①瞿鹊子、长梧子：皆为虚构人物。

②夫子：指孔子，有下文"丘"为证。

③不缘道：不攀缘大道。

④无谓有谓：没有说什么如同说了。

⑤有谓无谓：说了什么如同没说。

⑥孟浪：不着边际。

⑦听荧：疑惑不明貌。

⑧大早计：求之过急，操之过急。

⑨时夜：亦称"司夜"，指五更报晓的鸡。

⑩鸮（xiāo）：似斑鸠的一种鸟。

⑪旁：通"傍"，依傍。

⑫挟：怀抱。

⑬为其吻合：与宇宙万物合为一体。

⑭置：任凭。滑潘（hūn）：昏乱。

⑮以隶相尊：把奴仆当作尊贵的人，指贵贱齐一的道理。

⑯役役：劳苦不休的样子。

⑰愚芚（chūn）：愚昧无知的样子。

⑱参万岁而一成纯：糅合古今事物为一体却精纯不杂。参，糅合。万岁，古今事物。

⑲弱丧：年幼在外流浪不回家的人。

⑳丽之姬：骊戎国的美女，晋献公的夫人。

㉑艾封人：指在艾地戍守边疆的人。

㉒窃窃然：明察的样子。

㉓瞑（dàn）暗：不明的样子。

㉔化声之相待：是非之辩互相对立。

㉕曼衍：自在变化，不拘常规。

㉖天倪：自然的分际。倪，分。

㉗寓诸无竟：寄托于无穷的境地。

【译文】

瞿鹊子问长梧子说："我听孔夫子说过：'圣人不去做尘世间的俗事，不谋利益，不避害，不追求欲望，不攀缘大道。无言如同有言，有言

38

如同无言,而遨游于尘世之外.'孔夫子认为这些是轻率不当的言论,而我却认为这是大道的行径。您认为怎样呢?"

长梧子说:"这些话,黄帝听了也会感到疑惑不解,孔丘怎么会理解呢!而且你也太求之过急了,见到鸡蛋便想得到报晓的鸡,见到弹丸就想吃到烤鸮鸟肉。我姑且给你随便说说,你也姑且听听吧。何不依傍日月,怀抱宇宙,与天地万物浑然一体,任其昏乱而不顾,把尊贵卑贱看作是一样的呢?众生忙忙碌碌,圣人则大智若愚,糅合古今事物为一体而精纯不杂。万物都是如此,互相蕴含着归于精纯浑朴之中。我怎么知道贪生不是迷惑呢!我怎么知道怕死不是像幼孩流浪在外而不知归家那样呢!

"丽姬是艾地戍守边界之人的女儿。晋国刚迎娶她时,她哭得泪湿衣襟;当她到了晋国王宫,和国君同睡一床,同吃珍馐美味,这才后悔当初不该哭泣。我怎能知道死去的人不后悔当初的贪生呢?梦中饮酒作乐的人,早上起来或许会遇到不如意的事情而哭泣;梦中哭泣的人,醒来又可能会去狩猎取乐。当人在梦中,不知道自己在做梦。有时候在梦中又做着梦,醒后才知道是做梦。只有彻底觉醒的人才知道人生如同一场梦。而愚昧的人自以为清醒,好像很明察的样子,似乎什么都知道。什么国君啊,臣仆啊,真是固执浅陋极了!孔丘和你,都在做梦;我说你在做梦,也是在做梦。我这些言论,可以称作是奇谈怪论。万世之后也许会遇到一位大圣人,能了悟这些道理,如同早晚遇到一样。

"即使我与你辩论,你胜了我,我没有胜你,你就果然对吗,我就果然错吗?我胜了你,你没有胜我,我果然对吗,你就果然错吗?是有一人对,有一人错呢?还是我们两人都对,或者都错呢?我和你都不知道,而他人本来就不明白,我们让谁来评判是非呢?请与你观点相同的人来评判?既然他和你的观点相同,怎么评判呢?请与我观点相同的人来评判?既然他和我的观点相同,又怎么评判呢?让与你我观点都不同的人来评判吗?既然观点不同于你我,又怎么能评判呢?让观点与你我都相同的人来评判吗?既然他的观点与你我的相同,又怎么能评判呢？既然我和你及他人都不能评判谁是谁非，还等谁来评判呢？"

"是非之辩互相对立，若要使它们不对立，就要用自然的分际来调和，任其变化发展，以尽享天年。什么叫用自然的分际来调和？'是'就等于'不是'，'然'就等于'不然'。如果'是'真的是'是'，那么，'是'不同于'不是'，就不须争辩了；如果'然'真的是'然'，那么，'然'不同于'不然'，也就不须争辩了。忘掉生死岁月，忘掉是非仁义，畅游于无穷的境界，这样也就能终身寄寓在无穷的境域了。"

【原文】

罔两问景曰[①]："曩子行[②]，今子止；曩子坐，今子起。何其无特操与[③]？"

景曰："吾有待而然者邪[④]？吾所待又有待而然者邪？吾待蛇蚹蜩翼邪[⑤]？恶识所以然？恶识所以不然？"

【注释】

①罔两：影子的影子。景：古"影"字。

②曩（nǎng）：从前。

③无特操：没有独立的操守。

④有待：有所依赖。

⑤蛇蚹（fù）：蛇腹下的鳞皮。

【译文】

影子的影子问影子说："刚才你行走，现在你停下；刚才你坐着，现在你站着。你怎么这样没有独立的操守呢？"

影子说："我是有依赖条件才这样的吗？我所依赖的东西又有所依赖才这样吗？我的依赖就像蛇凭借腹下的鳞皮而行，蝉凭借翅膀而飞吗？我怎能知道为什么会是这样的？又怎能知道为什么不会是这样呢？"

【原文】

昔者庄周梦为胡蝶，栩栩然胡蝶也[①]。自喻适志与[②]，不知周也。俄然觉，则蘧蘧然周也[③]。不知周之梦为胡蝶与，胡蝶之梦为周与？周与胡蝶，则必有分矣。此之谓物化[④]。

【注释】

①栩栩(xǔ)然：轻快飞舞的样子。
②喻：觉得。适志：合乎心意。
③蘧蘧(jù)然：惊醒的样子。
④物化：万物融合为一。

【译文】

从前庄周梦见自己变为蝴蝶，翩翩飞舞。感到畅快极了，不知道自己是庄周。忽然醒来，惊觉自己原来是庄周。不知道是庄周做梦化为蝴蝶，还是蝴蝶梦中化为庄周呢？庄周和蝴蝶，必定是有分别的。这种物我的转化就叫"物化"。

【赏析】

本篇表现的是庄子对世俗的否定，和对无差别的自由境界的向往。全篇由几个相对独立的故事连接而成，虽然故事和故事之间没有关联词，但在内容上有统一的主题贯通，思想深度也在逐步提升。

一开篇，庄子从南郭子綦进入无我境界入手，通过南郭子綦之口，生动地描述了大自然中的不同声响，即人籁、地籁、天籁，为下文不同人的情态作铺垫。

后面几段内容,庄子通过几个寓言故事告诉世人争辩是没有意义的。争,似乎是人的天性,或者是言语,或者是利益,不争个输赢,很少有人能够罢休。可在庄子看来,这是很幼稚的行为。庄子认为,真理本来是存在的,不会因为人们的争论而改变其本质。所谓的"道",就是能够认识这个真理,并遵循这个真理,而不是千方百计、费尽口舌地跟人争论心中自以为是的真理。

养生主

本篇是《庄子》内篇中的第三篇,所谓"养生主"就是养生之道。庄子所说的养生之道就是"缘督以为经",意思是不要为善去求名,不要为恶去受刑,顺应自然之道,就可以"保身""全生""养亲""尽年"。

【原文】

吾生也有涯①,而知也无涯②。以有涯随无涯③,殆已④;已而为知者,殆而已矣!为善无近名,为恶无近刑。缘督以为经⑤,可以保身,可以全生⑥,可以养亲⑦,可以尽年。

【注释】

①涯:极限,边际。

②知:知识。

③随:追随,追求。

④殆:疲困。

⑤缘督以为经:顺应自然之道以为常法。

⑥全生:指保全自己的天性,免受思虑之苦。

⑦养亲:赡养父母。

【译文】

人的生命是有限的,而知识是无限的。用有限的生命去追求无限的知识,就会变得疲困;已经如此了,还要汲汲追求知识,那就更加疲困不堪了!做善事不能有求名之心,做恶事不至于遭受刑罚。把顺应自然作为养生的常法,就可以保全身躯,保全天性,奉养双亲,尽享天年了。

【原文】

庖丁为文惠君解牛①,手之所触,肩之所倚,足之所履,膝之所踦②,砉然响然③,奏刀騞然④,莫不中音⑤,合于《桑林》之舞⑥,乃中《经首》之会⑦。

文惠君曰:"嘻,善哉!技盖至此乎⑧?"

庖丁释刀对曰⑨:"臣之所好者道也,进乎技矣。始臣之解牛之时,所见无非全牛者;三年之后,未尝见全牛也;方今之时,臣以神遇而不以目视,官知止而神欲行。依乎天理⑩,批大郤⑪,导大窾⑫,因其固然⑬,技经肯綮之未尝⑭,而况大軱乎⑮!良庖岁更刀,割也;族庖月更刀⑯,折也;今臣之刀十九年矣,所解数千牛矣,而刀刃若新发于硎⑰。彼节者有间,而刀刃者无厚,以无厚入有间,恢恢乎其于游刃必有余地矣⑱。是以十九年而刀刃若新发于硎。虽然,每至于族,吾见其难为,怵然为戒⑲,视为止⑳,行为迟。动刀甚微,謋然已解㉑,如土委地。提刀而立,为之四顾,为之踌躇满志㉒,善刀而藏之㉓。"

文惠君曰:"善哉!吾闻庖丁之言,得养生焉。"

【注释】

①庖(páo)丁:厨师,名丁。文惠君:或为梁惠王。

②踦(yǐ):通"倚",用力抵住。

③砉(xū):皮骨相离的声音。

④騞(huō):刀割物裂的声音。

⑤中(zhòng)音:与乐音相合。

⑥桑林:商汤时的乐曲名。

⑦经首:尧时的乐曲名。会:韵律,节奏。

⑧盖:通"盍",何,什么。

⑨释:放。

⑩天理:自然的纹理。

⑪郤(xì):通"隙",间隙,指牛筋骨的间隙。

⑫窾(kuǎn):空处,指牛骨节之间的空隙。

⑬因:循,顺着。固然:指牛体结构本来的样子。

⑭技:犹"枝"。经:经脉。肯:附在骨头上的肉。綮(qìng):指筋骨盘结处。

⑮軱(gū):大骨头。

⑯族庖:一般的厨工。

⑰硎(xíng):磨刀石。

⑱恢恢:宽裕,宽绰。

⑲怵(chù)然:小心谨慎的样子

⑳视为止:目光专注。止,专注。

㉑謋(huò)然:迅疾裂开的样子。

㉒踌躇满志:从容自得而心满意足。

㉓善:通"缮"。这里是擦拭的意思。

【译文】

庖丁给文惠君宰牛,手触到的地方,肩倚着的地方,脚踩着的地方,膝抵着的地方,都发出哗哗的或轻或重的声音,还有进刀时发出的进刀之声,没有不合于音律的,既合于《桑林》的舞曲节拍,又合于《经首》的乐曲韵律。

文惠君赞道:"啊,妙呀!你的技巧怎么达到这种高超程度的?"

庖丁放下刀回答说:"我所喜好的是事物的规律,已经超过了技巧。

最初我宰牛的时候,所看到的无非是一整头牛;三年之后,就未曾看到过整头牛了;现在,我只用心神行事而不用眼睛去看,耳目等官能停止了但心神还在运行。顺着牛体的自然纹理,劈开筋骨间的空隙,引刀入骨节之间的空隙,顺着牛的自然结构动刀,那些经脉相连、筋骨聚结的地方都从不碰,更何况大骨头呢!好的厨师每年换一把刀,因为他们用刀割筋肉;一般的厨师每月换一把刀,因为他们用刀砍骨头;我这把刀已经用了十九年,所宰的牛有几千头,可是刀刃还像新磨过的一样锋利。因为牛的骨节间有空隙,而刀刃薄得几乎没有厚度,以没有什么厚度的刀刃切入有间隙的骨节,当然会游刃有余了。所以这把刀用了十九年,刀刃还像新磨的一样。即便如此,每遇到筋骨聚结的地方,我知道不容易下手,便会小心谨慎,视线专注,动作缓慢。轻轻动刀,牛就哗啦啦分解开了,就像土块一样溃散在地。这时,我提刀站立,环视四周,心满意足,然后将刀擦净收好。"

文惠君说:"好啊!我听了庖丁一番话,从中学到了养生之道。"

【原文】

公文轩见右师而惊曰[①]:"是何人也? 恶乎介也[②]? 天与,其人与?"

曰:"天也,非人也。天之生是使独也,人之貌有与也。以是知其天也,非人也。"

【注释】

①公文轩:姓公文,名轩,宋人。右师:官名,这里指任右师的人。
②介:一只脚。

【译文】

公文轩看到右师惊讶地说:"这是什么人? 怎么只有一只脚呢? 这

是天生的,还是人为造成的呢?"

右师说:"这是天生的,不是人为的。上天让我只有一只脚,人的形貌是天赋与的。所以知道这是天生的,不是人为的。"

【原文】

泽雉十步一啄①,百步一饮,不蕲畜乎樊中②。神虽王③,不善也。

【注释】

①泽雉:草泽中的野鸡。

②蕲:求。樊:笼子。

③王(wàng):通"旺",旺盛。

【译文】

草泽里的野鸡走十步一啄食,走百步一饮水,但它并不希望被养在笼子里。在笼中虽然精神旺盛,行动却不自由。

【原文】

老聃死①,秦失吊之②,三号而出③。

弟子曰④:"非夫子之友邪?"

曰:"然。"

"然则吊焉若此,可乎?"

曰:"然。始也吾以为其人也,而今非也。向吾入而吊焉,有老者哭之,如哭其子;少者哭之,如哭其母。彼其所以会之,必有不蕲言而言,不蕲哭而哭者。是遁天倍情⑤,忘其所受,古者谓之遁天之刑。适来,夫子时也;适去,夫子顺也。安时而处顺,哀乐不能入也,古者谓是帝之县解⑥。"

【注释】

①老聃(dān):即老子,道家的创始人。

②秦失(yì):姓秦,名失,老子的朋友。

③三号(háo):号哭三声。

④弟子:指秦失的弟子。

⑤遁:躲避,回避。倍:通"背",违背。

⑥帝:天帝。县(xuán)解:解脱束缚。县,通"悬",束缚。

【译文】

老聃死了,秦失去吊唁他,哭了三声就出来了。

秦失的弟子说:"他不是老师的朋友吗?"

秦失说:"是的。"

弟子说:"那么这样吊唁,可以吗?"

秦失说:"可以。开始我以为他是至人,但现在觉得并非如此。刚才我进去吊唁时,看见有老人哭他,如同哭自己的孩子;有年轻人哭他,如同哭自己的母亲。这些人聚在这里,必定有不要求他们吊唁而来吊唁的,不要求他们哭丧而哭丧的。这是逃避自然,违背真情,忘记人之生死寿夭皆出自然,古时候称此为逃避自然的刑罚。该来的时候,老聃应时而生;该去的时候,老聃顺时而死。老聃应时而生而又顺乎自然而死,那么哀乐便不能侵入身心,古时候把这称为天帝解除人的束缚之苦。"

【原文】

指穷于为薪①,火传也,不知其尽也。

【注释】

①指:或应为"脂"字。

【译文】

油脂作为烛薪终有烧尽时,但火种却传续下去,无穷无尽永不会熄灭。

【赏析】

文中,作者首先提出顺乎自然的养生之道。人要顺乎自然,不因追名逐利殚思竭虑伤身害体,也不因恣意妄为触犯法律遭受刑罚。

接下来,庄子以庖丁解牛的故事喻处世之道,以解牛之法写处世之道。在作者这里,万物皆出于道,社会与牛相通,解牛与处世相通。解牛需了解牛的肌理,处世需了解世情规律。因此,为了保全性命,人应该"依乎天理""因其固然"。这就像解牛一样,只要刀刃沿着筋、骨的缝隙游动,不要碰着筋腱和骨头,就会保持锋利,不会受损变钝。

随后,又讲述了三个寓言故事,并以薪尽火传喻生死之变化,总结全文,进一步说明顺应自然之道即为养生之要这一中心。

人间世

"人间世"，即人间社会。本篇讲的是人生处世哲学，既表述了庄子所主张的处人与自处的人生态度，又阐释了庄子远害全生的处世哲学。

【原文】

颜回见仲尼①，请行。

曰："奚之?"

曰："将之卫。"

曰："奚为焉?"

曰："回闻卫君，其年壮，其行独②。轻用其国，而不见其过。轻用民死，死者以国量乎泽，若蕉③。民其无如矣④！回尝闻之夫子曰：'治国去之，乱国就之，医门多疾。'愿以所闻思其则，庶几其国有瘳乎⑤！"

仲尼曰："嘻！若殆往而刑耳⑥！夫道不欲杂，杂则多，多则扰，扰则忧，忧而不救。古之至人，先存诸己而后存诸人。所存于己者未定，何暇至于暴人之所行！且若亦知夫德之所荡而知之所为出乎哉？德荡乎名，知出乎争。名也者，相轧也；知也者，争之器也。二者凶器，非所以尽行也。

"且德厚信矼⑦，未达人气；名闻不争，未达人心。而强以

50

仁义绳墨之言术暴人之前者，是以人恶有其美也，命之曰菑人⑧。菑人者，人必反菑之。若殆为人菑夫。且苟为悦贤而恶不肖，恶用而求有以异？若唯无诏，王公必将乘人而斗其捷。而目将荧之⑨，而色将平之，口将营之，容将形之，心且成之。是以火救火，以水救水，名之曰益多。顺始无穷，若殆以不信厚言，必死于暴人之前矣！

"且昔者桀杀关龙逢⑩，纣杀王子比干⑪，是皆修其身，以下伛拊人之民⑫，以下拂其上者也，故其君因其修以挤之。是好名者也。昔者尧攻丛、枝、胥敖⑬，禹攻有扈⑭，国为虚厉⑮，身为刑戮。其用兵不止，其求实无已，是皆求名实者也。而独不闻之乎？名实者，圣人之所不能胜也，而况若乎！虽然，若必有以也⑯，尝以语我来！"

颜回曰："端而虚⑰，勉而一⑱，则可乎？"

曰："恶⑲！恶可！夫以阳为充孔扬⑳，采色不定㉑，常人之所不违，因案人之所感㉒，以求容与其心㉓，名之曰日渐之德不成㉔，而况大德乎！将执而不化㉕，外合而内不訾㉖，其庸讵可乎㉗！"

"然则我内直而外曲，成而上比。内直者，与天为徒。与天为徒者，知天子之与己，皆天之所子，而独以己言蕲乎而人善之㉘，蕲乎而人不善之邪？若然者，人谓之童子㉙，是之谓与天为徒。外曲者，与人之为徒也。擎跽曲拳㉚，人臣之礼也。人皆为之，吾敢不为邪？为人之所为者，人亦无疵焉㉛，是之谓与人为徒。成而上比者，与古为徒。其言虽教，谪之实也㉜，古之有也，非吾有也。若然者，虽直而不病㉝，是之谓与古为徒。若是则可乎？"

仲尼曰："恶！恶可！大多政法而不谍㉞，虽固㉟，亦无罪。

虽然,止是耳矣,夫胡可以及化! 犹师心者也。"

颜回曰:"吾无以进矣,敢问其方。"

仲尼曰:"斋㊱,吾将语若。有心而为之,其易邪? 易之者,皞天不宜。"

颜回曰:"回之家贫,唯不饮酒不茹荤者数月矣。如此,则可以为斋乎?"

曰:"是祭祀之斋,非心斋也㊲。"

回曰:"敢问心斋。"

仲尼曰:"若一志,无听之以耳而听之以心,无听之以心而听之以气。听止于耳,心止于符。气也者,虚而待物者也。唯道集虚。虚者,心斋也。"

颜回曰:"回之未始得使,实有回也;得使之也,未始有回也,可谓虚乎?"

夫子曰:"尽矣! 吾语若。若能入游其樊而无感其名㊳,入则鸣,不入则止。无门无毒㊴,一宅而寓于不得已,则几矣。绝迹易,无行地难。为人使易以伪,为天使难以伪。闻以有翼飞者矣,未闻以无翼飞者也;闻以有知知者矣㊵,未闻以无知知者也。瞻彼阕者㊶,虚室生白,吉祥止止㊷。夫且不止,是之谓坐驰。夫徇耳目内通而外于心知,鬼神将来舍,而况人乎! 是万物之化也,禹、舜之所纽也㊸,伏羲、几蘧之所行终㊹,而况散焉者乎!"

【注释】

①颜回:鲁国人,孔子的弟子。仲尼:即孔子。

②独:专断。

③蕉:草芥。

④无如:无处可去。如,往。

⑤瘳(chōu):病愈。

⑥殆:恐怕,将要。刑:遭受刑戮。

⑦矼(kòng):诚实,笃厚。

⑧菑(zāi):同"灾",害。

⑨荧:眩,迷惑。

⑩桀:夏朝最后一个国君,以暴虐称著于史。关龙逢:夏桀时期的贤臣,因直言劝谏而被杀。

⑪纣:商朝最后一个国君,相传是暴君。比干:商纣王叔父,因忠谏而被杀。

⑫伛拊(yǔfǔ):怜爱抚育。人:人君。

⑬丛、枝、胥敖:帝尧时期的部落小国。

⑭有扈:古国名。

⑮虚:通"墟",废墟。厉:厉鬼。

⑯以:原因。

⑰端而虚:外表端庄而内心谦虚。

⑱勉而一:勤恳努力而专心致志。

⑲恶(wū):叹词,驳斥之声。

⑳阳:指刚猛盛气。孔:甚,很。

㉑采色:神采气色。

㉒案:压抑。

㉓容与:放纵。

㉔日渐之德:小德。

㉕执:固守己见。

㉖外合:表面上赞同。訾(zǐ):非议。

㉗庸讵:怎么。

㉘蕲:求。

㉙童子:未成年的人,这里指天真、未失自然本性的人。

㉚擎:举,这里指手里拿着朝笏。跽(jì):跪拜。曲拳:鞠躬。

㉛疵(cī):诽谤。

㉜谪(zhé):谴责,责备。

㉝病:怨恨,祸害。

㉞政:通"正",端正,纠正。

㉟固:固陋,执着而不通达。

㊱斋:斋戒,指祭祀前的清心洁身。

㊲心斋:摒除杂念,使心境虚静纯一,是一种内心的斋戒。

㊳樊:篱笆,喻指卫君统治的范围,并暗含追名逐利场所的意思。

㊴无门无毒:既不要固闭,又不要暴躁。

㊵前"知":智慧,才能。后"知":知识。

㊶瞻(zhān):望。阒(què):空虚。

㊷止止:集于宁静的心境。

㊸纽:枢纽,关键。

㊹几蘧(qú):传说中的远古帝王。

【译文】

颜回拜见孔子,向他辞行。

孔子说:"到哪里去呢?"

颜回说:"准备去卫国。"

孔子说:"去卫国干什么?"

颜回说:"我听说卫国的国君,年壮气盛,行事专横。轻率地处理国事,却看不到自己的过错。轻率地用兵而不爱惜人民的性命,死者遍及全国不可称数,尸横大泽犹如草芥一样。百姓真是无路可走了!我曾听老师说:'安定的国家可以离开,危乱的国家应前往救扶,就像医生的门前有很多病人一样。'我愿按照老师的教诲去思考治理卫国的办法,或许这个国家还有救吧!"

孔子说:"唉!恐怕你到了卫国要遭受刑戮啊!学道,心智不能杂乱,杂乱了就会多事,多事就会自扰,自扰就会引起忧患,忧患来了就自身难保了。古时候的至人,先充实自身然后才去救助别人。如果自己还没充实,哪有余力去纠正暴君的行为! 况且,你懂得道德毁败和智慧显露的原因吗? 道德的毁败在于好名,智慧的显露在于争胜。名声,是人们互相倾轧的原因;智慧,是人们互相争斗的工具。二者都是凶器,不可以尽行于世。

"而且,一个人即使德性纯厚、守信诚实,也未必能与别人气味投合;即使不和别人争名,也未必能达到别人的心意。如果强行用仁义规范的言论在暴君面前说教,这就好比是用别人的丑恶来衬托自己的美德,将会被认为是在害人。害别人的人,别人必定会反过来害他。你恐怕要被人害了。况且,如果卫君喜欢贤人而厌恶不肖之徒,又何必用你去显示有异于人呢? 除非你不开口进谏,否则卫君必将抓住你说话的漏洞展开辩论,拒谏饰非。那时你的眼睛会眩惑不清,面色不得不平和下来,口里只顾得辩白营救自己,卑恭的面容就会显露出来,内心也就顺从他了。这就好比是用火去救火,用水去救水,只会助益恶的增多。如果按照开始时那样反复诤谏下去,你恐怕将不被信任,你必定要死在暴君的面前啊!

"从前,夏桀杀了关龙逢,商纣王杀了王子比干,都是因为他们修身养德,以臣下的身份关爱人君的民众,以臣下的身份拂逆人君的心意,所以他们的君主因他们修身养德而陷害他们。这就是喜好名声的结果。从前尧征伐丛、枝和胥敖,禹攻打有扈,使这些国家成为废墟,国人成了厉鬼,国君也被杀戮。他们用兵不断、贪利不止,这都是求名贪利的结果。偏偏你没有听说过吗? 名利之心,有时连圣人都克服不了,何况是你呢! 虽然这样,你毕竟有你的原因,且说给我听听!"

颜回说:"我外表端庄内心谦虚,勤勉行事而心志专一,这样可以吗?"

孔子说:"唉! 这怎么可以呢! 卫君刚猛暴烈盛气露于言表,而且喜怒无常,人们都不敢有丝毫违逆,他也借此压抑人们的真实感受和不同观点,来放纵自己的欲望,可以说每日用小德来感化尚且不成,更何况用大德来劝导！他必将固守己见而不会改变,表面赞同而内心却拒不纳谏,你的办法怎么行得通！"

颜回说:"那么,我内心正直而外表恭顺,引用成说并上比于古人。所谓内心正直,就是与自然同类。跟自然为同类,可知国君和我,都是上天所生,这样,我哪里会去祈求别人的称赞,又哪里会去管别人的指责呢？像这样,人们便会说我有赤子之心,这就叫与自然同类。所谓外表恭顺,就是与世人同类。手拿朝笏躬身下拜,这是做臣子的礼节。别人都这样做,我敢不这样做吗？做大家都做的事,别人也就不会指责吧,这就叫与世人同类。引用成说而上比古代贤人,就是与古人同类。所说的虽然是引导之言,其实是在责备国君的过失,这些话自古就有,并不是我造的。如果这样做,言语虽直率却不会招祸,这就叫与古人同类。这样做可以吗？"

孔子说:"唉！怎么可以呢！你纠正人家的方式太多又不妥当,这几种方法虽然浅陋,但也仅仅可以免罪。不过如此而已,又怎么能感化他呢！你好像太执着于自己的内心成见了。"

颜回说:"我没有更好的办法了,请问先生的高见。"

孔子说:"你先斋戒,我再告诉你。你有诚心去感化卫君,哪里有这么容易呢？如果你认为容易,那就不合自然之理了。"

颜回说:"我家境贫穷,不饮酒、不吃荤已经好几个月了。这样子,可以算是斋戒了吧？"

孔子说:"你这是祭祀斋戒,并不是心斋。"

颜回说:"请问什么是心斋？"

孔子说:"你必须心志专一,不要用耳朵去听而要用心去体会,不要用心去体会而要用气去感应。耳的作用止于聆听外物,心的作用止于感受外界。气这东西,是虚空而能容纳万物的。只有达到空明的虚境才能容纳道的聚集。这种虚境,就是心斋。"

颜回说:"我未受心斋教诲之前,能实在感到自我的存在;听到心斋这个道理后,就觉得未曾有自我存在了,这样可以叫作达到虚境了吗？

孔子说:"达到了!我告诉你。你进入卫国这樊笼中不要为名利而动心,卫君能接受你的话就说,不能接受就不说。自己不要固闭,也不要暴躁。完全安处而将心意寄托于无可奈何的境地,就差不多了。人不走路容易,走路不留行迹难。被欲望驱使容易作伪,被自然驱使就难以作伪。听说过有翅膀才能飞,没听说过没有翅膀也能飞的;听说用心智去求得知识,没听说过不用心智而求得知识的。观照那个空明的心境,空明的心境就会生出光明,这样吉祥善福会集于宁静之心。如果心境不能宁静,这就叫作形坐而心驰。如果使耳目等感官向内通达而排除心机智识,连鬼神也会来依附,何况人呢!这样万物都可以被感化,这是禹、舜处事的关键,也是伏羲、几蘧终身奉行的行为准则,何况普通人呢!"

【原文】

叶公子高将使于齐①,问于仲尼曰:"王使诸梁也甚重,齐之待使者,盖将甚敬而不急。匹夫犹未可动②,而况诸侯乎!吾甚栗之。子常语诸梁也曰:'凡事若小若大,寡不道以欢成。事若不成,则必有人道之患;事若成,则必有阴阳之患③。若成若不成而后无患者,唯有德者能之。'吾食也执粗而不臧④,爨无欲清之人⑤。今吾朝受命而夕饮冰,我其内热与!吾未至乎事之情,而既有阴阳之患矣;事若不成,必有人道之患。是两也,为人臣者不足以任之,子其有以语我来!"

仲尼曰:"天下有大戒二:其一命也,其一义也。子之爱亲,命也,不可解于心;臣之事君,义也,无适而非君也,无所逃于天地之间。是之谓大戒。是以夫事其亲者,不择地而安之,孝之至也;夫事其君者,不择事而安之,忠之盛也;自事其心者,哀乐不易施乎前⑥,知其不可奈何而安之若命,德之至也。为人臣子者,固有所不得已。行事之情而忘其身,何暇至于悦生而恶死!

夫子其行可矣！

"丘请复以所闻：凡交近则必相靡以信⑦，远则必忠之以言，言必或传之。夫传两喜两怒之言，天下之难者也。夫两喜必多溢美之言，两怒必多溢恶之言。凡溢之类妄，妄则其信之也莫，莫则传言者殃。故法言曰⑧：'传其常情，无传其溢言，则几乎全。'

"且以巧斗力者，始乎阳⑨，常卒乎阴⑩，泰至则多奇巧⑪；以礼饮酒者，始乎治，常卒乎乱，泰至则多奇乐。凡事亦然。始乎谅，常卒乎鄙；其作始也简，其将毕也必巨。

"言者，风波也；行者，实丧也。夫风波易以动，实丧易以危，故忿设无由，巧言偏辞。兽死不择音，气息茀然⑫，于是并生心厉；剋核大至⑬，则必有不肖之心应之，而不知其然也。苟为不知其然也，孰知其所终！故法言曰：'无迁令，无劝成，过度益也。'迁令劝成殆事。美成在久，恶成不及改，可不慎与！且夫乘物以游心，托不得已以养中⑭，至矣。何作为报也！莫若为致命⑮。此其难者。"

【注释】

①叶公子高：姓沈，名诸梁，字子高，为楚大夫。

②动：感化。

③阴阳之患：意谓事成则大喜，大喜则导致阴阳失调，阴阳失调则引发疾病。

④执粗：食用粗茶淡饭。不臧：不精细的食品。

⑤爨（cuàn）：炊，烹饪食物。

⑥施：移动，改变。

⑦靡：顺。

⑧法言：格言。

58

⑨阳:公开争斗。

⑩阴:暗地使计谋。

⑪泰至:太过分。

⑫茀(bó):通"勃",气息急促。

⑬剋(kè)核:苛刻。

⑭养中:保养心中精气。

⑮致命:传达国君的命令。

【译文】

叶公子高将要出使齐国,向孔子请教说:"楚王交给我的使命很重大,齐国接待使者,总是貌似恭敬但实际上很怠慢。普通人尚且不容易被感化,何况诸侯呢!我很害怕。您曾经对我说:'凡事无论大小,很少有不依道而能畅快办成的。事情如果办不成,必定会受到国君惩罚;事情如果办成了,则必定会因阴阳失调而使身体患病。无论成或不成都不会留下祸患的,只有有德之人才能做到。'我平日里饮食粗糙不求精细,烧火做饭的人不会因为热而求清凉。现在我早上接受使命而晚上就要喝冰水,我是内心焦灼了吧!我的出使任务还未进行,就已经阴阳失调了;事情如果办不成,必定会遭到国君惩罚。这双重祸患临头,为人臣的实在受不了,先生如有什么办法就告诉我吧!"

孔子说:"天下有两个足以为戒的大法则:一是天命,一是道义。儿女爱双亲,这是天性,永远不能从心里解除;臣子事国君,这是道义,无论到哪里都不会没有君主,这是在天地之间无法逃避的。这就是足以为戒的大法则。所以子女侍奉父母,无论什么样的境遇都要使他们安适,这是行孝的最高表现;臣子侍奉国君,无论办什么样的事都要使国君心安,这是尽忠的最高表现;懂得调养自己心性的人,哀乐都不能影响心境,知道事情难为也能处之泰然,这是德行的最高表现。为人臣的,本来就有不得已的事。只要按实情行事而置自身于不顾,哪有余暇去乐生怕死!你这样去做就可以了!

"我把我听到的道理再告诉你:凡国与国相交,邻近的国家要以信用去求得安顺,远方的国家要用言辞去维系忠诚,言辞要靠使臣去传达。传达两国国君喜悦和怨怒的言辞,是天下最难的事。喜悦时的言辞必然多有溢美之词,怨怒时的言辞必多憎恶之言。凡是过度的话都是不实的,不实的东西都是不可信的,不可信的话就会令使者遭殃。所以格言说:'要传达真实的话,不要传达过分的话,这样就差不多可以保全自己了。'

"凭借机巧斗力的人,开始时明斗,到最后常常以暗斗结束,过分时就产生阴谋诡计了;以礼节饮酒的人,开始时规规矩矩,到最后就迷乱昏醉了,过分时就狂态百出。任何事情都是这样。开始时互谅互让,到最后常常互欺互诈了;事情开始时很单纯,后来就变得复杂艰巨了。

"言语,犹如风波忽起忽落,不可捉摸;所以传达语言,就会有失实的地方。因为风波容易动荡,得失之间会带来危险,所以产生怨怒的原因无他,是由巧言偏辞造成的。野兽将死,会疯狂怪叫,怒气勃发,便产生了伤生的恶念;一个人做事太苛刻,会引来别人的报复之心,而自己却不知道是怎么回事。如果自己都不知道怎么回事,又有谁会知道将要产生什么结果呢! 所以格言说:'不要改变传达的命令,不要强求成功,过度就是妄自增益了。'改变命令,强求成功,就会让事情变得危险。成就好事需要很长的时间,做坏事情等觉悟时已来不及改过,能不谨慎吗! 并且,顺从事物的自然规律而悠然使心,寄托于不得已以蓄养心中之气,这就是理想的境界。何必一定要有所作为而刻意去完成君命呢! 不如如实传达君命。这样做已经很不容易了。"

【原文】

颜阖将傅卫灵公太子[①],而问于蘧伯玉曰[②]:"有人于此,其德天杀[③]。与之为无方[④],则危吾国;与之为有方,则危吾身。其知适足以知人之过,而不知其所以过。若然者,吾奈之何?"

蘧伯玉曰:"善哉问乎! 戒之,慎之,正女身也哉! 形莫若就,心莫若和。虽然,之二者有患。就不欲入,和不欲出。形就而入,且为颠为灭⑤,为崩为蹶⑥;心和而出,且为声为名,为妖为孽⑦。彼且为婴儿,亦与之为婴儿;彼且为无町畦⑧,亦与之为无町畦;彼且为无崖⑨,亦与之为无崖。达之入于无疵⑩。

"汝不知夫螳螂乎? 怒其臂以当车辙,不知其不胜任也,是其才之美者也。戒之,慎之! 积伐而美者以犯之,几矣!

"汝不知夫养虎者乎? 不敢以生物与之,为其杀之之怒也;不敢以全物与之,为其决之之怒也。时其饥饱,达其怒心。虎之与人异类,而媚养己者,顺也;故其杀者,逆也。

"夫爱马者,以筐盛矢⑪,以蜃盛溺⑫。适有蚊虻仆缘⑬,而拊之不时⑭,则缺衔毁首碎胸。意有所至而爱有所亡,可不慎邪!"

【注释】

①颜阖:鲁国的贤人。傅卫灵公太子:给卫灵公太子作师傅。

②蘧(qú)伯玉:卫国的贤大夫,名瑗,字伯玉。

③天杀:天生刻薄凶残。

④方:法度。

⑤颠:仆倒,堕落。

⑥崩:毁坏。蹶:失败,挫折。

⑦孽(niè):灾害。

⑧町畦(tǐngqí):田间的界路,喻指分界、界线。

⑨无崖:无拘束。

⑩疵:病,这里指行为上的过失。

⑪矢:屎,粪便。

⑫蜃(shèn):大蛤,这里指蛤壳。溺:尿。

61

⑬仆缘：附着，指叮在马身上。

⑭拊(fǔ)：拍击。

【译文】

颜阖将要去做卫国太子的老师，他向蘧伯玉请教说："现在有一个人，天性刻薄凶残。如果放纵他而不用法度去劝导，就会危害国家；如果用法度劝导他，就会危害自身。他的智慧仅能看到别人的过错，却不知道他们为什么会犯错。像这样的情形，我该怎么办呢？"

蘧伯玉说："问得好啊！要警惕，要谨慎，先端正你自己的行为吧！外表不如表现出主动亲近之态，而内心不如存着引导之念。虽然如此，这两种态度依然有危险。当你亲近他时，不要太深入，引导他时，不要太显露。接近太过深入，将会使自己堕落毁灭；内心引导之意表露出来，他会以为你是为了争名，从而招致灾祸。他若是像孩童般天真，你姑且也和他一样像个天真的孩童；他如果做什么都没有界限，你也和他一样没有界限；他如果放荡不拘，你也和他一样放荡不拘。这样渐渐引导他到没有过失的境地。

"你不知道那螳螂吗？它奋力举起臂膀去阻挡车轮，是不明白自身力量不能胜任，自恃才能甚大。要警惕呀，谨慎呀！如果你常常夸耀自己的长处而去触犯他，那就危险了！

"你不知道养虎的人吗？他不敢用活物去喂老虎，怕老虎扑杀活物时引发凶残的天性；也不敢拿完整的食物给它，怕它在撕裂动物时激发凶残的天性。要了解它的饥饱情况，顺着它的喜怒去疏导。虎与人是异类，却驯服于饲养它的人，这是因为人能顺着它的性子；它之所以要扑杀人，是因为人违逆了它的性子。

"爱马的人，用竹筐装马粪，用蛤壳接马尿。赶上有牛虻叮咬马，爱马之人拍打得不是时候，马就会咬断口勒，挣断辔头，弄坏胸络。意在爱马却适得其反，能不谨慎吗！"

匠石之齐①,至于曲辕,见栎社树②。其大蔽数千牛,絜之百围③,其高临山,十仞而后有枝,其可以为舟者旁十数。观者如市,匠伯不顾,遂行不辍④。弟子厌观之,走及匠石,曰:"自吾执斧斤以随夫子⑤,未尝见材如此其美也。先生不肯视,行不辍,何邪?"

曰:"已矣,勿言之矣!散木也⑥。以为舟则沈,以为棺椁则速腐⑦,以为器则速毁,以为门户则液樠⑧,以为柱则蠹⑨,是不材之木也。无所可用,故能若是之寿。"

匠石归,栎社见梦曰:"女将恶乎比予哉?若将比予于文木邪⑩?夫柤梨橘柚⑪,果蓏之属⑫,实熟则剥,剥则辱;大枝折,小枝泄⑬。此以其能苦其生者也,故不终其天年而中道夭,自掊击于世俗者也⑭。物莫不若是。且予求无所可用久矣,几死,乃今得之,为予大用。使予也而有用,且得有此大也邪?且也若与予也皆物也,奈何哉其相物也?而几死之散人⑮,又恶知散木!"

匠石觉而诊其梦⑯。弟子曰:"趣取无用,则为社何邪?"

曰:"密!若无言!彼亦直寄焉,以为不知己者诟厉也⑰。不为社者,且几有翦乎⑱!且也彼其所保与众异,而以义喻之,不亦远乎!"

【注释】

①匠石:木匠,名石。

②栎社树:把栎树当作社神。

③絜(xié):用绳子计量树干的粗细。围:两只胳膊合抱的长度为一围。

63

④辍(chuò):中止,停。

⑤斤:斧之一种,即横口斧。

⑥散木:指不成材的树木。

⑦椁(guǒ):棺外的套棺。

⑧液樠:脂液流出。

⑨蠹(dù):蛀蚀。

⑩文木:纹理细密的可用之木。

⑪柤(zhā):山楂。

⑫蓏(luǒ):瓜类等草本植物的果实。

⑬泄:牵拉。

⑭掊(pǒu):打。

⑮散人:不成材的人。

⑯诊:通"畛",告诉。

⑰诟厉:辱骂伤害。

⑱翦(jiǎn):砍伐。

【译文】

匠人石去齐国,走到曲辕,看见一棵被视为土地神的栎树。这棵树大到可以遮蔽数千头牛,用绳子量一量树干有百围,树身高临山头,七八丈以上才有树枝,可以用来造船的旁枝就有十几枝。观看的人众多,好像赶集一样,匠人石却不屑一顾,不住脚地往前走。弟子饱看之后,跑着赶上匠人石,说:"自从我拿着斧头跟随师傅以来,还不曾见过这么大的木材。师傅却不肯看上一眼,走个不停,为什么呢?"

匠人石说:"算了,不要再说它了!这是一棵没什么用的树。用它做成船定会沉没,用它做成棺材定会很快腐烂,用它做成器皿定会很快毁坏,用它做成屋门定会渗出脂液,用它做成房柱定会被虫蛀,这是不成材的树木。因为没什么用处,所以才能如此长寿。"

匠人石回到家,梦见栎树对他说:"你要拿什么跟我相比呢?你打算拿可用之木来跟我相比吗？那山楂树、梨树、橘子树、柚子树以及瓜果之类，果实成熟后就会被打落，打落果子时枝干也会遭受摧残；大枝被折断，小枝被拽下来。这就是因为它们有用才害苦了自己的一生，所以不能终享天年而夭折，这是自身招来了世俗的打击。万物没有不是这样的。况且我追求无用的境地已经很久了，几乎被砍死，到现在才因无用得以保全，这才是我的大用。假设我有用，我能长到这么高大吗？而且你和我都是天地间之物，你为什么要这样评议我呢？你也是将死的无用之人，又怎么懂得无用之木！"

匠人石醒来后把梦告诉给他的弟子。弟子说："既然栎树追求无用，那为什么还要充当社树让世人瞻仰呢？"

匠人石说："停！别说了！它不过是借社神寄托形体罢了，这才能被那些不了解它的人讥讽伤害进而保全自己。假如不当社神，恐怕早就遭到砍伐了！况且它保全自己的方法与众不同，而用常理来谈论它，不就相去太远了吗！"

【原文】

南伯子綦游乎商之丘①，见大木焉，有异，结驷千乘②，隐将芘其所藾③。子綦曰："此何木也哉？此必有异材夫！"仰而视其细枝，则拳曲而不可以为栋梁④；俯而视其大根，则轴解而不可以为棺椁⑤；咶其叶⑥，则口烂而为伤；嗅之，则使人狂酲⑦，三日而不已。子綦曰："此果不材之木也，以至于此其大也。嗟乎神人，以此不材。"

宋有荆氏者⑧，宜楸柏桑。其拱把而上者，求狙猴之杙者斩之⑨；三围四围，求高名之丽者斩之⑩；七围八围，贵人富商之家求禅傍者斩之⑪。故未终其天年而中道之夭于斧斤，此材之患也。故解之以牛之白颡者⑫，与豚之亢鼻者，与人有痔病者，不可以适河。此皆巫祝以知之矣^⑬，所以为不祥也。此乃神人之所以为大祥也。

【注释】

①南伯子綦：即南郭子綦，虚构人物。商之丘：即商丘，宋国都城，在今河南商丘。

②驷（sì）：一辆车套四匹马。

③芘（bì）：通"庇"，荫蔽。籁（lài）：荫。

④拳曲：弯弯曲曲的样子。

⑤轴解：树心纹理松散。

⑥咶（shì）：通"舐"，舔。

⑦酲（chéng）：醉酒。

⑧荆氏：地名。

⑨杙（yì）：小木桩，用来系牲畜。

⑩名：大。

⑪樿（shàn）傍：指由独幅木做成的棺木左右扇。

⑫解之：指祈祷神灵以消灾。颡（sǎng）：额。

⑬巫祝：巫师。

【译文】

南伯子綦在商丘游玩，看见一棵大树，异乎寻常，即便集结千乘马车，也可在它的树荫下隐蔽起来。子綦说："这是什么树呢？它必定是特异的木材吧！"抬头观看树枝，枝条弯弯曲曲，不能做栋梁；低头看树干，树心松松散散，不能做棺材；舔舔树叶，嘴巴便溃烂受伤；闻闻气味，就使人大醉如狂，三天还醒不过来。子綦说："这果真是不成材的树木，所以它才能长得这么高大。唉，神人也是这样显示自己的不材啊！"

宋国有个叫荆氏的地方，很适合楸、柏和桑生长。等它们长到一两把粗，就被想用它做拴猴子木桩的人砍去；长到三四围粗，就被想做高大栋梁的人砍去；长到七八围粗，就被寻求棺木的富贵人家砍去。因此这

66

些树木不能终享天年而中途被刀斧砍伐,这就是有用之材的祸患。因此古人祈神消灾时,凡是白额的牛、鼻孔朝天的猪,以及患有痔疮的人都不能投入河中祭神。这些情况巫师都知道,他们认为这是不吉祥的。但这正是神人认为的最大吉祥。

【原文】

支离疏者①,颐隐于脐②,肩高于顶,会撮指天③,五管在上④,两髀为胁⑤。挫针治綍⑥,足以糊口;鼓筴播精,足以食十人。上征武士,则支离攘臂而游于其间⑦;上有大役,则支离以有常疾不受功;上与病者粟,则受三钟与十束薪⑧。夫支离其形者,犹足以养其身,终其天年,又况支离其德者乎!

【注释】

①支离疏:虚构人物。支离,形体不全。疏,智力不全。

②颐(yí):面颊。

③会撮:发髻。

④五管:五脏的腧穴。

⑤髀(bì):大腿。

⑥挫针:缝衣服。治綍(xiè):洗衣服。

⑦攘臂:捋袖伸胳膊。

⑧钟:计量单位,六斛四斗为一钟。

【译文】

有个叫支离疏的人,面颊隐藏在肚脐下,肩高于头顶,发髻朝天,五脏的穴位在脊背上,大腿和胸肋相并。他给人缝洗衣服,足够糊口;给人筛糠簸米,足够养活十个人。国家征兵时,他甩着胳膊走来走去不用躲避;国君摊派徭役时,他因身有残疾不用当差;国君向贫病的人赈济米粟时,他还能领到三钟粮食和十捆柴草。那些形体残缺的人,尚可养活自己,终享天年,更何况那有道德缺陷的人呢!

【原文】

孔子适楚,楚狂接舆游其门曰[①]:"凤兮凤兮,何如德之衰也!来世不可待,往世不可追也。天下有道,圣人成焉;天下无道,圣人生焉。方今之时,仅免刑焉。福轻乎羽,莫之知载[②];祸重乎地,莫之知避。已乎已乎,临人以德。殆乎殆乎,画地而趋。迷阳迷阳[③],无伤吾行。吾行郤曲[④],无伤吾足。"

山木自寇也[⑤],膏火自煎也[⑥]。桂可食,故伐之;漆可用,故割之。人皆知有用之用,而莫知无用之用也。

【注释】

①楚狂接舆:楚国的隐士,姓陆,名通,字接舆。

②载:承受。

③迷阳:指荆棘。

④郤(xì)曲:屈曲,指道路曲折难行。

⑤寇:砍伐。

⑥膏:油脂。

【译文】

孔子到楚国,楚国狂人接舆来到孔子的门前,唱道:"凤鸟啊,凤鸟啊,你的德行为何如此衰败!来世不可期待,往世不可追回。天下有道,圣人可以成就事业;天下无道,圣人只能保全性命。当今这个时代,只能求免遭刑戮。幸福比羽毛还轻,却不知道受用;灾祸比大地还重,却不知道回避。算了吧,算了吧,不要在人前宣扬你的品德。危险啊,危险啊,不要画地为牢束缚自己。荆棘啊,荆棘啊,别妨碍我走路。绕弯走啊,绕弯走啊,别伤了我的脚。"

山木是自己招致砍伐的,膏火是自己招来煎熬的。桂树可以食用,所以遭砍伐;漆树有用,所以遭到刀割。人们都知道有用的用处,却不知道无用的用处。

【赏析】

全文可分为前后两大部分,前半部分假托三个故事:孔子在颜回打算出仕卫国时与他的谈话,叶公子高将出使齐国时向孔子的求教,颜阖被请去做卫太子师傅时向蘧伯玉的讨教,以此来说明世间危险,处世艰难,不可不小心谨慎。对于如何去应对世间的危难,庄子提出三点:第一是要"心斋",第二是"知其不可奈何而安之若命",第三是"正女身",并"形莫若就""心莫若和"。归结到一点就是"无己"。

后半部分主要强调"无用"之用。用树木不成材却终享天年和支离疏形体不全却避免了许多灾祸来说明无用的好处。"无用"之用也正体现了庄子"虚无"的人生态度。

德充符

本篇讨论的是道德问题,所谓"德充符",是指道德的充实完美。全篇写了王骀、申徒嘉、叔山无趾、闉跂支离无脤等形体残缺而道德充实完美的人物,说明外形的残缺和完整是次要的,内在的道德充实完美才是最重要的。

【原文】

鲁有兀者王骀①,从之游者与仲尼相若。常季问于仲尼曰②:"王骀,兀者也。从之游者与夫子中分鲁。立不教,坐不议。虚而往,实而归。固有不言之教,无形而心成者邪③?是何人也?"

仲尼曰:"夫子,圣人也,丘也直后而未往耳。丘将以为师,而况不若丘者乎!奚假鲁国④,丘将引天下而与从之。"

常季曰:"彼兀者也,而王先生⑤,其与庸亦远矣。若然者,其用心也独若之何?"

仲尼曰:"死生亦大矣,而不得与之变,虽天地覆坠⑥,亦将不与之遗。审乎无假而不与物迁,命物之化而守其宗也。"

常季曰:"何谓也?"

仲尼曰:"自其异者视之,肝胆楚越也;自其同者视之,万物

70

皆一也。夫若然者,且不知耳目之所宜,而游心乎德之和。物视其所一而不见其所丧,视丧其足犹遗土也。"

常季曰:"彼为己⑦,以其知得其心,以其心得其常心。物何为最之哉⑧?"

仲尼曰:"人莫鉴于流水而鉴于止水。唯止能止众止。受命于地,唯松柏独也正,在冬夏青青;受命于天,唯尧、舜独也正,在万物之首。幸能正生,以正众生。夫保始之征,不惧之实⑨。勇士一人,雄入于九军。将求名而能自要者而犹若是,而况官天地,府万物,直寓六骸,象耳目,一知之所知而心未尝死者乎⑩!彼且择日而登假⑪,人则从是也⑫。彼且何肯以物为事乎?"

【注释】

①兀(wù):断一足。王骀(tái):虚构人物。

②常季:孔子的弟子。

③心成:心中领会。

④奚假:何止。

⑤王(wàng)先生:做先生的师长。王,高出。

⑥天地覆坠:天塌地陷。

⑦彼:指王骀。

⑧最:群聚,归依。

⑨实:信。

⑩心未尝死:指保持常心,没有丧失本真的人。

⑪登假:登高升远。

⑫从是:追随他。

【译文】

鲁国有个被砍了一只脚的人,叫王骀,跟他学习的人和孔子的弟子一样多。常季问孔子说："王骀是被砍了一只脚的人。跟他学习的人，和先生的弟子，在鲁国各占一半。他立不施教，坐不议论。学生却空怀而来，充实而归。果真有不用语言进行的教育，只在无形中就能使人从心里领会的吗？这是一个什么样的人呢？"

孔子说："这位先生，他是个圣人，我也落后于他而没来得及去请教。我将要拜他为师，何况不如我的人呢！岂止鲁国，我将引领天下的人去跟他学习。"

常季说："他是被砍了一只脚的人，而能胜过先生，那他一定远远超过普通人。如果真是这样，那他是如何运用心智与众不同的呢？"

孔子说："死生是一件极大的事情，都不能让他随之变化，即使天翻地覆，他也不会随之毁灭。他审视自己无瑕疵而不随外物变迁，主宰万物的变化而坚守自己的本元。"

常季说："这是什么意思？"

孔子说："从万物相异的角度看，相邻近的肝和胆就像楚国和越国那样相距遥远；从万物相同的角度看，万物都是一样的。认识到这一点，就不会关心耳目喜欢何种声色，只求心灵畅游于道德的和谐境界中。只见万物的同一而不见万物的缺失，所以他把断了一只脚看作如同掉了一块泥土一样。"

常季说："王骀只是一个修养自我的人，他以广博的知识求取自己的心理，以自己的心理求取永恒的心理。人们为何会归依他呢？"

孔子说："人不能在流动的水面上照见自己的身影，而只能在静止的水面上照见自己的身影。只有静止的东西才能使众物静止。植物从大地获得生命，唯有松柏禀受自然正气，冬夏常青；众人从上天获得生命，唯有尧、舜得天之正气，在万众之中成为首领。幸而他们能自正心性，才能引导众生端正。能够保持原道的征验，才会像勇士一样具有无所畏惧的信心。勇士只身一人，也敢于千军万马之中称雄。为了求名而自我激励的将士，尚且能这样舍生忘死，何况主宰天地，包藏万物，以身体为寓所，以耳目为幻象，把智慧所知视同一体，而本真之心未曾丧失的人呢！

他将指日达到高远的境界,这样的人,人们都愿意追随他。他哪里肯把能吸引众多弟子当回事呢?”

【原文】

申徒嘉①,兀者也,而与郑子产同师于伯昏无人②。子产谓申徒嘉曰:“我先出则子止,子先出则我止。”其明日,又与合堂同席而坐③。子产谓申徒嘉曰:“我先出则子止,子先出则我止。今我将出,子可以止乎,其未邪④?且子见执政而不违⑤,子齐执政乎?”

申徒嘉曰:“先生之门⑥,固有执政焉如此哉?子而说子之执政而后人者也?闻之曰:‘鉴明则尘垢不止,止则不明也。久与贤人处则无过。’今子之所取大者,先生也,而犹出言若是,不亦过乎!”

子产曰:“子既若是矣,犹与尧争善。计子之德,不足以自反邪?”

申徒嘉曰:“自状其过⑦,以不当亡者众;不状其过,以不当存者寡。知不可奈何而安之若命,唯有德者能之。游于羿之彀中⑧。中央者,中地也⑨;然而不中者,命也。人以其全足笑吾不全足者多矣,我怫然而怒⑩,而适先生之所,则废然而反。不知先生之洗我以善邪?吾与夫子游十九年矣,而未尝知吾兀者也。今子与我游于形骸之内⑪,而子索我于形骸之外,不亦过乎!”

子产蹴然改容更貌曰⑫:“子无乃称!”

【注释】

①申徒嘉:姓申徒,名嘉,郑国的贤人。

73

②子产:姬姓,名侨,字子产,郑国大夫。伯昏无人:虚构人物。

③堂:厅堂。古代房子,前为堂,后为室。

④其:抑或。

⑤执政:指宰相。违:回避。

⑥先生:指伯昏无人。门:门下。

⑦自状:自己陈述。状,陈述。过:过错。

⑧羿(yì):后羿,传说中善射之人。彀(gòu)中:射程范围内。

⑨中(zhòng)地:箭所能射中之地。

⑩怫然:发怒的样子。

⑪形骸之内:指精神、心灵。

⑫蹴(cù)然:不安的样子。

【译文】

申徒嘉,是被砍了一只脚的人,他和子产同是伯昏无人的弟子。子产对申徒嘉说:"我先出去,你就留下;你先出去,我就留下。"第二天,子产又和申徒嘉在厅堂里同席而坐。子产对申徒嘉说:"我先出去,你就留下;你先出去,我就留下。现在我要出去,你可以稍留一会儿呢,还是不能呢? 你见到我这个执政大臣而不回避,你要和我平起平坐吗?"

申徒嘉说:"在老师的门下,有像你这样的执政大臣吗? 你是炫耀你的执政身份而瞧不起别人吗? 我听过这样的话:'镜子要明亮就不能留灰尘,留下灰尘就不明亮了。长久和贤人相处便没有过失。'现在你来求取的是先生的大道,还说这样的话,不是太过分了吗!"

子产说:"你已经这样断足残形了,还要和尧争长短高低。估量一下你的品德,还不够让你反省吗?"

申徒嘉说:"自己陈述自己的过错,认为不应当遭受断足残形之刑的人众多;不陈述自己的过错,也很少有人认为自己不应当存足全形。知道事情无可奈何而能安然接受命运,唯有有德之人能做到。正如我们走进后羿的射程范围内。那中央的地方,是箭头必中的地方;然而也有没

74

射中的,那是命运。因自己双脚齐全而嘲笑我脚不全的人很多,我听了很愤慨,到了老师这里,我的怒气全消了。不知先生用何妙道来洗刷我的心灵?我跟随老师游学了十九年,从未感觉我是断脚的人。现在你和我以心相交,而你却以形貌来苛求我,不是错误的吗!"

子产惭愧不安,改变了态度,说:"你不要再说了!"

【原文】

鲁有兀者叔山无趾①,踵见仲尼②。仲尼曰:"子不谨,前既犯患若是矣。虽今来,何及矣!"

无趾曰:"吾唯不知务而轻用吾身,吾是以亡足。今吾来也,犹有尊足者存,吾是以务全之也。夫天无不覆,地无不载,吾以夫子为天地,安知夫子之犹若是也!"

孔子曰:"丘则陋矣③。夫子胡不入乎④?请讲以所闻。"

无趾出。孔子曰:"弟子勉之! 夫无趾,兀者也,犹务学以复补前行之恶,而况全德之人乎⑤!"

无趾语老聃曰:"孔丘之于至人⑥,其未邪?彼何宾宾以学子为⑦?彼且蕲以諔诡幻怪之名闻⑧,不知至人之以是为己桎梏邪⑨?"

老聃曰:"胡不直使彼以死生为一条⑩,以可不可为一贯者,解其桎梏,其可乎?"

无趾曰:"天刑之,安可解!"

【注释】

①叔山无趾:虚构人物,因断足而得名。

②踵:脚跟,这里指用脚跟行走。

③丘:孔子自称。陋:浅陋。

④夫子：指叔山无趾。

⑤全德：形体健全。

⑥至人：有道之人。

⑦彼：指孔子。宾宾：频频。

⑧俶（chù）诡：奇异。幻怪：怪异。

⑨桎梏（zhìgù）：脚镣手铐，引申为束缚。

⑩一条：指齐一。

【译文】

鲁国有个被砍去了脚趾的人，叫叔山无趾，用脚跟行走去见孔子。孔子说："你不谨慎，之前已受了这样的刑罚。现在虽然来这里请教，又怎么来得及呢！"

无趾说："我只因不懂世务而轻率地作践自身，因此被砍去了脚趾。现在我来到这里，是还有比脚趾更可贵的东西存在，因此我要努力保全它。天是无所不覆的，地是无所不载的，我把先生视为天地，哪知先生是这样的啊！"

孔子说："我太浅陋了。您为什么不进来呢？请讲讲您的见解吧。"

无趾走了。孔子说："弟子们，要努力啊！无趾是被砍去了脚趾的人，还要努力学习以弥补以前的过错，更何况是身体健全的人呢！"

无趾对老聃说："孔子还没达到至人的境界吧？他为什么常常求教于您呢？他还在追求以奇异怪诞的名声闻名天下，却不知道至人都把名声当作束缚自己的枷锁吗？"

老聃说："为什么不使他混同生死，齐一可与不可，从而解除他的枷锁，这样就可以了吧？"

无趾说："这是上天给他的刑罚，怎么可以解除！"

【原文】

鲁哀公问于仲尼曰①："卫有恶人焉，曰哀骀它②。丈夫与之处者③，思而不能去也。妇人见之，请于父母曰'与为人妻，宁为夫子妾'者，十数而未止也。未尝有闻其唱者也④，常和人而已矣。无君人之位以济乎人之死⑤，无聚禄以望人之腹⑥。又以恶骇天下⑦，和而不唱，知不出乎四域，且而雌雄合乎前，是必有异乎人者也。寡人召而观之，果以恶骇天下。与寡人处，不至以月数，而寡人有意乎其为人也；不至乎期年⑧，而寡人信之。国无宰，寡人传国焉。闷然而后应⑨，泛然而若辞⑩。寡人丑乎，卒授之国。无几何也，去寡人而行。寡人恤焉若有亡也⑪，若无与乐是国也。是何人者也？"

仲尼曰："丘也尝使于楚矣，适见独子食于其死母者⑫，少焉眴若⑬，皆弃之而走。不见己焉尔，不得类焉尔。所爱其母者，非爱其形也，爱使其形者也。战而死者，其人之葬也不以翣资⑭；刖者之屦⑮，无为爱之。皆无其本矣。为天子之诸御⑯，不爪翦⑰，不穿耳；取妻者止于外⑱，不得复使。形全犹足以为尔，而况全德之人乎！今哀骀它未言而信，无功而亲，使人授己国，唯恐其不受也，是必才全而德不形者也。"

哀公曰："何谓才全？"

仲尼曰："死生、存亡、穷达、贫富、贤与不肖、毁誉、饥渴、寒暑，是事之变、命之行也。日夜相代乎前，而知不能规乎其始者也。故不足以滑和，不可入于灵府。使之和豫通而不失于兑；使日夜无郤而与物为春，是接而生时于心者也。是之谓才全。"

"何谓德不形？"

曰："平者，水停之盛也。其可以为法也，内保之而外不荡也。德者，成和之修也。德不形者，物不能离也。"

哀公异日以告闵子曰⑲："始也吾以南面而君天下，执民之纪而忧其死，吾自以为至通矣。今吾闻至人之言，恐吾无其实，轻用吾身而亡其国。吾与孔丘非君臣也,德友而已矣^⑳。"

【注释】

①鲁哀公:鲁国国君,定公之子。

②哀骀它:虚构人物,喻指貌丑德全的人。

③丈夫:男子。

④唱:同"倡"。提倡,倡导。

⑤君人:人君,国君。

⑥聚禄:积蓄俸禄。望:月满为望,作"满"解。

⑦骇:惊骇。

⑧期(jī)年:周年。

⑨闷然:淡漠的样子。

⑩泛:心不在焉。

⑪恤(xù):忧虑。

⑫豘子:指小猪。豘,同"豚"。食:饮乳。

⑬眴(shùn)若:惊慌的样子。

⑭翣(shà):棺材饰物。

⑮屦(jù):由葛麻做的单底鞋。

⑯诸御:指妃嫔。

⑰爪翦:剪指甲。

⑱取妻者:指男侍从。

⑲闵子:名损,字子骞,孔子的弟子。

⑳德友:以德相交的朋友。

【译文】

　　鲁哀公问孔子说:"卫国有个长相丑陋的人,名叫哀骀它。男人与他相处,思慕他而不肯离开。女人见到他,便向父母请求说:'与其做别人的妻子,不如做他的妾。'这样的女人不止十多个。未曾听说他提倡过什么,只是经常应和别人而已。他没有帝王的权位去救济别人的死难,没有积聚钱粮去让别人肚腹饱满。并且他相貌丑陋得让天下人害怕,只应和而不倡导,智慧也没有超出四境之内的人,可是女人和男人都前去亲近他,他必定有异于常人之处。我把他召来一看,果然丑陋得令天下人惊骇。他和我相处,不到一个月,我已经感觉到他的高明之处;不到一年,我就很信任他。国内正好没有宰相,我就把国事委托给他。他淡然地答应下来,漠不关心又好像要推辞一样。我自愧不如,终于把国事交给了他。没过多久,他就离我而去。我烦闷得若有所失,好像在这个国家没有人和我共享快乐了。他究竟是个什么样的人啊?"

孔子说:"我曾出使楚国,恰巧遇到一群小猪在刚死去的母猪身上吸吮乳汁,一会儿突然很惊慌地丢下母猪逃走了。这是因为死去的母猪对小猪不再有任何感应,不像活着的时候。小猪爱它们的母亲,不是爱其形体,而是爱主宰形体的精神。战死沙场的人,安葬他们时不用棺饰;被砍掉脚的人,不会再去爱惜他的鞋子。这都是因为失去了根本。做天子的妃子,不剪指甲,不穿耳洞;娶妻的内侍留在宫外,不得再为役使。为保全形体尚且要如此,何况德性完备的人呢!现在哀骀它不说话就能取信于人,没有功业也能受人尊敬,让人把国事委托给他,还唯恐他不接受,他必定是天性完备而德不形于外的人。"

哀公说:"什么叫天性完备?"

孔子说:"像生死、存亡、穷达、贫富、贤与不肖、毁誉、饥渴、寒暑,这些都是事物的变化、天命的运行。它们如昼夜交替一样,而人们的智慧并不能窥见这些变化的起始。所以这些变化不足以扰乱本性的平和,不能侵入心灵。要使心境和谐快乐,畅通而不失怡悦;使这种心境日夜不间断,与万物同沐于春天般的气息之中,使心灵和万物相接时产生感应。这就叫作'天性完备'。"

哀公说:"什么叫作德不形于外?"

孔子说:"平,是水静止的最高境界。它可以作为我们取法的准绳,内心保持平静,而外表不动荡。德,是完满醇和的修养。德不形于外,万物自然亲附而不愿离去。"

有一天,鲁哀公将这番话告诉闵子说:"以前,我居国君之位统治天下,掌握治理臣民的纲纪而忧心臣民的死亡,我自以为十分通达了。现在,我听到至人的言论,就担心自己没有实绩,轻率地浪费自身的精力而使国家陷入危亡之中。我和孔子,并不是君臣,而是以德相交的朋友。"

【原文】

闉跂支离无脤说卫灵公[1],灵公说之,而视全人,其脰肩肩[2]。瓮㼜大瘿说齐桓公[3],桓公说之[4],而视全人,其脰肩肩。故德有所长而形有所忘。人不忘其所忘,而忘其所不忘,此谓诚忘。

故圣人有所游,而知为孽[5],约为胶,德为接,工为商。圣人不谋,恶用知?不斫[6],恶用胶?无丧,恶用德?不货,恶用商?四者,天鬻也[7]。天鬻者,天食也[8]。既受食于天,又恶用人?

有人之形,无人之情。有人之形,故群于人;无人之情,故是非不得于身。眇乎小哉,所以属于人也。謷乎大哉[9],独成其天。

【注释】

①闉(yīn)跂支离无脤(chún):虚构人物。闉,曲。伛背。跂,踮起脚跟走路。支离,身体残缺。无脤,缺唇。脤,同"唇"。

②脰(dòu):颈项。肩肩:细长。

③瓮(wèng)㼜(àng)大瘿(yǐng):虚构人物。瓮㼜,陶制的盛器。大瘿,脖子上长的大瘤。

④说:通"悦",喜欢。

⑤孽:妖孽,这里指祸根。

⑥不斫(zhuó):不砍削。

⑦鬻(yù):养育。

⑧食(sì):饲养。

⑨螯(áo):高大的样子。

【译文】

有个驼背、跛脚、无唇的人向卫灵公游说,卫灵公很喜欢他,再看到形体完整的人,反而觉得他们的脖子也太细小了。有位脖子上长着像瓮瓮一样大的瘤子的人向齐桓公游说,齐桓公很喜欢他,再看到形体完整的人,反而觉得他们的脖子也太细小了。所以一个人只要道德出众,形体上的残缺就会被人忘记。人们不忘掉应该忘掉的形骸,而忘掉了不该忘掉的道德,这才叫真正的遗忘。

所以圣人能游心于逍遥之境,把智巧看作祸根,把盟约视为禁锢,把恩惠看作交往的手段,把工巧视为商人的作为。圣人不去谋划,哪里用得上智巧?不去雕琢友情,哪里用得着礼义禁锢?无所丧失,哪里谈得上施德笼络?不买卖谋利,哪里用得着通商?这四者,都是自然养育而成的。自然的养育,就是自然的饲养。既然受到自然饲养,又哪里用得着人为呢?

圣人只有人的形体,却没有人的性情。有了人的形体,所以能和人群居;没有人的性情,所以常人的是非都与他无关。渺小啊,那些属于常人的东西。伟大啊,那些浑同于自然的东西。

【原文】

惠子谓庄子曰:"人故无情乎?"

庄子曰:"然。"

惠子曰:"人而无情,何以谓之人?"

庄子曰:"道与之貌,天与之形,恶得不谓之人?"

惠子曰："既谓之人，恶得无情？"

庄子曰："是非吾所谓情也。吾所谓无情者，言人之不以好恶内伤其身，常因自然而不益生也①。"

惠子曰："不益生，何以有其身？"

庄子曰："道与之貌，天与之形，无以好恶内伤其身。今子外乎子之神，劳乎子之精②，倚树而吟③，据槁梧而瞑④。天选子之形⑤，子以坚白鸣⑥。"

【注释】

①因：顺。益：增益。

②劳：不知休止，疲劳。

③倚树而吟：指神逐于外的疲劳状态。

④据槁梧而瞑：指操劳精力而冥思苦想。

⑤选：赋予。形：形体。

⑥坚白：坚白论，当时著名的论题。

【译文】

惠子对庄子说："人本来就没有情感吗？"

庄子说："是的。"

惠子说："人若没有情感，怎么能称为人呢？"

庄子说："道给了人容貌，天给了人形体，怎么不能称为人呢？"

惠子说："既然叫作人，怎么会没有情感呢？"

庄子说："这不是我所说的情感。我所说的没有情感，是说人不要以好恶损害自己内在的本性，要经常顺应自然而不人为地增益。"

惠子说："不培养情感，怎么保有自己的身体？"

庄子说："道给人容貌，天给人形体，不要以好恶损害自己内在的本性。现在，你耗费自己的心神，劳费自己的精力，倚靠树干吟咏，倚靠枯桐假寐。天赋予你形体，你却以'坚白论'争辩不休。"

【赏析】

在本篇中,庄子重点阐述了"德"对于一个人的重要性。通过王骀、申徒嘉、叔山无趾、哀骀它等身残而德全之人,指出相貌并不重要,"德"的充实才是做人的根本。"德有所长,而形有所忘",只要德行完美,形体上的残缺并不会成为累赘。几个小故事之后又用庄子和惠子的对话作为结尾,在庄子的眼里,惠子益生丧德恰是"德"充实的反例,指出德全就要保持本性完备,不要妄自增益。

大宗师

"大宗师"即以道为宗师。"宗"就是老子说的"为万物之宗"的"宗",即万物的主宰;"师"是为天地万物所效法。所以,《大宗师》是庄子对老子道的思想的发挥,其主旨是讲道是世界万物的主宰,这是庄子的本体论。

【原文】

知天之所为^①,知人之所为者^②,至矣! 知天之所为者,天而生也;知人之所为者,以其知之所知,以养其知之所不知,终其天年而不中道夭者,是知之盛也。虽然,有患^③。夫知有所待而后当^④,其所待者特未定也。庸讵知吾所谓天之非人乎^⑤?所谓人之非天乎? 且有真人而后有真知^⑥。

何谓真人? 古之真人,不逆寡,不雄成^⑦,不谟士^⑧。若然者,过而弗悔^⑨,当而不自得也^⑩。若然者,登高不栗,入水不濡^⑪,入火不热。是知之能登假于道者也若此^⑫。

古之真人,其寝不梦,其觉无忧,其食不甘,其息深深^⑬。真人之息以踵,众人之息以喉。屈服者,其嗌言若哇^⑭。其耆欲深者^⑮,其天机浅^⑯。

古之真人,不知说生^⑰,不知恶死;其出不诉^⑱,其入不距;

翛然而往^⑲，翛然而来而已矣。不忘其所始，不求其所终。受而喜之，忘而复之。是之谓不以心捐道，不以人助天，是之谓真人。若然者，其心志，其容寂，其颡頯^⑳。凄然似秋，暖然似春，喜怒通四时，与物有宜而莫知其极。故圣人之用兵也，亡国而不失人心；利泽施乎万世，不为爱人。故乐通物，非圣人也；有亲，非仁也；天时，非贤也；利害不通，非君子也；行名失己，非士也；亡身不真，非役人也^㉑。若狐不偕、务光、伯夷、叔齐、箕子、胥馀、纪他、申徒狄^㉒，是役人之役^㉓，适人之适^㉔，而不自适其适者也。

古之真人，其状义而不朋，若不足而不承，与乎其觚而不坚也^㉕，张乎其虚而不华也，邴邴乎其似喜乎^㉖，崔乎其不得已乎^㉗，滀乎进我色也^㉘，与乎止我德也，厉乎其似世也，謷乎其未可制也^㉙，连乎其似好闭也^㉚，悗乎忘其言也^㉛。以刑为体^㉜，以礼为翼，以知为时，以德为循。以刑为体者，绰乎其杀也^㉝；以礼为翼者，所以行于世也；以知为时者，不得已于事也；以德为循者，言其与有足者至于丘也，而人真以为勤行者也。故其好之也一，其弗好之也一。其一也一，其不一也一。其一与天为徒，其不一与人为徒。天与人不相胜也，是之谓真人。

【注释】

①天之所为：天道的作为。

②人之所为：人的作为。

③有患：有祸患，有问题。

④有所待：有所依赖。

⑤庸讵：何以，怎么。

⑥真人：达于道的人。

⑦不雄成：不自傲于成功。

⑧不谋士:不谋虑世事。士,同"事",事情。

⑨过而弗悔:有了过失不后悔。

⑩当而不自得:得当而不自得。

⑪濡:沾湿。

⑫登假:升到。

⑬深深:渊深静默的样子。

⑭嗌(ài)言:咽在喉头中的话。哇:呕吐。

⑮耆:通"嗜",嗜好。

⑯天机:天赋的灵机。

⑰说:通"悦",喜欢。

⑱䜣(xīn):同"欣",高兴。

⑲翛(xiāo):无拘束很自由的样子。

⑳颡(sǎng):额。頯(kuí):颧骨,引申为高亢显露。

㉑役人:役使人。

㉒狐不偕:尧时人,尧让帝位给他,他不接受,投河而死。务光:夏末人,传说汤要让帝位给他,他不接受,投河自尽。伯夷、叔齐:商时孤竹君的两个儿子,周武王灭商后,他们不食周粟,最后饿死。箕子:殷纣王的庶叔,因谏纣王而被囚禁。胥馀:不详。纪他:殷时人,因担心汤传位给自己,投水而死。申徒狄:殷时人,因仰慕纪他,投水而死。

㉓役人之役:把别人的事当自己事去做。

㉔适人之适:把别人的快乐当自己的快乐。

㉕觚(gū):通"孤",特立不群。

㉖邴(bǐng):神情开朗的样子。

㉗崔乎:动的样子。

㉘滀(chù):颜色温和而有光泽。原义为水积聚。水聚则有和泽之色。

㉙謷(áo):高远。

㉚连乎:绵长的样子。

㉛悗(mèn)：无心的样子
㉜以刑为体：以刑罚为本体。
㉝绰(chuò)：宽绰。

【译文】

既知道天道的运化之理，又知道人的作为，这是认知的最高境界了！知道天道的运化之理，是懂得事物出于自然；知道人的作为，是用他的智力所能知道的道理，去保养他的智力所不能知的，由此尽享天年而不致中途夭亡，这是聪明的最高境界了。即便如此，还是有问题。人的知识必须依赖一定的条件才能判断它是否正确，但这个条件是变化不定的。怎么知道我所说的出于自然不是人为呢？所说的人为不是出于自然呢？有真人而后才有真知。

什么叫作真人？古代的真人，不拒绝寡少，不自恃成功，不谋虑世事。像这样的人，有了过错而不后悔，处事恰当而不自得。像这样的人，登高不战栗，入水不沾湿，入火不觉热。只有认知达到道的境地的人才能这样。

古代的真人，睡时不做梦，醒后不忧虑，饮食不求甘美，呼吸深沉舒缓。真人用脚跟呼吸，众人用喉咙呼吸。争辩中屈服的人，他的言语像呕吐般堵塞在咽喉中。嗜好欲望太深的人，他天赋的灵机就浅陋。

古代的真人，不喜生，不恶死；出生不欣喜，死亡不抗拒；只是自然而去，自然而来而已。不忘记他生命的开始，也不寻求他生命的归宿。欣然地接受生，忘掉死而任其复归自然。这就叫作不用心智去损害道，不用人为辅助自然，这就是真人。像这样的人，他专注于道，他的容貌静寂，他的额头宽大突出。他的表情冷凄像秋天，温暖如春日，喜怒似四季变化，和万物相适宜却无人了解其精神的边际。所以圣人用兵，灭了敌国却不失敌国民心；恩泽施惠万世，却不是为了偏爱人民。所以乐于与外界交往的，不是圣人；有亲疏之分的，不是仁人；计较天时的，不是贤人；利害不能相通为一的，不是君子；追求名声却失去本性的，不是有道之士；丧失自身而失去真性的，不是役使他人之人。像狐不偕、务光、伯夷、叔齐、箕子、胥馀、纪他、申徒狄这些人，都是被别人役使，使别人快意安适，而不能自寻安适的人。

古代的真人，情态适应万物而不偏私，好像有所不足却又无所承受，特立不群而不固执，心胸宽广而不浮华，舒畅自适似有喜色，行为举动若不得已，面色和泽令人亲近，德行宽厚令人归依，气度宽宏如世界广大，高远超拔而不拘礼法，绵邈深远似闭口缄默，漫不经心如忘其所言。把刑法作为本体，把礼仪作为羽翼，用知识审时度势，以道德作为规范。把刑法作为本体，就是从宽对待杀戮；把礼仪作为羽翼，就是把礼仪作为治世的条规；用知识审时度势，就是形势所迫，不得已为之；以道德作为规范，就像有脚的人登上山丘一样容易，而世人却认为他是勤于行走才到达的。所以，真人无心好恶，将爱好的与不爱好的都视同一致。无论视同一致与否，它们都是同一的。同一是与自然为同类，不同一是与人为同类。持天人合一看法的，这就叫作真人。

【原文】

死生，命也①。其有夜旦之常，天也②。人之有所不得与，皆物之情也。彼特以天为父，而身犹爱之，而况其卓乎③！人特以有君为愈乎己，而身犹死之，而况其真乎④！

泉涸⑤，鱼相与处于陆，相呴以湿⑥，相濡以沫⑦，不如相忘于江湖。与其誉尧而非桀也，不如两忘而化其道。

夫大块载我以形，劳我以生，佚我以老，息我以死。故善吾生者，乃所以善吾死也。夫藏舟于壑，藏山于泽，谓之固矣。然而夜半有力者负之而走，昧者不知也⑧。藏小大有宜，犹有所遁。若夫藏天下于天下而不得所遁⑨，是恒物之大情也⑩。特犯人之形而犹喜之⑪。若人之形者，万化而未始有极也，其为乐

88

可胜计邪？故圣人将游于物之所不得遁而皆存。善夭善老^⑫，善始善终，人犹效之，又况万物之所系而一化之所待乎^⑬！

【注释】

①命：自然，规律。

②天：自然，规律。

③卓：卓绝，这里指大道。

④真：真宰。

⑤涸（hé）：水干。

⑥呴（xǔ）：吐气。

⑦濡：沾湿。沫：口沫。

⑧眛：通"寐"，睡。

⑨藏天下于天下：把天下托付于天下。

⑩大情：至理。

⑪犯：同"范"，铸造。

⑫夭：少。

⑬系：从属。一化：一切变化。所待：一切变化所依赖的条件，指大道。

【译文】

　　死和生是必然的。它们同昼夜的永恒交替一样，是自然的规律。有些事情是人无法干预的，这都是事物变化的情理。人们认为天是生命之父，而终身敬爱它，更何况那卓越无比的道呢！人们认为君主的地位高出自己，而为之舍身效忠，何况那至高的真宰呢！

　　泉水干涸了，鱼儿一同被困在陆地上，用湿气相互滋润，用唾沫相互沾湿，与其如此，不如在江湖里彼此相忘。与其赞美尧而非议桀，不如把两人的是非都忘掉而同化于大道。

　　天地用形体来托载我，用生存来使我操劳，用衰老来使我闲逸，用死亡来使我安息。所以把生视为好事，也应把死视为好事。把船藏在山谷里,把山藏在大泽中,可以说是牢固了。然而半夜里有大力之人把它们背走了,沉睡的人一点儿也不知道。把小的东西藏在大的东西里是很适宜的,但还是有所丢失。如果把天下藏在天下之中就不会有所丢失,这是万物的至理。人们一旦获得了形体就十分欣喜。人的形体,千变万化没有止境,如果成人形都可称为快乐的话,那么快乐的事哪里算得清呢?所以圣人将游走于无所亡失的境地而与大道共存。安于生、老、病、死的人,人们犹自效仿他,更何况那万物所归属的、一切变化所依赖的道呢!

【原文】

夫道,有情有信①,无为无形②;可传而不可受③,可得而不可见;自本自根④,未有天地,自古以固存;神鬼神帝⑤,生天生地;在太极之先而不为高⑥,在六极之下而不为深⑦,先天地生而不为久,长于上古而不为老。狶韦氏得之⑧,以挈天地⑨;伏戏氏得之,以袭气母⑩;维斗得之⑪,终古不忒⑫;日月得之,终古不息;堪坏得之⑬,以袭昆仑;冯夷得之⑭,以游大川;肩吾得之,以处大山⑮;黄帝得之,以登云天⑯;颛顼得之⑰,以处玄宫⑱;禺强得之⑲,立乎北极;西王母得之,坐乎少广⑳,莫知其始,莫知其终;彭祖得之,上及有虞㉑,下及五伯㉒;傅说得之㉓,以相武丁,奄有天下㉔,乘东维、骑箕尾㉕,而比于列星。

【注释】

①有情有信:指客观存在。

②无为无形:指无所作为、看不见摸不着,是非物质的。

③受:同"授"。

④自本自根:自己产生自己,自为自的根本。

⑤神鬼神帝:使鬼和上帝变成神灵。

⑥太极:最高的极限,派生万物的本源。

90

⑦六极：天地四方的极限。

⑧狶(xī)韦氏：传说中的远古帝王。

⑨挈(qiè)：提挈，此指混同万物。

⑩袭：调和。气母：元气之母。

⑪维斗：北斗星。

⑫忒(tè)：差错。

⑬堪坏(pēi)：昆仑山神。

⑭冯夷：黄河之神。

⑮大山：即泰山。

⑯登云天：相传黄帝采首山之铜，铸鼎山之下，鼎成后，有龙垂在鼎上迎接黄帝，黄帝驾云乘龙而去。

⑰颛顼(zhuānxū)：古代部落首领，号高阳，黄帝之孙，又称玄帝。

⑱玄宫：北方之宫。玄为黑色，代表北方的颜色。

⑲禺强：水神。

⑳少广：山名，一说岩穴名。

㉑有虞：即舜，有虞氏。

㉒五伯(bà)：即五霸。

㉓傅说(yuè)：原为奴隶，殷朝贤臣。

㉔奄：覆盖。

㉕东维、箕尾：皆为星宿名。

【译文】

道是真实存在的，但它没有作为，没有形迹；可以传而不可以授，可以心得而不能目见；它就是自己的根本，没有天地之前，就一直存在着；它使鬼神和上帝成为神灵，产生了天和地；它在太极之上却不算高，在六极之下却不算深，先于天地存在却不算久，比上古还长远却不算老。狶韦氏得到它，用以混同天地万物；伏羲氏得到它，用以调和元气；北斗得到它，就能永无偏差；日月得到它，就能运行不息；堪坏得到它，用以入主

91

昆仑;冯夷得到它,用来游历大川;肩吾得到它,就能镇守泰山;黄帝得到它,就能登上云天;颛顼得到它,就能坐镇玄宫;禺强得到它,就能立足北极;西王母得到它,就能坐守少广,不知道有生死变化;彭祖得到它,寿命上及虞舜,下及五伯时代;傅说得到它,辅佐武丁,执掌天下,死后乘着东维星,骑着箕尾星,并列于众星之中。

【原文】

南伯子葵问乎女偊曰①:"子之年长矣,而色若孺子,何也?"

曰:"吾闻道矣。"

南伯子葵曰:"道可得学邪?"

曰:"恶!恶可!子非其人也。夫卜梁倚有圣人之才而无圣人之道②,我有圣人之道而无圣人之才。吾欲以教之,庶几其果为圣人乎③?不然,以圣人之道告圣人之才,亦易矣。吾犹守而告之,参日而后能外天下④;已外天下矣,吾又守之,七日而后能外物⑤;已外物矣,吾又守之,九日而后能外生;已外生矣,而后能朝彻;朝彻而后能见独;见独而后能无古今;无古今而后能入于不死不生。杀生者不死,生生者不生。其为物,无不将也,无不迎也,无不毁也,无不成也。其名为撄宁⑥。撄宁也者,撄而后成者也。"

南伯子葵曰:"子独恶乎闻之?"

曰:"闻诸副墨之子⑦,副墨之子闻诸洛诵之孙⑧,洛诵之孙闻之瞻明⑨,瞻明闻之聂许⑩,聂许闻之需役⑪,需役闻之於讴⑫,於讴闻之玄冥⑬,玄冥闻之参寥⑭,参寥闻之疑始⑮。"

【注释】

①南伯子葵:即南伯子綦。女偊(yǔ):得道之人。

②卜梁倚:虚构人物。

③庶几:也许。

④参:同"三"。外:遗忘。

⑤外物:把万物置之度外。

⑥撄宁:指外界虽扰乱而内心安定。撄,扰乱。

⑦副墨之子:指书册。

⑧洛诵之孙:指诵读。

⑨瞻明:见解洞彻。

⑩聂许:耳闻心许。

⑪需役:实践。

⑫於讴(wū'ōu):咏叹。

⑬玄冥:深远幽寂。

⑭参寥:参悟虚寂。

⑮疑始:似有始而未尝有始。

【译文】

南伯子葵问女偊说:"您的年岁很大了,而面色却如同小孩,为什么呢?"

女偊说:"我闻道了。"

南伯子葵说:"道可以学到吗?"

女偊说:"不!可以!你不是那种可以学道的人。卜梁倚有圣人的天资却没有圣人的心境,我虽有圣人的心境却没有圣人的天资。我想用虚淡的心境教导他,也许他能真的成为圣人吧?即便不能,把圣人的心境告诉有圣人天资的人,也是容易的。我坚持着指导他,三天后,他就能把天下置之度外;已经置天下于度外了,我坚持指导,七天后,他就能把万物置之度外;已经置万物于度外了,我继续指导他,九天后,他就能把生死置之度外;已经把生死置之度外了,才能心胸豁然澄澈;心胸豁然澄澈了,才能洞见独一无二的道;洞见独一无二的道,才能不受古今时间的限制；不受古今时间的限制，才能进入无生无死的境界。大道能使万物死而自己却不死，能使万物生而自己却不生。道对于万物，无所不送，无所不迎，无所不毁，无所不成。这就叫作'撄宁'。撄宁，就是在万物生死、成毁的纷扰中保持宁静安定。"

南伯子葵曰："你从哪里闻得道的呢？"

女偊说："我从副墨之子（书册）那里听到的，副墨之子是从洛诵之孙（诵读）那里听到的，洛诵之孙是从瞻明（见解洞彻）那里听到的，瞻明是从聂许（耳闻心许）那里听到的，聂许是从需役（勤行不息）那里听到的，需役是从於讴（吟咏嗟叹）那里听到的，於讴是从玄冥（深远幽寂）那里听到的，玄冥是从参寥（参悟虚寂）那里听到的，参寥是从疑始（似有始而又无始）那里听到的。"

【原文】

子祀、子舆、子犁、子来①四人相与语曰："孰能以无为首，以生为脊，以死为尻②，孰知死生存亡之一体者，吾与之友矣。"四人相视而笑，莫逆于心③，遂相与为友。

俄而子舆有病④，子祀往问之。曰："伟哉！夫造物者将以予为此拘拘也⑤！"曲偻发背⑥，上有五管⑦，颐隐于齐⑧，肩高于顶，句赘指天⑨。阴阳之气有沴⑩，其心闲而无事，跰𨂂而鉴于井⑪，曰："嗟乎！夫造物者又将以予为此拘拘也！"

子祀曰："女恶之乎？"

曰："亡，予何恶！浸假而化予之左臂以为鸡⑫，予因以求时夜⑬；浸假而化予之右臂以为弹，予因以求鸮炙⑭；浸假而化予之尻以为轮，以神为马，予因以乘之，岂更驾哉！且夫得者，时也；失者，顺也。安时而处顺，哀乐不能入也，此古之所谓县解也⑮，而不能自解者，物有结之。且夫物不胜天久矣，吾又何恶焉!"

俄而子来有病,喘喘然将死⑯。其妻子环而泣之。子犁往问之,曰:"叱!避!无怛化⑰!"倚其户与之语曰:"伟哉造化!又将奚以汝为?将奚以汝适?以汝为鼠肝乎?以汝为虫臂乎?"

子来曰:"父母于子,东西南北,唯命之从。阴阳于人,不翅于父母⑱。彼近吾死而我不听,我则悍矣,彼何罪焉?夫大块载我以形,劳我以生,佚我以老,息我以死。故善吾生者,乃所以善吾死也。今之大冶铸金,金踊跃曰:'我且必为镆铘⑲!'大冶必以为不祥之金。今一犯人之形,而曰:'人耳!人耳!'夫造化者必以为不祥之人。今一以天地为大炉,以造化为大冶,恶乎往而不可哉!"成然寐⑳,蘧然觉㉑。

【注释】

①子祀、子舆、子犁、子来:皆为虚构人物。

②尻(kāo):脊骨末端,臀部。

③逆:违背。

④俄而:不久,没多长时间。

⑤拘拘:拳曲不直的样子。

⑥曲偻:驼背。

⑦五管:五脏的腧穴。

⑧颐:面颊。齐:通"脐",肚脐。

⑨句赘:驼背者突起的脊骨。

⑩沴(lì):阴阳之气不调和。

⑪跰𨇭(piánxiān):走路艰难不稳,一瘸一拐。

⑫浸假:假令。

⑬时夜:司夜,报晓的公鸡。

⑭鸮(xiāo):似斑鸠的一种鸟。

⑮县解:解除束缚。县,通"悬",束缚。

⑯喘喘然:气息急促的样子。

⑰怛(dá):惊动。

⑱不翅:不仅,何止。

⑲镆铘(mòyé):宝剑名。传说春秋时期,干将、镆铘夫妇为楚王铸雄雌二剑,三年而成,故称雄剑为干将,雌剑为镆铘。

⑳成然:安然。

㉑蘧(qú)然:惊喜的样子。

【译文】

子祀、子舆、子犁、子来四人交谈说:"谁能把'无'当作头颅,把'生'当作脊梁,把'死'当作尻骨,谁能知道死生存亡是一体的,我们就与他交朋友。"四人相视而笑,心意投合,于是结为朋友。

不久,子舆病了,子祀前去看望他。子舆说:"伟大啊! 造物者要把我变成这种佝偻着身子的人啊!"弯腰驼背,五脏朝上,面颊藏在肚脐下,肩高过头顶,颈椎朝天。阴阳之气虽然凌乱失调,但子舆却安闲而不以病重为事,蹒跚地走到井边照见自己,说:"哎呀! 造物者又要把我变成如此拳曲不伸的人啊!"

子祀说:"你厌恶这样吗?"

子舆说:"不,我怎么会厌恶呢! 假使把我的左臂变成鸡,我就用它司夜报时;假使把我的右臂变为弹弓,我就用它打鸮鸟烤着吃;假使把我的尻骨变成车轮,精神变成马,我就乘着它,哪里还用另找车马呢! 况且,我获得生命,乃是应时而生;失去生命,乃是顺时而去。安时而处顺,哀乐的情绪就不能侵入心中,这就是古时所说的解除束缚了。不能自我解脱的人,是被外物束缚住了。况且人力不能胜过自然规律由来已久,我又有何可厌恶的呢!"

不久,子来病了,气喘吁吁快要死了。他的妻子和儿女围着他哭泣。

96

子犁前去看望他,对子来的家人说:"去吧! 走开! 不要惊动将要变化的人!"他倚着门对子来说:"伟大呀,造物者! 又将把你变成何物呢? 把你送到何处呢? 把你变为老鼠的肝吗? 把你变成虫子的臂膀吗?"

子来说:"儿子对于父母,无论东西南北,都要听从父母的命令。人对于阴阳造化,不啻于父母。它让我死,而我不听从,我就是违逆不顺,它有什么罪过呢? 天地用形体来托载我,用生存来使我操劳,用衰老来使我闲逸,用死亡来使我安息。所以把我的生视为好事,也把我的死视为好事。譬如现在有个技艺精湛的铁匠铸造金属器物,那金属跳起来说:'一定要把我铸成镆铘宝剑!'铁匠必定以为这是不祥的金属。现在造物者造出一个人的形体,这个人就说:'我是人啦! 我是人啦!'造物者必定以为这是不祥的人。如果现在把天地当作大熔炉,把造物者视为大铁匠,那么到哪儿去不可呢!"子来说完安然睡去,一会儿又喜悦地醒来。

【原文】

子桑户、孟子反、子琴张三人相与友①,曰:"孰能相与于无相与,相为于无相为? 孰能登天游雾,挠挑无极,相忘以生,无所终穷?"三人相视而笑,莫逆于心,遂相与为友。

莫然有间②,而子桑户死,未葬。孔子闻之,使子贡往侍事焉③。或编曲,或鼓琴,相和而歌曰:"嗟来桑户乎! 嗟来桑户乎! 而已反其真④,而我犹为人猗!"

子贡趋而进曰:"敢问临尸而歌,礼乎?"

二人相视而笑曰:"是恶知礼意!"

子贡反,以告孔子曰:"彼何人者邪? 修行无有,而外其形骸,临尸而歌,颜色不变,无以命之。彼何人者邪?"

孔子曰:"彼游方之外者也⑤,而丘游方之内者也。外内不

97

相及,而丘使女往吊之,丘则陋矣!彼方且与造物者为人,而游乎天地之一气。彼以生为附赘县疣⑥,以死为决疣溃痈⑦,夫若然者,又恶知死生先后之所在!假于异物,托于同体;忘其肝胆,遗其耳目;反复终始,不知端倪⑧;芒然彷徨乎尘垢之外,逍遥乎无为之业。彼又恶能愦愦然为世俗之礼,以观众人之耳目哉?"

子贡曰:"然则夫子何方之依?"

孔子曰:"丘,天之戮民也⑨。虽然,吾与汝共之。"

子贡曰:"敢问其方。"

孔子曰:"鱼相造乎水,人相造乎道。相造乎水者,穿池而养给;相造乎道者,无事而生定。故曰:鱼相忘乎江湖,人相忘乎道术。"

子贡曰:"敢问畸人。"

曰:"畸人者,畸于人而侔于天⑩。故曰:天之小人,人之君子;天之君子,人之小人也。"

【注释】

①子桑户、孟子反、子琴张:皆为虚构人物。

②莫然有间:淡交不久。莫,同"漠"。有间,不久。

③侍事:帮助办丧事。

④反其真:指死亡返归自然。

⑤游方之外:遨游于礼法尘世之外。

⑥附赘:附着在身上的累赘。县疣:悬挂在身上的肉瘤。县,通"悬"。

⑦疣(huàn)、痈:均为毒疱。决、溃:破而流脓。

⑧端倪:头绪。

⑨戮民:遭到刑戮的人。

⑩侔(móu):等同。

【译文】

子桑户、孟子反、子琴张三人结交,说:"谁能相交而出于无心,相助而不着痕迹?谁能登上天空而遨游于云雾中,跳跃于无极之中,忘记生死,没有穷尽?"三人相视而笑,心意投合,结为朋友。

淡然相交不久,子桑户死了,还没有下葬。孔子听说后,让子贡前往帮助办理丧事。子贡看见孟子反和子琴张两个人,一人编曲,一人弹琴,互相唱和道:"哎呀桑户啊!哎呀桑户啊!你已经返璞归真了,而我们还寄寓在人间啊!"

子贡快步上前说:"冒昧问一句,你们对着尸体唱歌,合乎礼仪吗?"

二人相互看了看,笑着说:"他哪里懂得礼的真意!"

子贡回去后,把这些告诉给孔子说:"他们是什么人?没有道德修养,而把形骸置之度外,对着尸体唱歌,连脸色都不变,真是没法形容他们。他们是什么人呢?"

孔子说:"他们是游于尘世之外的人,而我是生活在尘世之内的人。尘世的内外彼此不相干,而我让你前往吊唁他,是我太浅陋了!他们正和造物者为伴,遨游于天地元气之间。他们把生看作附着的赘瘤,把死视为疮毒的溃破,像这样的人,又哪里明白死生先后的区别呢!假借着不同物体,寄托于同一形体中;忘却内在的肝胆,忘却外在的耳目;让死生随着自然反复循环,而不见头绪;无所牵系地神游于尘世之外,逍遥在自然无为的境地。他们又怎能自寻烦恼地拘守世俗的礼仪,以此让众人观看和听闻呢?"

子贡说:"那么,先生您依从哪一方呢?"

孔子说:"我是受天道惩罚的人。即便我未能超脱方外,我愿意同你一起追求方外之道。"

子贡说:"请问用什么方法。"

孔子说:"鱼儿相生于水,人们相生于道。相生于水,挖个池子来供养;相生于道,泰然无事而心性自定。所以说,鱼在江湖之中能忘掉一切,人在大道之中能忘掉一切。"

子贡说:"请问不同于世俗的方外之人是什么样的人。"

孔子说:"不同于世俗的方外之人,是与世俗不同但顺应自然的人。所以说,大自然的小人,便是人间的君子;大自然的君子,却是大间的小人。"

【原文】

颜回问仲尼曰:"孟孙才①,其母死,哭泣无涕,中心不戚,居丧不哀②。无是三者,以善处丧盖鲁国,固有无其实而得其名者乎?回壹怪之。"

仲尼曰:"夫孟孙氏尽之矣③,进于知矣④,唯简之而不得,夫已有所简矣。孟孙氏不知所以生,不知所以死;不知就先,不知就后。若化为物,以待其所不知之化已乎!且方将化,恶知不化哉?方将不化,恶知已化哉?吾特与汝,其梦未始觉者邪!且彼有骇形而无损心,有旦宅而无情死⑤。孟孙氏特觉,人哭亦哭,是自其所以乃。且也相与'吾之'耳矣,庸讵知吾所谓'吾之'乎⑥?且汝梦为鸟而厉乎天⑦,梦为鱼而没于渊。不识今之言者,其觉者乎?其梦者乎?造适不及笑⑧,献笑不及排。安排而去化⑨,乃入于寥天一。"

【注释】

①孟孙才:复姓孟孙,名才,鲁国人。

②居丧:服丧事。

③尽之:做得彻底,指尽到了服丧之礼。

④进于知:超过了懂得丧礼的人。

⑤旦宅:躯体的变化。无情死:没有精神上的损耗。

100

⑥庸讵:何以,怎么。

⑦厉:通"疠",至。

⑧造适:内心适意。造,至。适,适意。

⑨去化:随行变化。

【译文】

颜回问孔子说:"孟孙才的母亲死了,他哭泣却没有眼泪,心中不悲伤,守丧不哀痛。没有这三点,却以善于处理丧事而闻名鲁国,难道有不具其实而博得声名的吗?我觉得很奇怪。"

孔子说:"孟孙氏已尽到了居丧之道,超过了懂得丧礼的人,人们想简化丧事却因世俗沿袭而无法做到,而他已经有所简化了。孟孙氏不知人为何而生,不知人为何而死;不知道留恋生前,不知道惦念死后;他像是要顺应自然,以等待他所不知的变化!再说方今将要变化,又怎么知道不变化呢?方今未曾变化,怎么知道已经变化了呢?我和你恐怕都是在梦中还未觉醒啊!况且孟孙氏认为人虽有形体的变化却没有心神的损伤,虽有躯体的变化但没有精神上的损耗。孟孙氏独自觉醒,别人哭他也哭,这就是他哭而不哀的缘故。众人看到自己的形体就互相称'这是我',怎么知道我所谓有形体的'我'果真是'我'呢?你梦见成为鸟飞到天空,梦见成为鱼沉入深水。不知道现在说话的人,是醒着呢,还是做梦呢?内心适意时来不及笑出来,真心流露的笑声来不及事先安排。顺应自然的安排而随行变化,就可以进入寂寥阔远的天道浑元境界中了。"

【原文】

意而子见许由①,许由曰:"尧何以资汝②?"

意而子曰:"尧谓我:'汝必躬服仁义而明言是非③。'"

许由曰:"而奚来为轵④?夫尧既已黥汝以仁义⑤,而劓汝以是非矣⑥,汝将何以游夫遥荡恣睢转徙之涂乎⑦?"

意而子曰："虽然,吾愿游于其藩⑧。"

许由曰："不然。夫盲者无以与乎眉目颜色之好⑨,聋者无以与乎青黄黼黻之观⑩。"

意而子曰："夫无庄之失其美⑪,据梁之失其力⑫,黄帝之亡其知,皆在炉捶之间耳⑬。庸讵知夫造物者之不息我黥而补我劓⑭,使我乘成以随先生邪⑮?"

许由曰："噫! 未可知也。我为汝言其大略。吾师乎⑯! 吾师乎! 齑万物而不为义⑰,泽及万世而不为仁,长于上古而不为老,覆载天地、刻雕众形而不为巧。此所游已。"

【注释】

①意而子:传说古时的贤人。

②资:资助,引申为指教。

③躬服:身体力行。

④轵(zhǐ):语助词,通"只"。

⑤黥(qíng):墨刑,在脸上刺字并涂上墨的刑罚。

⑥劓(yì):割掉鼻子的刑罚。

⑦遥荡:逍遥放荡。恣睢(zìsuī):放任自得。

⑧藩:藩篱,边界。

⑨与:参与。

⑩黼黻(fǔfú):礼服上绣的花纹。

⑪无庄:古代美女。

⑫据梁:古代大力士,勇夫。

⑬炉捶:均为冶炼工具,这里指锤炼。

⑭息我黥:长出被刺掉的皮肉。补我劓:补回被割掉的鼻子。

⑮乘成:载有完整的形体。

⑯吾师:指天道,即大宗师。

⑰齑(jī):粉碎,引申为调和。

【译文】

意而子去见许由,许由说:"尧用什么教导你呢?"

意而子说:"尧对我说:'你一定要实行仁义而明辨是非。'"

许由说:"那你来这里做什么呢? 尧既然用仁义给你施行了黥刑,用是非给你施行了劓刑,你将怎么遨游于逍遥放荡、无拘无束的变化境界呢?"

意而子说:"即便如此,我还是希望能遨游于这个境地的边界地带。"

许由说:"不能这样。盲人无法欣赏眉目容颜的漂亮,瞎子无法观赏礼服上彩色花纹的华丽。"

意而子说:"无庄忘记了自己的美貌,据梁忘记了自己的力量,黄帝忘记了自己的智慧,这些都是经过造物者熔炉中锤炼而成的。怎么能知道造物者不会让我长出受黥刑被刺掉的皮肉,修补我受劓刑的鼻子,使我用完整的形体来追随先生呢?"

许由说:"唉! 这是不可知的。我给你大略说说。我的宗师大道啊! 我的宗师大道啊! 它调和万物却不以为义,恩泽万世却不以为仁,长于上古却不以为老,覆天载地、雕刻万物的形状也不以为巧。这就是我所遨游的境界。"

【原文】

颜回曰:"回益矣[①]。"

仲尼曰:"何谓也?"

曰:"回忘仁义矣。"

曰:"可矣,犹未也。"

他日复见,曰:"回益矣。"

曰:"何谓也?"

曰:"回忘礼乐矣。"

曰:"可矣,犹未也。"

他日复见,曰:"回益矣。"

曰:"何谓也?"

曰:"回坐忘矣②。"

仲尼蹴然曰③:"何谓坐忘?"

颜回曰:"堕肢体④,黜聪明⑤,离形去知,同于大通,此谓坐忘。"

仲尼曰:"同则无好也,化则无常也。而果其贤乎! 丘也请从而后也。"

【注释】

①益:长进,进步。

②坐忘:进入物我两忘的精神境界。

③蹴然:惊奇的样子。

④堕(huī):通"隳",毁弃,废弃。

⑤黜(chù):废除。

【译文】

颜回说:"我有进步了。"

孔子说:"你指的是什么呢?"

颜回说:"我忘掉了仁义。"

孔子说:"很好,但是还不够。"

过了几天,颜回又见到孔子,说:"我有进步了。"

孔子说:"你指的是什么呢?"

颜回说:"我忘记了礼乐。"

孔子说:"很好,但是还不够。"

过了几天,颜回又见到孔子,说:"我有进步了。"

孔子说:"你指的是什么呢?"

颜回说:"我坐忘了。"

孔子惊奇地说:"什么叫作坐忘?"

颜回说:"毁废形体,泯灭见闻,形智皆弃,与大道融通为一,这就叫作坐忘。"

孔子说:"和万物同一就没有偏好,参与万物的变化就没有偏执。你果真是个贤人啊!我要跟在你后面向你学习。"

【原文】

子舆与子桑友①,而霖雨十日②,子舆曰:"子桑殆病矣③!"裹饭而往食之。至子桑之门,则若歌若哭,鼓琴曰:"父邪!母邪!天乎!人乎!"有不任其声而趋举其诗焉④。

子舆入,曰:"子之歌诗,何故若是?"

曰:"吾思夫使我至此极者而弗得也。父母岂欲吾贫哉?天无私覆,地无私载,天地岂私贫我哉?求其为之者而不得也。然而至此极者⑤,命也夫!"

【注释】

①子桑:即子桑户。

②霖雨:连绵大雨。

③殆:大概,恐怕。病:指饥饿。

④不任其声:由于饥饿而声音衰弱。趋举其诗:唱诗时声音急促而不成调子。

⑤极:绝境。

【译文】

子舆和子桑是朋友,一连下了十天雨,子舆说:"子桑恐怕饿坏了吧!"于是带着饭去送给他吃。到了子桑家门口,就听到里面像是唱歌又像是哭泣的声音,弹着琴唱道:"父亲啊!母亲啊!天啊!人啊!"声音微弱,诗句急促。

子舆进到屋里,说:"你吟唱诗,为何这样不成调子?"

子桑说:"我在思索使我陷入这般绝境的原因而不得其解。父母难道想让我贫困吗?上天无私地覆盖一切,大地无私地承载一切,天地岂会偏私而让我贫困呢?探求造成我贫困的原因而找不到答案。那么使我到这种绝境的,大概是天命吧!"

【赏析】

《大宗师》是《庄子》的本体论,文章既讲"道",又讲如何修"道"、得"道"。庄子认为"道"是天地之师、万物之宗,因此将"道"命名为大宗师。"道"是有生命的,万物是有生命的,人也是有生命的,人得道便可以遨游于天地,与天地为一体。

在本篇中,庄子多次提到"真人"这个概念。何为真人?庄子认为,真人就是首先对自然有清醒的认识,要顺其自然,而不是恣意妄为、逆天而行。"真人"能做到"天""人"不分,因而"真人"能做到"无人""无我"。"真人"的精神境界就是"道"的形象化。只有"真人"才能体察"道",而"道"是"无为无形"而又永存的,因而体察"道"就必须"无人""无我"。

在本篇的后半部分,庄子论述了"道"和"命"之间的关系,唯有了悟生死才能真正悟到"道"的境界。指出死和生都是"气"的变化,是自然的现象,因而应"相忘以生,无所终穷",只有这样精神才会超脱物外。人的躯体有了变化而人的精神却不会死,安于自然、忘却死亡,便进入"道"的境界而与自然合为一体。

本篇还批判了儒家的仁义和是非观念,指出儒家的观念是对人精神的摧残。

应帝王

《应帝王》是《庄子》内篇中的最后一篇,它表达了庄子无为而治的政治观,谈的是帝王治理天下的问题。什么样的人"应"成为"帝王"呢?那就是能够听任自然、顺乎民情、行不言之教的人。庄子的政治观基本上继承老子"无为而无不为"的思想,有一定消极性。

【原文】

齧缺问于王倪^①,四问而四不知^②。齧缺因跃而大喜,行以告蒲衣子^③。

蒲衣子曰:"而乃今知之乎?有虞氏不及泰氏^④。有虞氏其犹藏仁以要人^⑤,亦得人矣,而未始出于非人^⑥。泰氏其卧徐徐,其觉于于^⑦。一以己为马,一以己为牛。其知情信,其德甚真,而未始入于非人。"

【注释】

①齧缺、王倪:皆为虚构人物,见《齐物论》。
②四问:一问:"知物之所同是乎?"二问:"知子之所不知邪?"三问:"物无知邪?"四问:"知利害乎?"见《齐物论》。
③蒲衣子:虚构人物。
④有虞氏:指舜。泰氏:传说中的上古帝王。

⑤藏仁:心怀仁义。

⑥未始出于非人:没有超出物的牵累。非人,指物而言。

⑦于于:自得的样子。

【译文】

　　齧缺向王倪请教,问了四次,而王倪四次都说不知道。齧缺因此高兴地跳起来,去把这件事告诉给蒲衣子。

　　蒲衣子说:"你现在知道了吗?有虞氏比不上泰氏。有虞氏还心怀仁义以结交人心,虽然也能得到人心,却未能摆脱外物的牵累。泰氏睡觉时舒缓,醒来时自得。任人称自己为马,任人称自己为牛。他的理智信实,他的品德纯真,从来没有受到外物的牵累。"

【原文】

　　肩吾见狂接舆。狂接舆曰:"日中始何以语女^①?"

　　肩吾曰:"告我:君人者以己出经式义度^②,人孰敢不听而化诸^③!"

　　狂接舆曰:"是欺德也^④。其于治天下也,犹涉海凿河而使蚊负山也。夫圣人之治也,治外乎?正而后行^⑤,确乎能其事者而已矣。且鸟高飞以避矰弋之害^⑥,鼷鼠深穴乎神丘之下以避熏凿之患^⑦,而曾二虫之无知?"

【注释】

　　①日中始:虚构人物。

　　②君人:国君。经式义度:均指法度。

　　③诸:语助词,同乎、呢。

　　④欺德:虚伪骗人的言行。

　　⑤正:正己,自正。行:推行。

⑥矰弋(zēngyì)：一种带有丝绳以射鸟的短箭。

⑦鼷(xī)鼠：小鼠。深穴：打深洞。神丘：社坛。熏：烟熏。

【译文】

肩吾见到狂接舆。狂接舆说："日中始对你说了些什么？"

肩吾说："他告诉我，做国君的凭自己的意愿制定法度，人们谁敢不听从而归化呢？"

狂接舆说："这是骗人的做法。这样去治理天下，就像在海里挖河道，让蚊子背负大山一样。圣人治理天下，只是用法度绳之于外吗？圣人是先端正自己而后感化他人，任人做一些能做到的事情罢了。鸟儿尚且知道高飞以躲避短箭的伤害，小鼠尚且知道在神坛下打洞以避开烟熏和挖掘的祸患，难道人之无知还不如这两种小虫子吗？"

【原文】

天根游于殷阳①，至蓼水之上②，适遭无名人而问焉③，曰："请问为天下④。"

无名人曰："去！汝鄙人也，何问之不豫也⑤！予方将与造物者为人，厌则又乘夫莽眇之鸟⑥，以出六极之外，而游无何有之乡，以处圹埌之野⑦。汝又何帛以治天下感予之心为⑧？"

又复问。无名人曰："汝游心于淡⑨，合气于漠⑩，顺物自然而无容私焉，而天下治矣。"

【注释】

①天根：虚构人物。殷阳：殷山的南面。

②蓼(liǎo)水：河名。

③无名人：虚构人物，喻指圣人、至人、神人、真人。

④为：治理。

⑤豫：厌烦。

⑥莽眇之鸟：像鸟一样的清虚之气。莽眇，深远。

⑦圹埌(kuànglàng)：空旷辽阔。

⑧帠(yì)：或同"寱"，梦话。

⑨游心于淡：游心于恬淡之境。

⑩合气于漠：融合气息于冲漠之乡。

【译文】

天根在殷山南面游玩，走到蓼水边，恰巧碰到无名人，便向无名人请教道："请问治理天下的方法。"

无名人说："走开吧！你这个鄙陋的人，为什么问个不停呢！我正要和造物者为伴，厌烦了，就乘那像鸟一样的轻虚之气，飞翔到天地四方之外，遨游于虚无的境界，居住在空旷辽阔的地方。你又为何像说梦话一样用所谓的治理天下来触动我的内心呢？"

天根再次请教。无名人说："你要游心于恬淡之境，让气息融合在自然的冲漠之乡中，顺应万物的自然本性而不夹杂私心成见，天下就可以治理好了。"

【原文】

阳子居见老聃①，曰："有人于此，向疾强梁②，物彻疏明③，学道不倦。如是者，可比明王乎？"

老聃曰："是于圣人也，胥易技系④，劳形怵心者也⑤。且也虎豹之文来田⑥，猿狙之便、执嫠之狗来藉⑦。如是者，可比明王乎？"

阳子居蹴然曰⑧："敢问明王之治。"

老聃曰："明王之治：功盖天下而似不自己⑨，化贷万物而民弗恃⑩。有莫举名⑪，使物自喜⑫。立乎不测，而游于无有者也^⑬。"

【注释】

①阳子居:虚构人物。

②向疾强梁:行动敏捷,强干果决。

③疏明:疏通明敏。

④胥易:胥吏供役治事。技系:为技能所累。

⑤劳形怵心:形体劳累,内心不安。

⑥文:花纹。来:招来。田:田猎。

⑦猿狙:一种猕猴。藉:绳系,拘系。

⑧蹴然:惊惭不安的样子。

⑨似不自己:好像不归于自己。

⑩贷:施,放。恃:依赖。

⑪有莫举名:有功德而不能用语言言说。

⑫自喜:各得其所。

⑬无有:虚无之境。

【译文】

　　阳子居见到老聃,说:"有这样一个人,他聪敏果断,对事物看得透彻明白,学道勤奋不倦。像这样的人,可以和贤明圣王相比吗?"

　　老聃说:"这样的人在圣人看来,就像治事的胥吏被技能所累,劳苦形体、惊扰心神罢了。况且虎豹因毛色美丽而招人田猎,猿猴因行动便捷、猎狗因会捉狸而招人拘系。像这样,可以和圣明的君王相比吗?"

　　阳子居惭愧地说:"请问圣明君王的治理天下之道。"

　　老聃说:"圣明的君王治理天下,功绩盖过天下却好像与己不相干,教化施及万物而人民不觉得有所依赖。虽有功绩却无意于称述,使万物各得其所。自己立于不可测识的地方,畅游于虚无的境地。"

【原文】

郑有神巫曰季咸^①，知人之死生存亡、祸福寿夭^②，期以岁月旬日，若神。郑人见之，皆弃而走。列子见之而心醉^③，归，以告壶子^④，曰："始吾以夫子之道为至矣，则又有至焉者矣。"

壶子曰："吾与汝既其文^⑤，未既其实，而固得道与？众雌而无雄，而又奚卵焉！而以道与世亢^⑥，必信^⑦，夫故使人得而相女。尝试与来，以予示之。"

明日，列子与之见壶子。出而谓列子曰："嘻！子之先生死矣！弗活矣！不以旬数矣！吾见怪焉，见湿灰焉^⑧。"

列子入，泣涕沾襟以告壶子。壶子曰："乡吾示之以地文^⑨，萌乎不震不正，是殆见吾杜德机也^⑩。尝又与来。"

明日，又与之见壶子。出而谓列子曰："幸矣，子之先生遇我也！有瘳矣^⑪，全然有生矣！吾见其杜权矣^⑫。"

列子入，以告壶子。壶子曰："乡吾示之以天壤，名实不入，而机发于踵^⑬。是殆见吾善者机也^⑭。尝又与来。"

明日，又与之见壶子。出而谓列子曰："子之先生不齐^⑮，吾无得而相焉。试齐，且复相之。"

列子入，以告壶子。壶子曰："吾乡示之以太冲莫胜^⑯，是殆见吾衡气机也。鲵桓之审为渊^⑰，止水之审为渊，流水之审为渊。渊有九名，此处三焉。尝又与来。"

明日，又与之见壶子。立未定，自失而走。壶子曰："追之！"列子追之不及。反，以报壶子曰："已灭矣，已失矣，吾弗及已。"

壶子曰："乡吾示之以未始出吾宗。吾与之虚而委蛇^⑱，不知其谁何，因以为弟靡^⑲，因以为波流，故逃也。"

然后列子自以为未始学而归,三年不出。为其妻爨^⑳,食豕如食人^㉑,于事无与亲。雕琢复朴,块然独以其形立。纷而封哉^㉒,一以是终。

【注释】

①神巫:占卜甚灵的巫者。

②寿夭:长寿短命。

③列子:列御寇。心醉:醉服,折服。

④壶子:名林,郑国人,列子的老师。

⑤与:授予。文:表面,外表。

⑥亢:通"抗",较量。

⑦信:通"伸",表露。

⑧湿灰:指像不能复燃的湿灰一样毫无生机。

⑨乡:刚才。地文:喻寂静的心境。

⑩杜:闭塞。

⑪瘳(chōu):病愈。

⑫杜权:闭塞中有变化,指有了生机。权,变。

⑬踵:脚后跟。

⑭善:生意。

⑮不齐:变化不定。

⑯太冲:阴阳二气均衡。莫胜:没有偏胜。

⑰鲵:雌鲸。桓:盘桓。审:深。

⑱委蛇(wēiyí):随顺的样子。

⑲弟靡:当作"茅靡",如茅草般随风倒伏。

⑳爨(cuàn):烧火做饭。

㉑食(sì)豕:喂猪。

㉒纷而封哉:在纷扰的世事中保持真朴。

【译文】

郑国有一个神巫,名叫季咸,能测知人的生死存亡及祸福寿夭,所预言的年、月、日准确如神。郑国人见到他,都逃之夭夭。列子见了,为他的神算所折服,回来把这件事告诉壶子,说:"原先我以为先生的道术是最高明的,现在才知道还有更高明的。"

壶子说:"我为你讲授的是道的皮毛,还没有教你实质,你就以为得道了吗?只有雌性而无雄性,又怎能产卵呢!你用所学的皮毛之道和世人较量,希望表露自己以得到世人的信任,所以才让人家看透了你的心思。你把他请来,让他给我看看面相。"

第二天,列子和季咸一起来见壶子。季咸出来后对列子说:"唉!你的老师快要死了!活不了了!不到十天了!我看他形色怪异,像是见到了不能复燃的湿灰。"

列子进屋,泪水沾湿了衣襟,把季咸的话告诉壶子。壶子说:"刚才我让他看到的是寂静的心境,茫然无迹,不动不止。他大概是看见我闭塞了生机。试着请他再来一次。"

第二天,列子又和季咸一起来见壶子。季咸出来后对列子说:"幸运啊!你的先生遇见了我!有好转了,全然有生气了!我看见他闭塞的生机开始活动了。"

列子进屋,把季咸的话告诉壶子。壶子说:"刚才我让他看见了天地间的生气,名实都没放在心上,而生机从脚后跟升起。他大概看到我的这一线生机了。你和他再来一次。"

第二天,列子又和季咸一起来见壶子。季咸出来后对列子说:"你的先生神情变化不定,我没法给他相面。等他安定之后,再给他相面。"

列子进屋,把季咸的话告诉壶子。壶子说:"刚才我显示的是没有偏胜的阴阳之气,他大概是看到我气度持平的机兆了。鲸鱼盘旋之处成为深渊,止水之处成为深渊,流水之处成为深渊。渊有九种,我让他看的只有三种。试着再请他来一次。"

第二天,列子又和季咸一起来见壶子。季咸脚跟还没站稳,就惊慌逃走了。壶子对列子说:"追上他!"列子追赶不及。回来告诉壶子说:"他已经无影无踪,不知去向了,我追不上。"

壶子说:"刚才我没有给他看我的大道。我只是和他随顺变化,他捉摸不清,因见我像草遇风披靡,像水随波逐流一样,所以逃走了。"

这之后列子才知道自己没学到大道,便回到家,三年不出家门。替他的妻子烧火做饭,喂猪如同侍奉人一样,对事物无所偏祖。除掉修饰,返回质朴,安然地把自己的形体立于世间,在纷繁的世事中固守本真,终身如此。

【原文】

无为名尸①,无为谋府②,无为事任③,无为知主④。体尽无穷,而游无朕⑤。尽其所受乎天⑥,而无见得,亦虚而已⑦!至人之用心若镜⑧,不将不迎⑨,应而不藏,故能胜物而不伤。

【注释】

①无为名尸:不做名的承当者。尸,承当者。

②谋府:出谋划策的地方。

③事任:承担事情。

④知主:智慧的主宰。

⑤无朕:没有迹象。朕,迹象。

⑥尽其所受乎天:承受自然的天性。

⑦虚:指虚静无为的心境。

⑧若镜:指鉴物而无情,纯客观地反映。

⑨不将:不送。

【译文】

不要做名声的承当者,不要做谋策的府库,不要做承担事情的人,不要做智慧的主宰。体悟无穷无尽的大道,而游于虚无之境。承受自然的本性,而不自夸,也就达到了寂静无为的心境。至人用心如同镜子,物去不送,物来不迎,来者自照皆如实反映而不隐藏,所以能超脱物外而不为物所伤。

【原文】

南海之帝为儵^①,北海之帝为忽^②,中央之帝为浑沌^③。儵与忽时相与遇于浑沌之地,浑沌待之甚善。儵与忽谋报浑沌之德^④,曰:"人皆有七窍以视听食息^⑤,此独无有,尝试凿之。"日凿一窍,七日而浑沌死。

【注释】

①儵(shū):虚构的帝王。

②忽:虚构的帝王。

③浑沌:虚构的帝王。

④谋报:商量报答。

⑤七窍:指耳、目、口、鼻七个孔穴。息:呼吸。

【译文】

南海的帝王叫儵,北海的帝王叫忽,中央的帝王叫浑沌。儵和忽时常在浑沌的住地相会,浑沌款待他们甚好。儵和忽商量报答浑沌的厚意,说:"人们都有七窍,用来看、听、吃喝和呼吸,唯独浑沌没有,我们试着给他凿开。"他们就每天凿成一窍,凿到第七天,浑沌就死了。

【赏析】

本篇讲的是帝王的为政智慧。庄子认为,最重要的是要顺应天道,无为而治;顺乎民情,行不言之教。可以说,在明王政治的启示及主体生命的关怀方面,庄子无为而有为、无知而真知的治世智慧,具有一定的现实意义。从这种治世观也可以看出庄子是持人性善的观点,对人性持积极乐观的态度,认为百姓都是质朴纯良的,可以通过感化来达到顺性自然的状态。

文中的六个故事都是寓言,庄子借此论理。"齧缺问于王倪""肩吾见狂接舆"部分,批评了君王以私愿制定法度统治人民的行为,指出为政当"顺物自然",统治者当去除私念。"阳子居见老聃""郑有神巫曰季咸""无为名尸""南海之帝为儵"等部分论辩了无为的好处和有为对百姓的损害。庄子为政当无为的政治观,基本上继承了老子"无为而无不为"的思想,其消极性不言自明,但这种政治观念在一定程度上是针对当时日益膨胀的君主权力而发的,因此不无合理之处。

外篇

骈 拇

《骈拇》以篇首二字名篇,"骈拇"指并合的脚趾,跟旁出的枝指和附着的赘瘤一样,都是人体上多余的东西。本篇旨在宣扬人的行为应当合乎自然,顺应天性,而滥用聪明、矫饰仁义的做法,如同生理上的"骈拇"一样,并非出乎自然,也并非正道。

【原文】

骈拇枝指出乎性哉[1],而侈于德[2];附赘县疣出乎形哉[3],而侈于性;多方乎仁义而用之者[4],列于五藏哉,而非道德之正也。是故骈于足者,连无用之肉也;枝于手者,树无用之指也;多方骈枝于五藏之情者,淫僻于仁义之行,而多方于聪明之用也。

是故骈于明者[5],乱五色[6],淫文章[7],青黄黼黻之煌煌非乎[8]?而离朱是已[9]。多于聪者,乱五声[10],淫六律[11],金石丝竹黄钟大吕之声非乎?而师旷是已[12]。枝于仁者,擢德塞性以收名声[13],使天下簧鼓以奉不及之法非乎[14]?而曾、史是已[15]。骈于辩者,累瓦结绳窜句[16],游心于坚白同异之间[17],而敝跬誉无用之言非乎[18]?而杨、墨是已[19]。故此皆多骈旁枝之道,非天下之至正也。

【注释】

①骈(pián)拇:脚的大拇指与第二指长在一起。枝指:大拇指旁多生出的小指。性:自然生成。

②侈:多,多余。

③附赘县疣:附着在身体上的肉瘤。县,通"悬"。

④多方:多端,多方面。

⑤骈于明:过分明目,与众人相比目光过分敏锐。

⑥五色:指青、黄、赤、白、黑五种颜色,古人以此五种颜色为正色,其他颜色为间色。

⑦淫:惑乱。文章:青与赤相交为文,赤与白相交为章。

⑧黼黻(fǔfú):礼服上绣的花纹。黑与白谓之黼,黑与青谓之黻。煌煌:耀眼眩目。

⑨离朱:传说为黄帝时人,以目力超人著称,能于百步外看清秋天兽类绒毛末梢,还传说能于千步外看清针尖。

⑩五声:即宫、商、角、徵、羽五个音符。

⑪六律:相传黄帝时乐官伶伦,通过计算把竹管截成十二种不同长度,以其发音之高低清浊确定统一的音调标准,这十二种音调称十二律,其名称为黄钟、大吕、太蔟、夹钟、姑洗、仲吕、蕤宾、林钟、夷则、南吕、无射、应钟。阴阳各六,阴为吕,阳为律。六律即指黄钟、太蔟、姑洗、蕤宾、夷则、无射六阳声。

⑫师旷:春秋时晋平公乐师,精通音律,是当时著名的音乐家。

⑬擢(zhuó)德塞性:标举德行和蔽塞本性。

⑭簧鼓:用乐器奏出乐声,此指喧嚣混乱。不及之法:人们不可企及的礼法。

⑮曾:曾参,孔子弟子,以仁孝著称。史:史鱼,春秋时卫灵公之臣,以忠义闻名。

⑯累瓦结绳:比喻砌词之巧妙,串说之工巧。窜句:穿凿文句,这里

122

形容辩者多言,极力堆砌、玩弄词句。

⑰游心:游荡心思。坚白同异:当时著名的辩论命题。公孙龙提出"离坚白",惠施提出"合同异"。

⑱敝跬(kuǐ)誉:为眼前一时的声誉,致使精神疲惫。敝,疲惫。跬,半步。

⑲杨:杨朱,宋人,主张"为我"。墨:墨翟,主张"兼爱"。二人都是战国初期影响巨大的思想家。

【译文】

并生的脚趾和枝生的手指,是与生俱来的,却是人体多余的东西;附生的肉瘤,是身体上长出来的,却是天生多余的东西;多方推行仁义,将仁义与人的五脏相配比,却不是道德的本然。因而,并生的脚趾,只是连接了无用的肉;枝生的手指,只是多长了无用的指头;节外生枝地把仁义与五脏相配比,便是走上了推行仁义的歪路,多余地滥用了聪明。

因而视觉过于明察的人,会搅乱五色,惑乱文章,不就像青黄相间的色彩华丽的服饰一样炫人眼目吗?比如离朱就是这样的人。听觉过于灵敏的人,会搅乱五声,惑乱六律,不就像金石丝竹和黄钟大吕的音调一样扰人听觉吗?比如师旷就是这样的人。标举仁义的人,会高举德行、闭塞本性来沽名钓誉,不是使天下人喧闹着去奉行不可企及的礼法吗?比如曾参、史鱼就是这样的人。多言善辩的人,犹如累瓦结绳一样堆砌词语、穿凿文句,游荡心思于坚白同异等论题的争辩上,不就是疲惫精神求一时的声誉而争执无用之言吗?比如杨朱、墨翟就是这样的人。因此,这些都是多余的道,不是天下至正之道。

【原文】

彼正正者①,不失其性命之情。故合者不为骈,而枝者不为跂②;长者不为有余,短者不为不足。是故凫胫虽短③,续之则忧,鹤胫虽长,断之则悲。故性长非所断,性短非所续,无所去忧也④。意仁义其非人情乎⑤!彼仁人何其多忧也?

且夫骈于拇者,决之则泣⑥;枝于手者,龁之则啼⑦。二者或有余于数,或不足于数,其于忧一也。今世之仁人,蒿目而忧世之患⑧;不仁之人,决性命之情而饕贵富⑨。故意仁义其非人情乎!自三代以下者,天下何其嚣嚣也⑩?

且夫待钩绳规矩而正者⑪,是削其性者也⑫;待绳约胶漆而固者⑬,是侵其德者也;屈折礼乐⑭,呴俞仁义⑮,以慰天下之心者,此失其常然也⑯。天下有常然。常然者,曲者不以钩,直者不以绳,圆者不以规,方者不以矩,附离不以胶漆⑰,约束不以纆索⑱。故天下诱然皆生⑲,而不知其所以生;同焉皆得,而不知其所以得。故古今不二,不可亏也。则仁义又奚连连如胶漆纆索而游乎道德之间为哉,使天下惑也!

【注释】

①正正:应作“至正”。

②跂:当作“歧”。

③凫(fú)胫:野鸭的小腿。

④无所去忧:没有什么可忧愁的。

⑤意:料想。

⑥决:分开。

⑦龁(hé):咬。

⑧蒿(hāo)目:忧愁的目光,有独坐忧愁之意。

⑨决:溃乱。饕(tāo):贪。

⑩嚣嚣:喧闹的样子。

⑪待:依靠。钩绳规矩:古代木工工具,钩画曲线,绳画直线,规画圆,矩画方。

⑫削其性:伤害自然天性。

⑬绳约:绳索。

⑭屈折:曲身折体,行礼乐之态。

⑮呴(xǔ)俞:化育爱抚。

⑯常然:恒常不变的自然之性。

⑰离:通"丽",依附。

⑱缫(mò):绳索。

⑲诱然:油然,指自然万物可以自行生化。

【译文】

那至正之道,就是不失其本性的真实。故而结合的不算骈拇,枝生的不算多余;长的不算有余,短的不算不足。所以野鸭的腿虽然短,接上一截便会带来痛苦;野鹤的腿虽然长,截去一截便会带来悲哀。所以本该长的不能截短,本该短的不必接长,这样就没有什么可忧虑的了。料想仁义不是人固有的真情吧!那些仁人为什么如此多忧呢?

况且并生的脚趾,割开就会哭泣;枝生的手指,咬断便要哀啼。这两种情况,要么多于应有之数,要么少于应有之数,但感受到的忧虑却是一样的。如今的仁义之人,忧虑世间的祸患;不仁义的人,溃乱生命贪图富贵。所以,料想仁义大概不是人固有的真情吧!否则从夏、商、周以来,天下怎么会那么喧嚣多事呢?

况且,要用钩绳规矩去加以修正的,是削损了事物的本性;需要用绳索胶漆进行加固的,是破坏了事物的本性;用礼乐来周旋,用仁爱来安抚,以安慰天下人心的,是失掉了事物的自然本性。天下万物各有其自然本性。这自然本性就是,曲的不用曲尺,直的不用绳墨,圆的不用圆规,方的不用矩尺,黏合的不用胶漆,捆束的不用绳索。所以天下万物自然生长却不知因何生长,各得其所而不知缘由。所以古今道理是一样的,不能用外力去亏损它们。那么仁义又何必连续不断地如胶漆绳索般缠绕于道德之间,使天下人迷惑呢!

【原文】

夫小惑易方①,大惑易性②。何以知其然邪?自虞氏招仁义以挠天下也③,天下莫不奔命于仁义。是非以仁义易其性与?

故尝试论之,自三代以下者,天下莫不以物易其性矣!小人则以身殉利④,士则以身殉名,大夫则以身殉家,圣人则以身殉天下。故此数子者⑤,事业不同,名声异号,其于伤性以身为殉,一也。

臧与谷⑥,二人相与牧羊而俱亡其羊⑦。问臧奚事⑧,则挟策读书⑨;问谷奚事,则博塞以游⑩。二人者,事业不同,其于亡羊均也⑪。

伯夷死名于首阳之下⑫,盗跖死利于东陵之上⑬。二人者,所死不同,其于残生伤性均也。奚必伯夷之是而盗跖之非乎?

天下尽殉也,彼其所殉仁义也,则俗谓之君子;其所殉货财也,则俗谓之小人。其殉一也,则有君子焉,有小人焉。若其残生损性,则盗跖亦伯夷已,又恶取君子小人于其间哉⑭!

【注释】

①惑:迷惑。易方:改变方向,使东西南北错位。

②性:指人的本性。

③虞氏:有虞氏,即舜。招:举。挠:乱。

④小人:地位低下之人。

⑤数子:指上述小人、士、大夫、圣人四种人。

⑥臧:娶婢女的男仆。谷:童仆。

⑦亡:丢失。

⑧奚事:做什么事去了。

⑨挟:用胳膊夹持。策:书简,一说为牧羊鞭。

⑩博塞:古代的博戏,又说即掷骰子。

⑪均：相同，同等。

⑫伯夷：商朝末年孤竹君之长子，因不食周粟，最后饿死于首阳山中。

⑬盗跖：春秋时期大盗。

⑭取：分。其间：指在伯夷和盗跖两类人之间。

【译文】

小的迷惑会使人改变方向，大的迷惑会使人丧失本性。凭什么知道是这样的呢？自从虞舜高举仁义扰乱天下以来，天下人没有不为仁义争相奔走的。这不是用仁义来改变人的本性吗？

因此，让我们试着谈论这一问题，从夏、商、周三代以来，天下人没有不因为外物而丧失本性的！平民为了私利舍弃生命，士人为了名声舍弃生命，大夫为了家族利益舍弃生命，圣人为了天下人的幸福舍弃生命。所以这四类人，从事的事业不同，名声也各不相同，但他们为所求舍弃生命、损害人的本性这一点，却是一样的。

男仆和童仆二人一起去放羊，都丢了羊。问男仆做什么去了，男仆说拿着竹简在读书；问童仆做什么去了，童仆说在玩掷骰子游戏。这二人所做的事不一样，但同样丢了羊。

伯夷为求得贤名死于首阳山下，盗跖为求私利死于东陵山上。这二人死的原因不同，但他们在残害生命、损害本性方面是相同的。为什么一定要称赞伯夷而指责盗跖呢？

天下人都在为所求而舍弃性命，那些为求仁义而死的，世俗称之为君子；为求货财而死的，世俗则称之为小人。为所求而死是一样的，有的成了君子，有的却成了小人。倘若就残害生命、损害本性而言，那么盗跖也就是伯夷，又何必在他们之间区分君子和小人呢！

【原文】

且夫属其性乎仁义者①，虽通如曾、史，非吾所谓臧也②；属其性于五味③,虽通如俞儿④,非吾所谓臧也;属其性乎五声,虽通如师旷,非吾所谓聪也;属其性乎五色,虽通如离朱,非吾所谓明也。吾所谓臧者,非仁义之谓也,臧于其德而已矣;吾所谓臧者,非所谓仁义之谓也,任其性命之情而已矣⑤;吾所谓聪者,非谓其闻彼也,自闻而已矣;吾所谓明者,非谓其见彼也,自见而已矣。夫不自见而见彼,不自得而得彼者,是得人之得而不自得其得者也,适人之适而不自适其适者也。夫适人之适而不自适其适,虽盗跖与伯夷,是同为淫僻也。余愧乎道德,是以上不敢为仁义之操,而下不敢为淫僻之行也。

【注释】

①属:从属,系属。

②臧:善,指本性完善。

③五味:指酸、甜、苦、辣、咸五种味道。

④俞儿:古代善于辨别味道的人。

⑤性命之情:自然本性之实。

【译文】

况且让自己的本性去从属于仁义的,即使如同曾参、史鱼那般精通,也不是我所认为的完善;让本性从属于五味,即使如同俞儿那般精通,也不是我所认为的完善;让本性从属于五声,即使如同师旷那般精通,也不是我所认为的耳聪;让本性从属于五色,即使如同离朱那般精通,也不是我所认为的目明。我所说的完善,不是指仁义,而是自然本性完善;我所说的完善,不是指所谓的仁义,而是放任天性的真实罢了。我所说的耳聪,不是说能听到别的什么,而是能听到自己的心声罢了;我所说的目明,不是说能看见别的什么,而是能自见不足罢了。不能看见自我而只能看见别人,不能安于自得而向别人索求,就是索求别人之所得而不能安于自得的人,也就是贪图达到别人所达到的境界而不能安于自己应达到境界的人。贪图达到别人所达到的境界而不能安于自己应达到境界的人,无论是盗跖还是伯夷,都同样是邪僻的。我对于自然之道感到很惭愧,所以上不敢奉行仁义的节操,下不敢做出邪僻的行为。

【赏析】

本篇重点阐述道家学说的精髓:顺应无为、因任自然,反对以仁义等人为枷锁去破坏人性。全篇分四个层次:先讲仁义对人性来说如同枝指、附赘悬瘤一样,不仅是多余的,而且是有害的,会迷乱本性;其次讲对合于性命之正的东西不要妄加干预,如果随意加以改变,就会破坏其自然本性,造成灾祸,仁义对人自然性情的约束即是后果;第三讲人的本性为仁义所改变,人们为义利相争不已,致使社会动乱不止;最后讲摒弃仁义智辩,回归自然本性。本篇内容发挥了老子自然无为、返璞归真的思想。

马　蹄

　　《马蹄》以篇首二字名篇。本篇宗旨与《骈拇》相近,主张放任自然。作者认为,仁义礼乐之类,是残害人类自然天性的罪魁祸首,原始时代的淳朴无礼是人的本性,应当恢复人的这种天性。这种观点带有复古倒退的色彩,但也有反对礼教、崇尚自然天性的意味。

【原文】

　　马,蹄可以践霜雪,毛可以御风寒。龁草饮水①,翘足而陆②,此马之真性也。虽有义台、路寝③,无所用之。及至伯乐④,曰:"我善治马⑤。"烧之⑥,剔之⑦,刻之⑧,雒之⑨,连之以羁馽⑩,编之以皂栈⑪,马之死者十二三矣;饥之,渴之,驰之,骤之⑫,整之,齐之,前有橛饰之患⑬,而后有鞭策之威⑭,而马之死者已过半矣。陶者曰:"我善治埴⑮,圆者中规⑯,方者中矩⑰。"匠人曰:"我善治木,曲者中钩⑱,直者应绳⑲。"夫埴木之性,岂欲中规矩钩绳哉!然且世世称之曰:"伯乐善治马,而陶匠善治埴木。"此亦治天下者之过也。

【注释】

　　①龁:咬,啃。

②翘:举起。陆:跳。

③义台:即仪台,用来行礼的高台。路寝:正寝,古代君主接见臣下、处理政事的宫室。

④伯乐:古代善相马者。姓孙,名阳,字伯乐。

⑤治:训练,调教。

⑥烧:把铁烧红,烧灼马身。

⑦剔:同"剃",修剪鬃毛。

⑧刻:削整马蹄。

⑨雒(luò):通"烙",用铁烙印记。

⑩羁:马络头。馽(zhí):绊马足的绳子。

⑪皂(zào):马槽。栈:编木制成的垫子,用以除湿。

⑫骤之:驱赶马快速奔跑。

⑬橛(jué):马嚼子。

⑭鞭策:马鞭,带皮条的称"鞭",无皮条的马杖称"策"。

⑮埴(zhí):黏土。

⑯规:圆规,画圆形的工具。

⑰矩:画方形的工具。

⑱钩:画曲线的工具。

⑲绳:画直线的墨线。

【译文】

马,蹄子可以践踏霜雪,皮毛能够抵御风寒。吃草喝水,炮蹶子撒欢,这才是马的真性情。纵使有高台大殿,对马来说也毫无用处。等到伯乐出现,他说:"我善于调教马。"于是他烧马身,剪鬃毛,削马蹄,烙马印,再套上络头和绊索,编入马槽,结果马死了十分之二三;然后让马饿着,渴着,让它们驱驰奔跑,训练,修饰,前有马嚼、马缨的祸患,后有马鞭、马策的威胁,马死掉大半。陶工说:"我善于烧制陶器,使圆的合于规,方的合于矩。"木工说:"我善于削木头,使曲的合于钩,直的合于绳。"那些陶土与树木的本性，难道就是要符合圆规、矩尺、钩环、绳墨的标准吗？然而，世世代代的人们都在称赞说："伯乐善于调教马，陶工、木工善于整治陶土和木材。"这也是治理天下的人所犯的过错啊。

【原文】

吾意善治天下者不然。彼民有常性^①，织而衣，耕而食，是谓同德^②。一而不党^③，命曰天放^④。故至德之世^⑤，其行填填^⑥，其视颠颠^⑦。当是时也，山无蹊隧^⑧，泽无舟梁^⑨；万物群生，连属其乡^⑩；禽兽成群，草木遂长^⑪。是故禽兽可系羁而游^⑫，鸟鹊之巢可攀援而窥^⑬。夫至德之世，同与禽兽居，族与万物并^⑭，恶乎知君子小人哉^⑮！同乎无知，其德不离；同乎无欲，是谓素朴^⑯；素朴而民性得矣。及至圣人，蹩躠为仁^⑰，踶跂为义^⑱，而天下始疑矣^⑲。澶漫为乐^⑳，摘僻为礼^㉑，而天下始分矣。故纯朴不残，孰为牺尊^㉒！白玉不毁，孰为珪璋^㉓！道德不废，安取仁义！性情不离，安用礼乐！五色不乱，孰为文采！五声不乱，孰应六律！夫残朴以为器，工匠之罪也；毁道德以为仁义，圣人之过也。

【注释】

①常性：恒常不变的天性。

②同德：共同的天性。

③一而不党：浑一而无偏私。

④天放：放任自然。

⑤至德之世：庄子追求的理想时代，最有道德的时代。

⑥填填：稳重端庄的样子。

⑦颠颠：目光专注、心机单纯的样子。

132

⑧蹊(xī):小路。隧:隧道。

⑨泽:聚水之洼地,这里泛指湖泊河流。梁:桥。

⑩连属:连接。

⑪遂长:成长。

⑫系羁:用绳子牵着。

⑬窥:探视。

⑭族:聚集,集合。

⑮恶乎:哪里。

⑯素朴:素为未曾染色的白绢,朴为未曾加工的木料,比喻人未受后天污染的自然本性。

⑰蹩躠(biéxiè):形容走路摇摇晃晃的样子,比喻勉强力行。

⑱踶跂(zhìqǐ):足尖点地,跷脚站立不稳的样子,表示用尽心力勉力行之。

⑲疑:猜疑,迷惑。

⑳澶(chán)漫:放纵。

㉑摘僻:烦琐细碎的样子。

㉒牺尊:古代用木料雕成的酒器,上面刻有牛头等图案,用以祭祀宗庙。尊,通"樽"。

㉓珪(guī)璋:玉制的礼器。

【译文】

我认为善于治理天下的人不是这样的。黎民百姓有其固有不变的天性,他们织布穿衣,耕种吃饭,这就是人类共同的本能。人们浑然一体没有偏私,这就叫作任其自然。所以在道德昌盛的时代,人们行为持重,朴拙无心。在那个时代,山间没有路径隧道,水上没有舟船桥梁;人和万物合群而生,住处相互连接没有分界;禽兽成群结队,草木顺生滋长。因此,人可以牵着禽兽到处漫游,也可爬到树上窥视鸟鹊之巢。在那至德的时代,人与禽兽同居,与万物并聚,哪里会区分君子和小人呢!大家无

133

知无智,本性就不会离失;大家无知无欲,所以都纯真朴实;纯真朴实便保持了人的本性。等到圣人出现,勉为其难去倡导所谓仁,竭尽全力达到所谓义,于是天下开始产生猜疑和迷惑。纵逸求乐,烦琐为礼,于是天下开始分离了。所以,天然的木料不被剖开,怎会有酒器! 白玉不被毁坏,怎会有珪璋! 道德不被废弃,怎会有仁义! 本性不被离弃,怎会用礼乐! 五色不被搅乱,怎会有文采! 五声不被混乱,怎会合六律! 毁坏天然木料做成器具,是工匠的罪过;毁坏道德以推行仁义,这是圣人的罪过。

【原文】

夫马,陆居则食草饮水,喜则交颈相靡①,怒则分背相踶②。马知已此矣! 夫加之以衡扼③,齐之以月题④,而马知介倪、阗扼、鸷曼、诡衔、窃辔⑤。故马之知而态至盗者,伯乐之罪也。夫赫胥氏之时⑥,民居不知所为,行不知所之,含哺而熙⑦,鼓腹而游⑧,民能以此矣! 及至圣人,屈折礼乐以匡天下之形⑨,县跂仁义以慰天下之心⑩,而民乃始踶跂好知⑪,争归于利,不可止也。此亦圣人之过也。

【注释】

①靡:通"摩",以脖颈交互摩擦。

②分背相踶(dì):形容马发怒时,调转屁股用后蹄相踢。

③衡:车辕前面的横木。扼:通"轭",缚于衡下,驾车时套在马颈部的人字形木条。

④齐:装饰。月题:马额部一种月形装饰物,又称"额镜"。

⑤介倪:折毁车轭。阗(yīn):屈曲。鸷(zhé):抵。曼:车的幔帐、篷盖之类。诡衔:狡猾地吐掉口勒。窃辔:偷偷咬断缰绳。

⑥赫胥氏:传说中的上古帝王。

⑦哺:口中含的食物。熙:通"嬉",嬉戏,游戏。

⑧鼓腹:饱食。

⑨屈折:行礼乐时屈身折体的样子。匡:匡正,矫正。形:举止,行为。

⑩县跂:悬挂于高处令人仰慕,此指提倡。

⑪好知:崇尚智力。

【译文】

马生活在陆地上,吃草饮水,高兴时交颈相蹭,生气时转身相踢。马的智慧充实,行为就也仅限于此。等到加上了车衡和颈轭,装上了月形饰物,马就知道了折毁车轭,曲颈抵抗颈轭的限制,抵击车棚,吐出口勒,咬断缰绳。所以马的智慧充实,行为就变得像盗贼一样,这是伯乐的罪过。在上古赫胥氏时代,百姓安居而不知干什么,走路而不知去哪里,口中含着食物嬉戏,饱着肚子游玩,人们所能做的也只是这样了。等到圣人出现,制定礼乐来匡正天下人的行为举止,标榜仁义以慰藉天下人的心灵,于是人们开始千方百计寻求巧智,争先恐后去追名逐利,而不能遏止。这也是圣人的罪过。

【赏析】

本篇延续了上篇《骈拇》"无为"的为政思想,主张尊重和顺应本性,反对束缚和规矩。

庄子理想中的社会是这样的:人和自然和谐相处,人们无知无欲,按自然天性自由自在地生活。造出并推行仁义礼乐,破坏人的朴素本性,这是圣人的过错。只有把这些人为的枷锁去掉,才能恢复本性,达到一种最为理想的状态。

胠 箧

　　"胠箧"的意思是打开箱子。取篇首二字为篇名。本篇的主旨跟《马蹄》相同，却比《马蹄》更深刻，言辞也更直接。作者认为，圣人的智慧利于盗贼，盗贼利用圣智仁义去扰乱天下，所以要抛弃聪明智巧。这种观点否定了人类智慧对社会进步的意义，有其片面性。文中对社会弊端的批评，不乏尖锐深刻之处，具有极强的说服力。

【原文】

　　将为胠箧探囊发匮之盗而为守备①，则必摄缄縢②，固扃鐍③，此世俗之所谓知也。然而巨盗至，则负匮揭箧担囊而趋，唯恐缄縢扃鐍之不固也。然则乡之所谓知者④，不乃为大盗积者也？

　　故尝试论之，世俗之所谓知者，有不为大盗积者乎？所谓圣者，有不为大盗守者乎？何以知其然邪？昔者齐国邻邑相望，鸡狗之音相闻，罔罟之所布⑤，耒耨之所刺⑥，方二千余里。阖四竟之内⑦，所以立宗庙社稷⑧，治邑屋州闾乡曲者⑨，曷尝不法圣人哉？然而田成子一旦杀齐君而盗其国⑩，所盗者岂独其国邪？并与其圣知之法而盗之。故田成子有乎盗贼之名，而身处尧舜之安，小国不敢非⑪，大国不敢诛⑫，十二世有齐国。则是不乃窃齐国并与其圣知之法，以守其盗贼之身乎？

尝试论之,世俗之所谓至知者,有不为大盗积者乎? 所谓至圣者,有不为大盗守者乎? 何以知其然邪? 昔者龙逢斩⑬,比干剖⑭,苌弘胣⑮,子胥靡⑯,故四子之贤,而身不免乎戮。故跖之徒问于跖曰:"盗亦有道乎⑰?"跖曰:"何适而无有道邪⑱? 夫妄意室中之藏⑲,圣也;入先,勇也;出后,义也;知可否,知也;分均,仁也。五者不备而能成大盗者,天下未之有也。"由是观之,善人不得圣人之道不立,跖不得圣人之道不行;天下之善人少而不善人多,则圣人之利天下也少而害天下也多。故曰:唇竭则齿寒⑳,鲁酒薄而邯郸围,圣人生而大盗起。掊击圣人㉑,纵舍盗贼㉒,而天下始治矣。

夫川竭而谷虚,丘夷而渊实。圣人已死,则大盗不起,天下平而无故矣㉓! 圣人不死,大盗不止。虽重圣人而治天下,则是重利盗跖也。为之斗斛以量之㉔,则并与斗斛而窃之;为之权衡以称之㉕,则并与权衡而窃之;为之符玺以信之㉖,则并与符玺而窃之;为之仁义以矫之,则并与仁义而窃之。何以知其然邪?彼窃钩者诛㉗,窃国者为诸侯,诸侯之门而仁义存焉,则是非窃仁义圣知邪? 故逐于大盗,揭诸侯,窃仁义并斗斛权衡符玺之利者,虽有轩冕之赏弗能劝㉘,斧钺之威弗能禁㉙。此重利盗跖而使不可禁者,是乃圣人之过也。

故曰:"鱼不可脱于渊,国之利器不可以示人。"彼圣人者,天下之利器也,非所以明天下也。故绝圣弃知,大盗乃止;擿玉毁珠㉚,小盗不起;焚符破玺,而民朴鄙㉛;掊斗折衡,而民不争;殚残天下之圣法㉜,而民始可与论议;擢乱六律㉝,铄绝竽瑟㉞,塞瞽旷之耳㉟,而天下始人含其聪矣;灭文章㊱,散五采,胶离朱之目㊲,而天下始人含其明矣;毁绝钩绳而弃规矩,攦工倕之指㊳,而天下始人有其巧矣。故曰:"大巧若拙。"削曾、史之行,

137

钳杨、墨之口³⁹，攘弃仁义⁴⁰，而天下之德始玄同矣⁴¹。彼人含其明，则天下不铄矣⁴²；人含其聪，则天下不累矣；人含其知，则天下不惑矣；人含其德，则天下不僻矣⁴³。彼曾、史、杨、墨、师旷、工倕、离朱，皆外立其德而以爁乱天下者也⁴⁴，法之所无用也。

【注释】

①胠箧（qūqiè）：撬开箱子。探囊：掏布袋。发匮：开柜子。三者都是指偷盗行为。

②摄：绑紧。缄縢：都是绑物的绳索。

③扃鐍（jiōngjué）：门闩锁钥之类。

④乡：通"向"，早先。

⑤罔罟（wǎnggǔ）：渔猎的网具。罔，通"网"。罟，网的总称。

⑥此句指耕作的土地。耒（lěi），犁。耨，锄头。刺，插。

⑦阖（hé）：合。竟：通"境"。

⑧宗庙社稷：国家的代称。宗庙，祭祀祖宗的场所。社稷，祭祀土地神和五谷之神的场所。

⑨治：治理，管理。邑屋州闾乡曲：均为古代行政区划单位。

⑩田成子：即田常，又称陈恒，齐国大夫。

⑪非：指责，非难。

⑫诛：征讨，征伐。

⑬龙逢：即关龙逢，夏桀的贤臣，为桀所杀。

⑭比干：殷纣王的叔父，因多次劝谏纣王，被剖腹挖心而死。孔子称其为殷代三位仁人之一。

⑮苌弘：春秋末年周灵王贤臣，一说为周敬王大夫。为周人所杀。胣（chǐ）：剖腹挖出内脏，或指车裂之刑。

⑯子胥：即伍子胥。靡：通"糜"。

⑰盗亦有道乎：做盗贼也有奉行之道吗？

⑱何适：何往。

⑲妄意:凭空推断,度量猜测。

⑳唇竭:上下嘴唇分别向上下翻起。

㉑掊(pǒu)击:打破,打倒。

㉒纵舍:放走。

㉓无故:太平无事。

㉔斗斛(hú):两种量器,十斗为一斛。

㉕权衡:测重量的工具,即秤。权,秤锤。衡,秤杆。

㉖符:古代君主传达命令或调兵遣将的凭证。

㉗钩:腰带钩,比喻不值钱的小物件。

㉘轩:古代一种前顶较高且有帷幕的车子,供大夫以上官员乘坐。
冕:古代帝王、诸侯、卿大夫所戴的礼帽。

㉙钺:大斧。

㉚擿(zhì):投掷丢弃。

㉛朴鄙:淳朴鄙野。

㉜殚残:彻底摧毁。

㉝擢(zhuó):搅乱。

㉞铄绝:销毁。竽瑟:皆为古代乐器。

㉟瞽旷:师旷,春秋时晋平公乐师,精通音律。古时乐师多为盲人,
师旷亦盲人,故称"瞽旷"。

㊱文章:错综华美的色彩或花纹。

㊲胶:黏合。离朱:即离娄,古代目力极好的人。

㊳攦(lì):拗折。工倕:相传古时的能工巧匠。

㊴钳:闭。杨:指杨朱。墨:指墨翟。杨、墨皆为战国时能言善辩的
思想家。

㊵攘弃:排除,舍弃。

㊶玄同:混同为一。

㊷铄:消坏。

㊸僻:邪僻,邪恶。

139

㊹炜(yuè)乱:炫惑扰乱。

【译文】

为了防备撬箱子、掏口袋、开柜子的小偷,就一定要绑紧绳子,加固锁钥,这便是世俗所谓的聪明。但是大盗一来,却背上柜子、提起箱子、挑着袋子,抬腿就跑,还唯恐绳子锁钥不够牢固。那么早先所谓的聪明,不就是在为大盗积蓄吗?

所以我们试作论述,世俗所谓的聪明,有不为大盗积蓄的吗?所谓的圣人,有不为大盗守卫的吗?怎么知道是这样的呢?从前的齐国,城邑相望,鸡犬之声相闻,撒网捕鱼的地方,耕田种地的地方,方圆有两千多里。统括四境之内,凡是建立的宗庙社稷,以及治理的各级行政区域,何尝不是效法圣人所为呢?可是,田成子一旦杀掉齐君而窃取了齐国,所窃取的又哪里仅仅是那个国家?连同治理国家的圣智之法也一并窃取了。所以,田成子虽有盗贼的名声,其处境却如尧舜一样安稳,小国不敢指责他,大国不敢诛灭他,田家统治了齐国十二代。这不就是窃取齐国及其圣智之法,用来保护他的盗贼之身吗?

我们试作论述,世俗所谓最聪明的人,有不为大盗积蓄的吗?所谓最圣明的人,有不为大盗守卫的吗?怎么知道是这样的呢?从前关龙逢被斩首,比干被剖心,苌弘被挖腹,伍子胥的尸体被抛于江中糜烂,以这四个人的贤能都不能免于杀身之祸。因此,盗跖的门徒问盗跖说:"做盗贼也有奉行之道吗?"盗跖说:"到哪里能没有道呢?能猜中屋里的财物,就是圣明;带头闯入,就是勇敢;最后退出,就是仗义;能判断决策是否可行,就是智慧;分赃平均,就是仁义。不具备这五条,而能成为大盗的,是天下绝没有的事。"由此看来,善人不懂圣人之道就不能立身,盗跖不懂圣人之道就不能行窃;天下善人少而不善的人多,那么圣人对天下来说就是利少而害多。所以说,嘴唇翻起,牙齿便会觉得寒冷,鲁国的贡酒不醇,便导致赵国的邯郸被围,圣人出现,大盗便蜂起了。打倒圣人,放走盗贼,天下才能太平无事。

河流干涸则溪谷显得空旷,山丘铲平则深渊被填平。圣人死了,大盗就不会兴起,天下也就太平了。圣人不死,大盗就不会停止。虽然是重用圣人来治理天下,却让盗跖获取了很大的好处。圣人制定斗斛来计量,大盗却连同斗斛一道给盗窃走了;制造秤来称重,却连同秤也一道给盗窃走了;制定符玺来取信于人,却连同符玺也一道给盗窃走了;提倡仁义来矫正,却连同仁义也一道给盗窃走了。怎么知道是这样的呢?那些盗窃腰带钩等小东西的人遭受刑罚,而盗窃国家的人却成了诸侯,诸侯之家就有了仁义,这不就是盗窃了仁义和圣智吗?所以,那些追随于大盗之后,夺取诸侯之位,窃取仁义及斗斛、权衡、官符和大印的人,即使用高官厚禄的赏赐也不能劝阻他们,即使用严刑峻法的威权也不能禁止他们。这样让盗跖获大利而不能禁止的情况,是圣人的过错。

所以说:"鱼儿不可以脱离深渊,国家的利器不可以随便示人。"那些圣人,就是治理天下的利器,不可以明示给天下人。所以摒弃智巧,大盗才能休止;毁弃珠玉,小盗才会消失;烧毁符印,人民才会朴实;打破斗秤,人民才会不争;尽毁圣人之法,人民方可参与议论;搅乱六律,销毁各种乐器,堵住师旷的耳朵,天下人方能保全灵敏的听觉;消除纹饰,离散五彩,黏住离朱的眼睛,天下人方能拥有明亮的视觉;毁弃曲尺绳墨与圆规矩尺,折断工倕的手指,天下人方能保全高超的技巧。所以说:"最大的智巧好像很笨拙。"削除曾参、史鱼的孝廉德行,封住杨朱、墨翟的善辩嘴巴,摒弃仁义,天下人的德行方能混同为一。人人拥有明亮的视觉,天下就不会消坏;人人拥有灵敏的听觉,天下就不会出现忧患;人人保全高超的技巧,天下就不会出现迷惑;人人保有原本的德行,天下就不会出现邪恶。像曾参、史鱼、杨朱、墨翟、师旷、工倕、离朱这类人,都显露并炫耀自己的德行,用来迷乱天下,这些都是正法所不取的。

【原文】

子独不知至德之世乎?昔者容成氏、大庭氏、伯皇氏、中央氏、栗陆氏、骊畜氏、轩辕氏、赫胥氏、尊卢氏、祝融氏、伏牺氏、神农氏,当是时也,民结绳而用之^①,甘其食,美其服,乐其俗,安其居,邻国相望,鸡狗之音相闻,民至老死而不相往来。若此之时,则至治已。今遂至使民延颈举踵^②,曰"某所有贤者",赢粮而趣之^③,则内弃其亲而外去其主之事,足迹接乎诸侯之境,车轨结乎千里之外^④。则是上好知之过也。

上诚好知而无道,则天下大乱矣。何以知其然邪?夫弓弩毕弋机变之知多^⑤,则鸟乱于上矣;钩饵罔罟罾笱之知多^⑥,则鱼乱于水矣;削格罗落罝罘之知多^⑦,则兽乱于泽矣;知诈渐毒、颉滑坚白、解垢同异之变多^⑧,则俗惑于辩矣。故天下每每大乱,罪在于好知。故天下皆知求其所不知,而莫知求其所已知者;皆知非其所不善,而莫知非其所已善者,是以大乱。故上悖日月之明^⑨,下烁山川之精^⑩,中堕四时之施^⑪;惴耎之虫^⑫,肖翘之物^⑬,莫不失其性。甚矣,夫好知之乱天下也!自三代以下者是已^⑭!舍夫种种之民而悦夫役役之佞^⑮,释夫恬淡无为而悦夫啍啍之意^⑯,啍啍已乱天下矣。

【注释】

①结绳:用绳子打结的方法来记事。

②延颈举踵:伸长脖子,踮起脚跟。形容焦急企盼的神态。

③赢粮:带足路上用的食粮。趣之:奔往贤者之处。趣,通"趋"。

④结:交错。

⑤弩(nǔ):装有机关可以连续发射箭矢的弓。毕:猎取鸟兽的长柄小网。弋:系有细线的箭,射出后还能牵回来。机变:或为"机辟"之误,机辟为一种捕兽器。

⑥罾(zēng):用木棍或竹竿做支架的方形渔网。笱(gǒu):用树条或竹条编成的捕鱼的篓子。

142

⑦罝罦(jūfú):两种捕兽网。

⑧知诈渐毒:巧诈欺骗。颉滑:奸黠,不正之语。解垢:诡曲之辞。

⑨悖(bèi):遮蔽。

⑩烁:熔化,销毁。

⑪堕:通"隳",破坏。四时之施:四季的正常运行。

⑫惴耎(ruǎn):小虫蠕动爬行的样子。

⑬肖翘之物:细小的飞虫。

⑭三代:夏、商、周三代。

⑮种种:朴实淳厚的样子。役役:奔波劳碌不停钻营的样子。佞:巧猾。

⑯啍啍:同"谆谆",郑重叮咛、教诲不倦之意。

【译文】

你不知道那至德的时代吗?从前有容成氏、大庭氏、伯皇氏、中央氏、栗陆氏、骊畜氏、轩辕氏、赫胥氏、尊卢氏、祝融氏、伏羲氏、神农氏,在那个时代,人民结绳记事,吃得可口,穿得华美,习俗顺意,居住安适,邻国相望,鸡犬相闻,人民直到老死也不相往来。像那样的时代,就是真正的太平治世了。可是现今竟然使人们伸长脖子、踮起脚跟,说"某地有贤人",于是带着粮食投奔他,对内抛弃了双亲,对外离开了主上,足迹遍布各诸侯国境域,车轮印迹往来交错于千里之外。这就是统治者追求智巧的过错。

统治者一心追求智巧而不遵从大道,天下必定会大乱。怎么知道是这样的呢?使用弓箭、罗网、捕兽器方面的智巧多了,鸟儿就会在空中乱飞;使用钓具、渔网、鱼篓方面的智巧多了,鱼儿就会在水里乱游;使用木栅、罗网、兽网方面的智巧多了,野兽就会在草泽里乱窜;使用伪骗欺诈、狡诈奸猾、言辞诡曲、坚白之辩、同异之谈等权变多了,世俗之人就会被诡辩所迷惑。所以,天下常常大乱,罪过就在于喜好智巧。天下人只知道追求他所不知道的,却不知道探索他已经知道的;都知道非难他认为不好的,却不知道否定他认为好的,所以天下才大乱。所以上则遮掩了日月的光辉,下则销毁了山川的精华,中则损毁了四时的交替;蠕动的爬虫,细小的飞虫,没有不丧失本性的。追求智巧扰乱天下,竟然达到如此地步啊!自夏、商、周三代以来都是这样!抛弃那众多淳朴的百姓而喜好那上下钻营的狡诈之人,抛弃那恬淡无为而喜欢喋喋不休的说教,喋喋不休的说教已经扰乱天下了。

【赏析】

本篇是儒道思想的交锋之作,文中对儒家思想及圣人、圣智进行了激烈的抨击,并进一步发挥了老子的"绝圣弃智"观点。

开篇即以人们用种种手段防盗,却反被大盗所用来设喻,指出"所谓知者""有不为大盗积者乎"、"所谓圣者""有不为大盗守者乎"等尖锐问题。"窃钩者诛,窃国者为诸侯",作为天下利器、阴谋工具的圣智之法被田成子用来杀君窃国,圣人、圣治对天下来说,害远远大于利,所以"圣人不死,大盗不止"。

要防止祸乱,就要绝圣弃智,如同"小国寡民"的上古至德之世一样,上无为而治,民安乐而居。作者认为,上古时代,人们无欲无求,而三代以后,统治者"好知而无道",所以天下大乱。虽然这一观点违背了社会发展方向,但是可以看出,作者对当时的虚伪社会、黑暗政治的深恶痛绝与激烈反对。

在 宥

《在宥》以首句中二字名篇。"在"是自在的意思,"宥"是宽容的意思。本篇的主旨是反对人治,主张一种以人性自然论为基础的无为政治论,认为一切人为的治理天下的行为只会给天下人带来灾难,为君、为政者应无为而治,如此才合于天道。

【原文】

闻在宥天下①,不闻治天下也。在之也者,恐天下之淫其性也②;宥之也者,恐天下之迁其德也③。天下不淫其性,不迁其德,有治天下者哉?昔尧之治天下也,使天下欣欣焉人乐其性④,是不恬也;桀之治天下也,使天下瘁瘁焉人苦其性⑤,是不愉也。夫不恬不愉,非德也。非德也而可长久者,天下无之。

人大喜邪,毗于阳⑥;大怒邪,毗于阴。阴阳并毗,四时不至,寒暑之和不成,其反伤人之形乎!使人喜怒失位,居处无常,思虑不自得,中道不成章⑦,于是乎天下始乔诘卓鸷⑧,而后有盗跖、曾、史之行。故举天下以赏其善者不足,举天下以罚其恶者不给;故天下之大不足以赏罚。自三代以下者,匈匈焉终以赏罚为事⑨,彼何暇安其性命之情哉!

而且说明邪⑩,是淫于色也⑪;说聪邪,是淫于声也;说仁

145

邪,是乱于德也;说义邪,是悖于理也;说礼邪,是相于技也[12];说乐邪,是相于淫也;说圣邪,是相于艺也;说知邪,是相于疵也。天下将安其性命之情,之八者[13],存可也,亡可也。天下将不安其性命之情,之八者,乃始脔卷狯囊而乱天下也[14]。而天下乃始尊之惜之,甚矣天下之惑也!岂直过也而去之邪!乃齐戒以言之[15],跪坐以进之,鼓歌以儛之[16],吾若是何哉!

故君子不得已而临莅天下[17],莫若无为。无为也,而后安其性命之情。故贵以身于为天下,则可以托天下;爱以身于为天下,则可以寄天下。故君子苟能无解其五藏,无擢其聪明[18],尸居而龙见[19],渊默而雷声,神动而天随,从容无为而万物炊累焉[20]。吾又何暇治天下哉!

【注释】

①在宥(yòu):自在宽容。

②淫:过,乱。

③迁:改变。

④欣欣焉:欣喜快乐的样子。

⑤瘁瘁焉:疲病困苦的样子。

⑥毗(pí):损伤。

⑦中道:半途而废。成章:有条理。

⑧乔诘:意气不平。卓鸷:独行自专。

⑨匈匈:喧扰不宁。

⑩说明:喜欢目明。说,通“悦”。

⑪淫:沉溺。

⑫相:助长。

⑬八者:指前面列举的明、聪、仁、义、礼、乐、圣、知八条。

⑭脔(luán)卷:不伸舒之状。狯(cāng)囊:即“抢攘”,纷乱烦扰。

⑮齐戒：即斋戒。齐，通"斋"。

⑯儛：同"舞"。

⑰临莅：来到，来临。多指皇帝即位理政。

⑱擢（zhuó）：显耀。

⑲尸居：这里指安坐不动，沉默无为的样子。龙见：如龙般活现。

⑳炊累：如尘埃在空中浮动升腾，从容自然。炊，通"吹"。

【译文】

只听说任天下人悠游自在，没听说要治理天下人的。所谓自在，就是怕天下人扰乱自己的本性；所谓泰然，就是怕天下人改变自己的德行。天下人不扰乱本性，不改变德行，哪里还需要治理天下呢？当初尧治理天下时，使天下人都兴高采烈乐其本性，这是不恬静；而桀治理天下时，使天下人都疲劳忧虑苦其本性，这是不欢愉。不恬静也好，不欢愉也罢，都是违背德行的。违背德行而可以长久的，是天下绝没有的事。

人过于欢乐，就会伤害阳气；过于愤怒，就会伤害阴气。一旦阴阳都亏损了，就会四时不顺，寒暑失调，这岂不是反而伤害了人的身体吗！使人喜怒无常，居无定所，思虑不能自主，做起事情来半途而废没有条理，于是天下人开始狂妄自大、自命不凡，而后便有了盗跖、曾参、史鱼的种种行为。所以尽天下之力不足以劝善，尽天下之力不足以惩恶；因此，天下虽大也不能够赏善罚恶。自夏、商、周三代以来，人们乱哄哄地把赏罚当成能事，哪里有工夫安定自己的本性呢！

而且喜欢目明，会沉溺于色彩；喜欢耳聪，会沉溺于音声；喜欢仁，会惑乱德行；喜欢义，会违背常理；喜欢礼，会助长机巧；喜欢乐，会助长淫乐；喜欢圣，会助长技艺；喜欢智，会助长流弊。天下人要想安定自然本性，这八种东西可有可无。天下人如果不想安定自然本性，这八种东西就会纠结迂曲、纷乱烦扰而把天下搞乱。可是天下人反而开始推崇、珍惜它们，天下人所受的迷惑竟达到这个地步啊！哪里会把它们当作错误的而抛弃啊！竟然还要斋戒一番才去谈论它们，恭敬地传授它们，高兴

147

地供奉它们,我对此又能怎么样呢!

所以说,君子一旦不得已君临天下,最好无为而治。无为之后才能安于自然本性。所以说,以珍重生命的态度去看待天下的人,才能把天下托付给他;以爱惜生命的态度去对待天下的人,才能把天下托付给他。所以,君子如果能够不放纵情欲,不显耀聪明,安然不动而如神龙般活现,深沉静默而如惊雷般震动,精神活动随顺天然,从容无为而万物如游尘般自在运行。我又何须去治理天下呢!

【原文】

崔瞿问于老聃曰①:"不治天下,安藏人心②?"

老聃曰:"女慎,无撄人心③。人心排下而进上④,上下囚杀,淖约柔乎刚强⑤,廉刿雕琢⑥,其热焦火,其寒凝冰,其疾俯仰之间而再抚四海之外⑦。其居也渊而静⑧,其动也县而天。偾骄而不可系者⑨,其唯人心乎!

"昔者黄帝始以仁义撄人之心,尧、舜于是乎股无胈⑩,胫无毛,以养天下之形⑪,愁其五藏以为仁义,矜其血气以规法度。然犹有不胜也。尧于是放谨兜于崇山⑫,投三苗于三峗⑬,流共工于幽都⑭,此不胜天下也。夫施及三王而天下大骇矣。下有桀、跖,上有曾、史,而儒墨毕起。于是乎喜怒相疑,愚知相欺,善否相非⑮,诞信相讥,而天下衰矣;大德不同,而性命烂漫矣⑯;天下好知,而百姓求竭矣。于是乎钅斤锯制焉⑰,绳墨杀焉⑱,椎凿决焉⑲。天下脊脊大乱⑳,罪在撄人心。故贤者伏处大山嵁岩之下㉑,而万乘之君忧栗乎庙堂之上。

"今世殊死者相枕也㉒,桁杨者相推也㉓,刑戮者相望也,而儒墨乃始离跂攘臂乎桎梏之间㉔。意,甚矣哉!其无愧而不知耻也甚矣!吾未知圣知之不为桁杨椄槢也㉕,仁义之不为桎梏

148

凿枘也^㉖,焉知曾、史之不为桀、跖嚆矢也^㉗!故曰:绝圣弃知,而天下大治。"

【注释】

①崔瞿:虚构人物。

②安藏人心:如何使人心向善。藏,应作"臧"。

③撄:扰乱。

④排下:遭受排挤就消沉。进上:受到鼓舞就振奋。

⑤淖(chuò)约:柔顺的样子。

⑥廉:棱角。刿(guì):锋利。

⑦俯仰之间:形容时间很短暂。

⑧渊而静:如深渊般静默。

⑨偾(fèn)骄:奋发骄矜。

⑩股无胈(bá):大腿上没有白肉。

⑪天下之形:指天下人的形体。

⑫讙(huān)兜:上古人物,因和共工联合与尧作对,被尧放逐到崇山。

⑬三苗:古国名,这里指三苗的国君。三峗:山名,在今甘肃天水一带。

⑭幽都:在今北京密云境内。

⑮否(pǐ):恶。

⑯烂漫:指人之自然本性遭受伤害而散乱。

⑰钘(jīn):同"斤",大斧。

⑱绳墨:比喻规矩或法度。

⑲椎凿:指刑具。

⑳脊脊:相互践踏、欺凌。

㉑嵁(kān)岩:深岩。

㉒殊死:身首异处,指被砍头处死。相枕:指尸体交互重叠。

㉓桁(háng)杨:古代一种刑具,施于囚犯的颈上或脚上。

㉔离跂:踮起脚跟,形容用力的样子。攘臂:捋起衣袖,伸出胳膊,形容振奋的样子。

㉕楱榗(jiéxí):连接桎梏两孔的木梁,即木楔,起加固桎梏的作用。

㉖凿枘(ruì):卯眼和榫头。

㉗嚆(hāo)矢:响箭,喻指先声。

【译文】

崔瞿问老聃说:"不治理天下,如何使人心向善?"

老聃说:"你必须谨慎,不要扰乱人心。人心受到压抑就会消沉,受到鼓舞就会振奋,心情在消沉与振奋之间,犹如被拘囚,人们以柔弱之态柔化刚强,棱角被刻削打磨,内心时而急躁如火,时而冷酷如冰,心绪变化之快,顷刻之间就能来往于四海之外。人心安定时深沉静默,激动时高悬九天。奋发骄矜而不受约束的,就是人心啊!

"当初,黄帝开始用仁义之说扰乱人心,于是,尧、舜奔波得累瘦了腿,连腿上的汗毛都磨光了,就是为了供养天下人的形体,他们愁劳心思施行仁义,费尽苦心建立法令制度。然而还是不能制服天下。于是,尧把谨兜放逐到崇山,把三苗流放到三峗,把共工放逐于幽都,这就是不能制服天下的表现。到了后来的夏、商、周三代,天下就大受惊扰了。下有夏桀、盗跖,上有曾参、史鱼,而儒家、墨家兴起。于是喜、怒之人互相猜疑,愚、智之人互相欺骗,善、恶之人互相指责,妄、信之人互相讥讽,世道也就衰落了;人们的德行各不相同,人的天性大受伤害而散乱;天下崇尚智巧,百姓就殚思竭虑,应接不暇。于是君主用斧锯制裁,用法律杀伐,用肉刑处决。天下纷然大乱,根源就在于君主扰乱了人心。所以,贤者隐居在高山深岩之下,而国君忧愁恐惧于朝廷之上。

"当世,身首异处的人尸体堆积,身带刑具的人接连不断,受刑被杀的人满眼都是,而儒家、墨家还踮脚举臂于枷锁之间争辩。唉,真是太过分了! 也太不知惭愧和羞耻了! 我不知道圣智不是刑具的梁木,仁义不是枷锁的卯眼榫头，又怎么知道曾、史所为不是桀、跖之先声呢！所以说，断绝圣明，抛弃智巧，天下才能大治。"

黄帝立为天子十九年，令行天下，闻广成子在于空同之上^①，故往见之，曰："我闻吾子达于至道^②，敢问至道之精。吾欲取天地之精，以佐五谷，以养民人。吾又欲官阴阳^③，以遂群生^④，为之奈何？"

广成子曰："而所欲问者，物之质也^⑤；而所欲官者，物之残也^⑥。自而治天下，云气不待族而雨^⑦，草木不待黄而落，日月之光益以荒矣^⑧，而佞人之心翦翦者^⑨，又奚足以语至道！"

黄帝退，捐天下^⑩，筑特室^⑪，席白茅^⑫，闲居三月，复往邀之^⑬。

广成子南首而卧，黄帝顺下风膝行而进^⑭，再拜稽首而问曰："闻吾子达于至道，敢问治身奈何而可以长久？"

广成子蹶然而起^⑮，曰："善哉问乎！来，吾语女至道。至道之精，窈窈冥冥^⑯；至道之极，昏昏默默^⑰。无视无听，抱神以静，形将自正。必静必清，无劳女形，无摇女精，乃可以长生。目无所见，耳无所闻，心无所知，女神将守形，形乃长生。慎女内，闭女外，多知为败。我为女遂于大明之上矣，至彼至阳之原也；为女入于窈冥之门矣，至彼至阴之原也。天地有官，阴阳有藏，慎守女身，物将自壮。我守其一以处其和^⑱，故我修身千二百岁矣，吾形未常衰。"

黄帝再拜稽首曰："广成子之谓天矣！"

广成子曰："来！余语女。彼其物无穷，而人皆以为有终;彼其物无测,而人皆以为有极。得吾道者,上为皇而下为王;失吾道者,上见光而下为土。今夫百昌皆生于土而反于土⑲。故余将去女,入无穷之门,以游无极之野。吾与日月参光⑳,吾与天地为常。当我,缗乎! 远我,昏乎! 人其尽死,而我独存乎!"

【注释】

①广成子:虚构人物。空同:山名。或为庄子所虚构,喻空虚混同之义。

②吾子:尊称,先生。

③官:掌管。

④遂:成就。群生:各种生物。

⑤质:本质。

⑥残:残余。

⑦族:聚合。

⑧荒:昏暗。

⑨佞人:善于花言巧语之人。翦翦(jiǎn):狭隘,浅薄。

⑩捐:放弃。

⑪特室:一个人住的斋戒室。

⑫白茅:白色茅草,古人祭祀时将其垫在祭物下,取其色白清洁之意。

⑬邀:通"要",求。

⑭顺下风:从下风处走近广成子。膝行:跪在地上,以膝盖走路。这两种做法都是表示对被觐见者的极大尊重。

⑮蹶(jué)然:惊起的样子。

⑯窈窈(yǎo):深远。冥冥:暗昧。

⑰昏昏默默:虚无寂静,不可测知的样子。

⑱一:大道。和:阴阳调和。

⑲百昌:百物。反:同"返"。

⑳参光:同放光明。

【译文】

黄帝登天子位十九年后,政令通行天下,听说广成子隐居在空同山上,特地前去拜见他,说:"我听说先生的境界已经达于至道,冒昧地向您请教至道的精髓。我想用天地的精华,使五谷丰登,以养育万民。我还想掌管阴阳,来顺应万物,应当如何做呢?"

广成子说:"你所想问的,是万物的本质,而你所想掌管的,却是万物的渣滓。自从你治理天下以来,云气没等积聚就下雨,草木不等发黄便凋零,日月之光越发昏暗,而你这佞人又这般心胸狭隘,哪里配得上谈论至道呢!"

黄帝回去后,抛弃政事,盖了一间别室,地上铺着白茅草,闲居三个月后,又前去请教。

广成子头朝南躺着,黄帝从下方膝行向前,再拜叩头问道:"我听说先生的境界已经达于至道,冒昧地向您请教,如何修身才能长寿?"

广成子顿然起身说道:"你问得好!过来,我告诉你至道。至道的精髓,深不可测;至道的极致,难以测知。不看不听,凝神静默,形体自能康健。心静神清,不要让肢体疲劳,不要使精神动荡,这样才可以长寿。目不外视,耳不旁听,心不多想,你的精神就能守护你的形体,而形体也能长生了。把持内心的淡泊,远离外界的纷扰,心智越多越易败坏。我帮你达到大明的境界和至阳的根源,帮你进入深远之门和至阴之境。天地各司其职,阴阳各居其所,谨慎地守护自身,万物将自行健康成长。我执守大道而始终处于阴阳调和的状态,所以我修身养性一千二百多年了,我的形体还未曾衰老。"

黄帝再次伏地叩头说:"广成子真可谓天人合一了啊!"

广成子说:"过来!我告诉你。至道是不能穷尽的,而人们都以为它有终点;至道是无法测知的,而人们都以为它有极限。掌握我的大道的人,上可为皇下可为王;丧失我的大道的人,上只能见日月之光,下只能化为尘土。现在万物都生于土又归于土。所以我将要离开你,入于无穷之门,游于无极之所。我会和日月同光,我将和天地同寿。迎我而来的,背我而去的,我都无所觉察,不会为之所动。人都是要死的,而我却可以独存!"

【原文】

云将东游①,过扶摇之枝而适遭鸿蒙②。鸿蒙方将拊脾雀跃而游③。云将见之,倘然止④,贽然立⑤,曰:"叟何人邪?叟何为此?"

鸿蒙拊脾雀跃不辍⑥,对云将曰:"游!"

云将曰:"朕愿有问也。"

鸿蒙仰而视云将曰:"吁!"

云将曰:"天气不和,地气郁结,六气不调⑦,四时不节⑧。今我愿合六气之精以育群生,为之奈何?"

鸿蒙拊脾雀跃掉头曰:"吾弗知!吾弗知!"云将不得问。

又三年,东游,过有宋之野,而适遭鸿蒙。云将大喜,行趋而进曰:"天忘朕邪?天忘朕邪?"再拜稽首,愿闻于鸿蒙。

鸿蒙曰:"浮游不知所求,猖狂不知所往,游者鞅掌⑨,以观无妄⑩。朕又何知!"

云将曰:"朕也自以为猖狂,而民随予所往;朕也不得已于民,今则民之放也。愿闻一言。"

鸿蒙曰:"乱天之经,逆物之情,玄天弗成;解兽之群,而鸟皆夜鸣;灾及草木,祸及止虫⑪。意,治人之过也!"

云将曰:"然则吾奈何?"

鸿蒙曰："意,毒哉!仙仙乎归矣!"

云将曰："吾遇天难,愿闻一言。"

鸿蒙曰："意,心养!汝徒处无为,而物自化。堕尔形体,吐尔聪明,伦与物忘,大同乎涬溟⑫。解心释神,莫然无魂。万物云云⑬,各复其根,各复其根而不知。浑浑沌沌,终身不离;若彼知之,乃是离之。无问其名,无窥其情,物固自生。"

云将曰："天降朕以德,示朕以默。躬身求之,乃今也得。"再拜稽首,起辞而行。

【注释】

①云将:云之主帅。

②扶摇:神木,生于东海。鸿蒙:自然元气。

③拊脾:拍打大腿。脾,通"髀"。

④倘然:惊疑的样子。

⑤贽然:不动的样子。

⑥辍:止。

⑦六气:指阴、阳、风、雨、晦、明。

⑧不节:节令不正常。

⑨鞅掌:众多。

⑩无妄:毫无虚妄的世界本来面目。

⑪止虫:昆虫。止,本作"昆"。

⑫涬溟(xíngmíng):自然之气。

⑬云云:众多。

【译文】

云将到东方游玩,经过扶摇的枝头时,恰好遇到鸿蒙。鸿蒙正拍着大腿跳跃游玩。云将见了,惊疑着停下来,恭敬站好,问道:"老人家是谁呀?老人家为何这样?"

155

鸿蒙依然拍腿跳跃,对云将说:"游玩!"

云将说:"我想请教您一些问题。"

鸿蒙抬起头望着云将说:"啊!"

云将说:"天气不调和,地气不通畅,六气不协调,四时变化不合时。现在我想融合六气的精华来养育万物,该怎样做呢?"

鸿蒙拍着大腿跳跃,掉过头说:"我不知道! 我不知道!"云将没有得到答案。

过了三年,云将再次去东方游玩,经过宋国的原野,恰好碰见鸿蒙。云将大喜过望,快步上前说:"您忘记我了吗? 您忘记我了吗?"再次叩拜,希望得到鸿蒙的指教。

鸿蒙说:"我随心飘荡,无所贪求;随心所欲,无所不往。游心于纷纷攘攘之中,以观察万物的真相。我又知道什么呢!"

云将说:"我原本也想随心所欲遨游,然而民众却总是跟着我;我也是迫不得已,如今暂时摆脱他们了。我想听听您的指教。"

鸿蒙说:"扰乱了自然的规律,违背万物的本性,上天不会让你成功;群兽离散,禽鸟夜鸣;灾及草木,祸及昆虫。唉,这都是治理人民的罪过呀!"

云将说:"那我该怎么办呢?"

鸿蒙说:"唉,你受的毒害太深了! 还是轻松点儿回去吧!"

云将说:"我遇上您太不容易了,希望能听到您的指教。"

鸿蒙说:"唉,重在养心吧! 你只要做到无为,万物便会自然变化。忘怀你的形体,闭塞你的聪明,物我两忘,与自然之气浑然一体。释放心神,漠然忘心。万物纷纭,各自恢复本性,各自恢复本性而不自知。混混沌沌,本性就会终身不灭;如果有意识地要恢复本性,反而会失去本性。不要追问万物的名称,不要窥测万物的实情,万物本来就是自化自生的。"

云将说:"您施我以天道,晓示我以静默。我亲身求道,现在总算如愿以偿了。"再次叩头,起身辞别而去。

【原文】

世俗之人,皆喜人之同乎己而恶人之异于己也。同于己而欲之,异于己而不欲者,以出乎众为心也①。夫以出乎众为心者,曷常出乎众哉②!因众以宁所闻,不如众技众矣。而欲为人之国者,此揽乎三王之利而不见其患者也③。此以人之国侥幸也,几何侥幸而不丧人之国乎!其存人之国也,无万分之一;而丧人之国也,一不成而万有余丧矣!悲夫,有土者之不知也!

夫有土者,有大物也④。有大物者,不可以物。物而不物,故能物物。明乎物物者之非物也,岂独治天下百姓而已哉!出入六合⑤,游乎九州⑥,独往独来,是谓独有。独有之人,是谓至贵。

大人之教,若形之于影,声之于响。有问而应之,尽其所怀,为天下配。处乎无响,行乎无方⑦。挈汝适复之挠挠⑧,以游无端,出入无旁,与日无始。颂论形躯⑨,合乎大同,大同而无己。无己,恶乎得有有!睹有者,昔之君子;睹无者,天地之友。

【注释】

①出乎众:高出众人之上,出人头地。

②曷:何。

③揽:通"览",看。

④大物:指天下。

⑤六合:指天地四方。

⑥九州:传说中我国上古的行政区划,这里泛指天下。

⑦无方:没有固定的方向、处所,即无所不至。

⑧挈(qiè):提携。挠挠:纷乱的样子。

⑨颂论:讲论,谈论。

世俗之人,都喜欢别人同于自己而讨厌别人不同于自己。别人同于自己就喜欢,不同于自己就不喜欢,这是想要出人头地的缘故。那些一心想出人头地的人,何尝又能够真正超出众人呢!因为众人有见解与自己相同的便心安理得,其实不如众人的才智太多了。希图治理国家的人,必定只看到了夏、商、周三代帝王的利益而看不到他们的祸害。这是用国家来贪求自己的私利,因贪求个人私利而不至于丧失国家的人又有多少呢!他们中能够保全国家的,不到万分之一;而丧失国家的,无一成功而失败却不止万次!可悲啊,统治国家的人却不明白啊!

凡拥有国土的人,就是拥有天下。拥有天下的人,不可以为外物役使。役使外物而不为外物役使,才能主宰万物。明白主宰万物的不是物,岂止是能够治理天下百姓而已啊!这样的人,能往来于天地四方,漫游于九州,独来独往,这就是独有。这样的人,是最尊贵的人。

得道之人的教化,就像形体对于影子、声音对于回声那样。有提问就有回答,竭尽自己所能,成为天下百姓的配合者。处心于没有声响的境界,往来于变化不定的方所。引领纷杂的人群,遨游于无始无终的浩渺之境,出入无所依傍,与日俱新,往复而无终始。容貌谈吐和身形躯体与万物合而为一,与万物同一便能做到忘我。忘我,又哪里还会将万物据为己有!看到万物和己身存在的人,是过去的君子;看不到万物和己身存在的人,是天地的朋友。

贱而不可不任者,物也;卑而不可不因者,民也;匿而不可不为者①,事也;粗而不可不陈者,法也;远而不可不居者,义也;亲而不可不广者,仁也;节而不可不积者,礼也;中而不可不高者,德也;一而不可不易者,道也;神而不可不为者,天也。故圣人观于天而不助,成于德而不累,出于道而不谋,会于仁而不恃,薄于义而不积②,应于礼而不讳,接于事而不辞,齐于法而不乱,恃于民而不轻,因于物而不去。物者莫足为也,而不可不为。不明于天者,不纯于德;不通于道者,无自而可③;不明于道者,悲夫! 何谓道? 有天道,有人道。无为而尊者,天道也;有为而累者,人道也。主者,天道也;臣者,人道也。天道之与人道也,相去远矣,不可不察也。

【注释】

①匿:细微。

②薄:接近。

③无自而可:无从而可,即不管从哪里都行不通。

【译文】

低贱而又不能不加以利用的,就是物;卑下而又不能不顺从其性的,就是民;微小而又不能不去做的,就是事;粗疏而又不能不施行的,就是法;距离远而又不能不执守的,就是义;偏爱而又不能不加以推广的,就是仁;虚文礼节而又不能不烦冗的,就是礼;中和而又不能不高洁的,就是德;恒常统一而又不能不变化的,就是道;神妙无穷而又不能不有所作为的,就是天。所以圣人观察天道顺乎自然,德行有成而不受其束缚,出入进退合乎道而不有意谋划,与仁相合而不依赖于仁,与义迫近而不有意积累,与礼应合而不有意回避,与世事接触而不推辞,与法齐一而不乱行,依赖于民而不轻视,随顺万物而不抛弃。对于物不可违性强为,又不可不为。不明白自然之理的,德行就不纯;不通晓大道的,就一切行不通;不明白天道的人,多么可悲呀! 什么是道? 有天道,有人道。无为而尊贵的,是天道;有为而劳累的,是人道。君主所遵从的,是天道;臣子所遵从的,是人道。天道与人道之间相去甚远,不可以不明察。

【赏析】

　　本篇的宗旨大体来说依然如故:清静无为,顺乎天道。庄子认为,世俗之人对于眼前的利益看得太重,所以当有利益降临时,便迫不及待地迎上去,哪怕因此丢掉自己的尊严也在所不惜。因为有宠和辱的利害关系,人们会溜须拍马,给社会带来极大的危害,而扰乱人心的圣人和仁义都成了帮凶,造成天下大乱。所以为君者当无为而治,让世人生活于宽容自在的环境中,保持人性的自然。

天　地

　　《天地》以篇首二字名篇。本篇的主旨讲为君之德。作者认为，君为万众之王，君德就是天德，应无心无为，让一切成于自然，从而成为天道的体现者。从这种观点出发，作者对以有为之心治世的君主进行了激烈的批判。

【原文】

　　天地虽大，其化均也^①；万物虽多，其治一也^②；人卒虽众，其主君也。君原于德而成于天^③，故曰：玄古之君天下^④，无为也，天德而已矣^⑤。以道观言^⑥，而天下之君正；以道观分^⑦，而君臣之义明；以道观能，而天下之官治；以道泛观^⑧，而万物之应备。故通于天地者，德也；行于万物者，道也；上治人者^⑨，事也；能有所艺者^⑩，技也。技兼于事^⑪，事兼于义，义兼于德，德兼于道，道兼于天。故曰：古之畜天下者^⑫，无欲而天下足，无为而万物化^⑬，渊静而百姓定。《记》曰^⑭："通于一而万事毕，无心得而鬼神服。"

　　夫子曰："夫道，覆载万物者也，洋洋乎大哉^⑮！君子不可以不刳心焉^⑯。无为为之之谓天，无为言之之谓德，爱人利物之

天　地

　　《天地》以篇首二字名篇。本篇的主旨讲为君之德。作者认为，君为万众之王，君德就是天德，应无心无为，让一切成于自然，从而成为天道的体现者。从这种观点出发，作者对以有为之心治世的君主进行了激烈的批判。

【原文】

　　天地虽大，其化均也[1]；万物虽多，其治一也[2]；人卒虽众，其主君也。君原于德而成于天[3]，故曰：玄古之君天下[4]，无为也，天德而已矣[5]。以道观言[6]，而天下之君正；以道观分[7]，而君臣之义明；以道观能，而天下之官治；以道泛观[8]，而万物之应备。故通于天地者，德也；行于万物者，道也；上治人者[9]，事也；能有所艺者[10]，技也。技兼于事[11]，事兼于义，义兼于德，德兼于道，道兼于天。故曰：古之畜天下者[12]，无欲而天下足，无为而万物化[13]，渊静而百姓定。《记》曰[14]："通于一而万事毕，无心得而鬼神服。"

　　夫子曰："夫道，覆载万物者也，洋洋乎大哉[15]！君子不可以不刳心焉[16]。无为为之之谓天，无为言之之谓德，爱人利物之

谓仁，不同同之之谓大，行不崖异之谓宽^⑰，有万不同之谓富^⑱。故执德之谓纪，德成之谓立，循于道之谓备，不以物挫志之谓完^⑲。君子明于此十者，则韬乎其事心之大也^⑳，沛乎其为万物逝也^㉑。若然者，藏金于山，藏珠于渊；不利货财，不近贵富；不乐寿，不哀夭；不荣通，不丑穷；不拘一世之利以为己私分^㉒，不以王天下为己处显。显则明。万物一府，死生同状。"

夫子曰："夫道，渊乎其居也，漻乎其清也^㉓。金石不得，无以鸣。故金石有声，不考不鸣^㉔。万物孰能定之！夫王德之人，素逝而耻通于事^㉕，立之本原而知通于神，故其德广。其心之出，有物采之^㉖。故形非道不生，生非德不明。存形穷生，立德明道，非王德者邪！荡荡乎^㉗！忽然出，勃然动，而万物从之乎！此谓王德之人。视乎冥冥^㉘，听乎无声。冥冥之中，独见晓焉；无声之中，独闻和焉。故深之又深，而能物焉；神之又神，而能精焉。故其与万物接也，至无而供其求，时骋而要其宿，大小、长短、修远^㉙。"

【注释】

①均：均等。

②治：指万物各有所得，以自得为治。

③原：本。

④玄古：远古。

⑤天德：自然之德。

⑥言：名称。

⑦分：名分，职分。

⑧泛观：博观一切事物。

⑨上治人者：居上位统治人民的。

⑩艺：技艺，指有某种专长、特长。

⑪兼：统属，支配。

⑫畜：养，引申为治理。

⑬万物化：万物循其本性，自行生化。

⑭记：书名，据说为老子所作。

⑮洋洋乎：辽阔广大的样子。

⑯刓(kū)心：抛弃个人心智。刓，除，消除。

⑰崖异：乖异，不随俗。

⑱有万不同：包容千差万别之物。

⑲挫：扰乱。

⑳韬：包容，蕴藏。

㉑沛乎：充盛的样子。

㉒拘：取。私分：私有。

㉓潦(liáo)：清澈透明。

㉔考：敲击。

㉕素逝：按真性而行。耻通于事：以通达事务为耻辱。

㉖采：感应。

㉗荡荡：广大平易。

㉘冥冥：幽深暗昧。

㉙修远：久远。

【译文】

天地虽大，但它们施化天地万物却是均衡的；万物虽多，但他们各得其所却是同一的；百姓虽多，但主政的却都是君主。君主治理天下本于德而成于自然，所以说，上古的君主治理天下，在于无为而治，顺应自然之德而已。从"道"的观点看待称谓，那么天下君主都是名正言顺的；从"道"的观点看待职分，那么君臣的职分都是明确的；从"道"的观点看待才能，那么天下的官吏都是尽职尽力的；从"道"的观点看待万物，那么天下万物都是齐备的。所以，通达于天地的，是天德；周行于万物的，是道;居上位统治人民的,是各任其事;才有专精的,是技巧。技巧归属于事务,事务归属于义理,义理归属于德,德归属于道,道归属于自然。所以说,古时养育万民的君主,没有贪欲而天下富足,无所作为而万物自行变化,深沉静默而百姓安定。《记》中说:"通于大道而万事可成,心无欲求而鬼神敬服。"

老子说:"道,是覆盖承载万物的,多么辽阔广大! 君子不可不剔除心智。以无为的态度处事,就是顺应天道;以无为的态度表达,就是顺应天性;博爱利物,就是仁;让不同的万物归于同一,就是大;行为不乖张离奇,就是宽;心中能包罗万物,就是富。所以说执守德行就是纲纪,成就德行便是立身,遵循大道就是完备,不因外物扰乱心智就是全德。君子明白这十点,那么就能包容万物心胸宽广,德泽充盈而为万物所归往。如能这样,便能让黄金藏在深山,珠宝沉在深渊;不谋财货,不求富贵;不因长寿而喜,不因夭折而哀;不因通达而荣,不因潦倒而耻;更不会聚敛天下之利而据为己有,不以称王天下而觉得显赫。显赫就是炫耀自己。万物一体,死生一样。"

老子说:"道,幽深静默,清澈澄明。金石不得道,便不能鸣响。所以金石虽然能发声,但不敲就不会响。天下万物感应无方,谁能确定它的性质! 盛德之人,抱朴而行,以通晓事务为耻,立身于天道而智慧通于神明,所以他的德行广大。他的心思有所活动,是受外物感应而引起的反应。所以,形体不凭借道就不能产生,生命不顺应德就无法彰明。保存形体以尽天年,树立德行明晓大道,不就是盛德之人吗! 广阔辽远啊!忽然而出,勃然而动,而万物无不依从! 这就是盛德之人。大道看上去幽深暗昧,听起来无声无息。昏暗之中,却能看见光亮;无声之中,却能听到和谐之音。所以大道深而又深却能主宰万物,神妙莫测却能生成精气。所以道与万物相接,虽然虚无却能满足万物的需求,时刻变化却能成为万物的归宿,而且可大可小,可长可短,可久可远。"

【原文】

黄帝游乎赤水之北①,登乎昆仑之丘而南望。还归,遗其玄珠②。使知索之而不得③,使离朱索之而不得④,使喫诟索之而不得也⑤。乃使象罔⑥,象罔得之。黄帝曰:"异哉! 象罔乃可以得之乎?"

【注释】

①赤水:虚构水名。

②玄珠:比喻大道。

③知:虚构人物,通"智",代表有智慧的人。

④离朱:又名离娄,传说中的明目者。

⑤喫(chī)诟:虚构人物,代表能言善辩者。

⑥象罔:虚构人物,无心的象征。

【译文】

黄帝在赤水的北岸游历,登上昆仑山向南眺望。返回时,丢了玄珠。派知去找没找到,派离朱去找也没找到,派喫诟去找,还是没找到。于是派象罔去找,结果象罔找到了。黄帝说:"真奇怪啊! 象罔怎么就能找到呢?"

【原文】

尧之师曰许由①,许由之师曰啮缺,啮缺之师曰王倪,王倪之师曰被衣②。

尧问于许由曰:"啮缺可以配天乎③? 吾藉王倪以要之④。"

许由曰:"殆哉圾乎天下⑤! 啮缺之为人也,聪明睿知⑥,给数以敏⑦,其性过人,而又乃以人受天⑧。彼审乎禁过⑨,而不知过之所由生。与之配天乎? 彼且乘人而无天⑩。方且本身而异形⑪,方且尊知而火驰⑫,方且为绪使⑬,方且为物絯⑭,方且四顾而物应,方且应众宜,方且与物化而未始有恒⑮。夫何足以配天乎?虽然,有族有祖,可以为众父⑯,而不可以为众父父。治,乱之率也⑰,北面之祸也,南面之贼也。"

【注释】

①许由:尧时隐士。

②啮缺、王倪、被衣:皆为虚构人物。

③配天:任天子。

④藉:借助,通过。要:邀请。

⑤殆:危。岌:通"岌",岌岌可危。

⑥睿知:圣明有智慧。知,通"智"。

⑦给数以敏:形容人机智敏捷、应对迅速。给,敏捷。数,快速。

⑧以人受天:把人的聪明智慧强加于天,让天接受。

⑨禁过:阻止人犯错。

⑩乘:借助。

⑪异形:以他形为异,突出自己。

⑫火驰:形容敏捷、迅速,像火势蔓延一样快。

⑬绪使:被琐事役使。

⑭絯(gāi):束缚。

⑮未始:未曾。恒:恒久不变。

⑯父:这里指同族人中的首领。

⑰率:先导。

【译文】

尧的老师叫许由,许由的老师叫啮缺,啮缺的老师叫王倪,王倪的老师叫被衣。

尧问许由说:"啮缺可以做天子吗? 我想请王倪邀他来做天子。"

许由说:"恐怕天下就岌岌可危了!啮缺的为人,聪明而智慧超群,办事敏捷机警,天赋过人,而又能用人事来改变自然。他明白该怎样防止过失,不过他并不知晓过失产生的原因。让他做天子吗?他将借助于人的心智而摒弃天然。将会以自身为本以他人为异以作区分,将会尊崇才智而谋急用,将会被琐事役使,将会被外物拘束,将会环顾四方目不暇接地应接外物,将会应接万物而又奢求处处合宜,将会随万物变化而不曾有定。他怎么能当天子呢?虽然如此,有人群的地方就应该有主事的人,他可以做百姓的长官,却不可以做一国的君主。治,是导致祸乱的原因,是人臣的祸患,也是君主的祸害。"

【原文】

尧观乎华①,华封人曰②:"嘻,圣人!请祝圣人,使圣人寿。"

尧曰:"辞③。"

"使圣人富。"

尧曰:"辞。"

"使圣人多男子④。"

尧曰:"辞。"

封人曰:"寿、富、多男子,人之所欲也。女独不欲,何邪?"

尧曰:"多男子则多惧,富则多事,寿则多辱。是三者,非所以养德也,故辞。"

封人曰:"始也我以女为圣人邪,今然君子也。天生万民,必授之职。多男子而授之职,则何惧之有?富而使人分之,则何事之有?夫圣人,鹑居而鷇食,鸟行而无彰⑤。天下有道,则与物皆昌;天下无道,则修德就闲。千岁厌世,去而上仙,乘彼白云,至于帝乡。三患莫至,身常无殃,则何辱之有?"

封人去之,尧随之,曰:"请问。"

封人曰:"退已!"

【注释】

①华:地名。

②封人:守护封疆的官吏。

③辞:推辞,不肯接受。

④多男子:多生男孩子。

⑤彰:形迹。

【译文】

尧到华地巡视,华地守封疆的人说:"啊,圣人! 请允许我为圣人祝福,祝愿圣人长寿。"

尧说:"免了吧。"

守封疆的人说:"祝愿圣人富有。"

尧说:"免了吧。"

守封疆的人说:"祝愿圣人多男儿。"

尧说:"免了吧。"

守封疆的人说:"长寿、富有、多男儿,这是人们都想得到的。您偏偏不希望得到,为什么呢?"

尧说:"多生男孩就会多生忧惧,富有就会多遇麻烦,长寿就会多受困辱。这三个方面,不适合培养德行,所以我谢绝你的祝福。"

守封疆的人说:"起初我以为您是位圣人,现在发现您不过是位君子。天生万民,必定会授给他一定的差事。多生男孩就授给他们差事,还有什么可忧惧的? 富有了就把财物分给众人,还有什么可麻烦的? 圣人随遇而安、居无常处,像待哺雏鸟一样觅食无心,像飞鸟一样在空中不留痕迹。天下太平,就跟万物一同昌盛;天下纷乱,就修身养性隐居闲处。寿诞千年而厌弃活在世上了,便离开人世飞升成仙,驾驭那朵朵白云,去到天帝的居所。寿诞、富有、多男孩而导致的多辱、多事、多惧都不

168

会降临于我,身体也没有灾殃,那么还会有什么屈辱呢?"

　　守封疆的人走了,尧跟在他后面,说:"请问要怎么办。"

　　守封疆的人说:"你回去吧!"

【原文】

　　尧治天下,伯成子高立为诸侯①。尧授舜,舜授禹,伯成子高辞为诸侯而耕。禹往见之,则耕在野。禹趋就下风②,立而问焉,曰:"昔尧治天下,吾子立为诸侯。尧授舜,舜授予,而吾子辞为诸侯而耕。敢问其故何也?"

　　子高曰:"昔尧治天下,不赏而民劝③,不罚而民畏。今子赏罚而民且不仁,德自此衰,刑自此立,后世之乱自此始矣!夫子阖行邪④?无落吾事⑤!"俋俋乎耕而不顾⑥。

【注释】

①伯成子高:虚构的得道者。

②趋就下风:快步上前,站在下风处,以示恭敬。

③劝:勉励。

④阖:通"盍",何不。

⑤落:废。有妨碍、耽搁之意。

⑥俋俋(yì):耕地的样子。

【译文】

　　尧统治天下时,伯成子高被封为诸侯。尧传帝位给舜,舜传帝位给禹,伯成子高辞去诸侯之位而去种地。禹前去拜访他,伯成子高正在田里耕作。禹快步上前站在下风处,问道:"当年尧统治天下,先生被立为诸侯。尧把帝位传给舜,舜又把帝位传给我,先生却辞去诸侯之位去种地。我冒昧地问您,这是为什么呢?"

子高说:"当年尧统治天下,不须奖赏而百姓自然勉励,不须惩罚而百姓自然敬畏。而今你奖赏惩罚而百姓还是不仁不爱,道德自此衰败,刑罚自此建立,后世之乱也要从此开始了。先生为什么还不走呢?不要耽误我耕作!"说完低头耕作,不再理睬禹。

【原文】

泰初有无①,无有无名。一之所起②,有一而未形。物得以生,谓之德;未形者有分,且然无间,谓之命;留动而生物,物成生理,谓之形;形体保神,各有仪则③,谓之性。性修反德,德至同于初。同乃虚,虚乃大。合喙鸣④。喙鸣合,与天地为合。其合缗缗⑤,若愚若昏,是谓玄德⑥,同乎大顺。

【注释】

①泰初:宇宙的最初时期。泰,通"太"。有无:只有虚无。

②一:即道。

③仪则:条理准则。

④喙(huì):鸟嘴。

⑤缗缗(mín):无知觉、无心的样子。

⑥玄德:幽深玄远之德。

【译文】

宇宙之初只有"无",没有"有",没有名称。随后大道开始产生却没有形迹。万物得到大道而生,称之为德;没有形状的道中包含着阴阳之分,却又没有间隙,称之为命;道在流动变化中稍有静止,就生成物,物生成而具有不同的形态结构,称之为形;形体保有精神,又各有准则,称之为性。心性经过修养而返于德,道德达到与泰初相同的境界。达到与泰初相同的境界就达到了虚无,虚无无所不包。达到这样的境界,说话就像鸟叫一样,出于无心,合乎天然。能与鸟鸣相合,也就能与天地万物相合。这种相合是无心的,如同愚笨昏聩的样子,这就是幽深玄远之德,同于自然之理。

【原文】

夫子问于老聃曰[1]:"有人治道若相放,可不可,然不然。辩者有言曰:'离坚白,若县寓。'若是则可谓圣人乎?"

老聃曰:"是胥易技系[2],劳形怵心者也。执留之狗成思,猿狙之便自山林来[3]。丘,予告若,而所不能闻与而所不能言:凡有首有趾无心无耳者众,有形者与无形无状而皆存者尽无。其动止也,其死生也,其废起也,此又非其所以也。有治在人,忘乎物,忘乎天,其名为忘己。忘己之人,是之谓入于天。"

【注释】

①夫子:指孔丘。
②胥:小吏。易:更换职事。
③便:动作灵便轻捷。

【译文】

孔子问老聃说:"有人修道好像与大道相逆,把不行的说成行,把不对的说成对。公孙龙之流说:'坚白相离,是明摆着的道理。'像这样的人可以称作圣人吗?"

老聃说:"这样的人如同更换职事的官府小吏被他们的技艺牵累一样,疲劳形体困扰心神。狗因有技能为人所拘系,猴子因为动作灵便被人从山里捉来。孔丘,我来给你讲些你所不能听到和不能谈到的道理,凡是形体完全的人,无知无闻的为多,有形体而又能与无形无状大道共存的人,是很少的。运动和静止,死亡和生存,废弃和兴起,这些都是自

171

然而又不知其所以然的。若有心于治则在于任人遵循本性自治,忘掉万物,忘掉自然,就叫作忘掉自己。忘掉自己的人,叫作与天道同一。"

【原文】

将闾葂见季彻曰①:"鲁君谓葂也曰:'请受教②。'辞不获命③。既已告矣,未知中否④,请尝荐之⑤。吾谓鲁君曰:'必服恭俭⑥,拔出公忠之属而无阿私⑦,民孰敢不辑⑧!'"

季彻局局然笑曰⑨:"若夫子之言,于帝王之德,犹螳螂之怒臂以当车轶⑩,则必不胜任矣!且若是,则其自为处危,其观台多物,将往投迹者众。"

将闾葂觑觑然惊曰⑪:"葂也汒若于夫子之所言矣!虽然,愿先生之言其风也⑫。"

季彻曰:"大圣之治天下也,摇荡民心,使之成教易俗,举灭其贼心而皆进其独志,若性之自为,而民不知其所由然。若然者,岂兄尧、舜之教民⑬,溟涬然弟之哉⑭?欲同乎德而心居矣!"

【注释】

①将闾葂(miǎn):人名,姓将闾,名葂。季彻:人名。二人事迹皆无考。

②请受教:请给予指教。

③不获命:指未得到鲁公的允准。

④中否:正确与否。

⑤荐:进,此为陈述之意。

⑥服:亲身实践。

⑦拔出:选拔。公忠之属:公正、尽心尽力的人才。阿私:偏袒,

172

庇护。

⑧辑：和睦。

⑨局局然：大笑的样子。

⑩怒：奋起，举起。当：通"挡"，阻挡。轶(yì)：同"辙"，车轮碾过的痕迹。

⑪觑觑(xì)然：惊恐的样子。

⑫风：大略，大概。

⑬兄：此为尊敬、崇尚之意。

⑭溟滓：尊敬推崇。弟：此为谦让、追随之意。

【译文】

将间菇见到季彻说："鲁君对我说：'请指教。'我推辞不得。已经将为政之道告知他了，不知道讲得正确与否，请让我试着说给您听听。我对鲁君说：'一定要执持恭敬节俭之道，选拔公正忠诚之人，不能有所偏私，这样做，人民哪敢不和睦呢！'"

季彻大笑道："先生说的这些话，对于帝王的德业而言，如同螳螂举臂阻挡车轮前进一样，必然是不能胜任的！而且这样做，是使自己身处危境，身居高位，朝廷事多，必然招致不少人前去。"

将间菇惊恐地说："我对先生所说的话感到茫然。虽然如此，愿请先生说个大概。"

季彻说："大圣人治理天下，让民心自由，使他们接受天道的教化，改变习俗，尽除有害之心而促成得道之愿如同天性自为，人民并不知道为什么要这样。像你这样，难道是要尊崇尧、舜的教民之道，而且还恭敬地追随于后吗？圣人是想要天下人有共同的德行，从而使他们心神安定啊！"

【原文】

子贡南游于楚，反于晋，过汉阴①，见一丈人方将为圃畦②，

173

凿隧而入井③,抱瓮而出灌④,搰搰然用力甚多而见功寡⑤。

子贡曰:"有械于此⑥,一日浸百畦,用力甚寡而见功多,夫子不欲乎?"

为圃者卬而视之曰⑦:"奈何?"

曰:"凿木为机⑧,后重前轻,挈水若抽⑨,数如泆汤⑩,其名为槔⑪。"

为圃者忿然作色而笑曰⑫:"吾闻之吾师,有机械者必有机事,有机事者必有机心⑬。机心存于胸中,则纯白不备;纯白不备,则神生不定;神生不定者,道之所不载也。吾非不知,羞而不为也。"

子贡瞒然惭⑭,俯而不对。

有间,为圃者曰:"子奚为者邪?"

曰:"孔丘之徒也。"

为圃者曰:"子非夫博学以拟圣⑮,於于以盖众⑯,独弦哀歌以卖名声于天下者乎? 汝方将忘汝神气,堕汝形骸⑰,而庶几乎! 而身之不能治,而何暇治天下乎! 子往矣,无乏吾事⑱!"

子贡卑陬失色⑲,顶顶然不自得⑳,行三十里而后愈。

其弟子曰:"向之人何为者邪? 夫子何故见之变容失色,终日不自反邪?"

曰:"始吾以为天下一人耳,不知复有夫人也。吾闻之夫子:事求可,功求成,用力少,见功多者,圣人之道。今徒不然。执道者德全,德全者形全,形全者神全。神全者,圣人之道也。托生与民并行而不知其所之,汒乎淳备哉! 功利机巧必忘夫人之心。若夫人者,非其志不之,非其心不为。虽以天下誉之,得其所谓,謷然不顾㉑;以天下非之,失其所谓,傥然不受㉒。天下之非誉无益损焉,是谓全德之人哉! 我之谓风波之民。"

反于鲁,以告孔子。孔子曰:"彼假修浑沌氏之术者也。识其一,不知其二;治其内,而不治其外。夫明白入素,无为复朴,体性抱神,以游世俗之间者,汝将固惊邪?且浑沌氏之术,予与汝何足以识之哉!"

【注释】

①汉阴:汉水南侧。

②丈人:老者。圃:菜园。畦:菜园中用土埂分隔开的地块。

③凿隧而入井:开掘隧道通入井中。

④瓮:陶罐,用作汲水灌溉。

⑤搰搰(kū)然:用力的样子。

⑥械:器械。指桔槔一类汲水器械。

⑦卬:同"仰"。

⑧凿木为机:修凿木料做成汲水机械。

⑨挈(qiè)水:把井水从下面提上来。

⑩数:疾速。洑汤:形容水翻滚漫溢如同沸汤溢出。

⑪槔:桔槔,古代利用杠杆原理制作的汲水器械。

⑫忿然:生气变了脸色。

⑬机心:机变巧诈之心。

⑭瞒然:惭愧的样子。

⑮拟圣:比作圣人。

⑯於(wū)于:夸诞的样子。

⑰堕汝形骸:毁弃你的形体。

⑱乏:废。此为耽误之意。

⑲卑陬(zōu):惭愧不安的样子。

⑳顼顼(xū)然:怅然若失的样子。

㉑警(ào)然:同"傲然",高傲的样子。

㉒怅然:无心的样子。

【译文】

子贡向南到楚国游历,返回晋国时,经过汉水南岸,见到一位老人正在修整菜畦,老人开掘隧道通到井里,抱着陶罐装水进行灌溉,用的力气很多而功效甚少。

子贡说:"这里有一种机械,一天能浇灌一百畦,用力甚少而功效甚多,先生您不打算用吗?"

灌园老人仰起身望着子贡说:"那机械是什么样的呢?"

子贡说:"修凿木料做成机械,前面轻,后面重,用它提水就像把水抽出来一样方便省力,水涌流很快,如同开水直往外滚,它的名字叫桔槔。"

灌园老人听后气得变了脸色,冷笑着说:"我从老师那里听说,有机械的人必定有机巧之事,有机巧之事必然有机巧之心。机巧之心存在于胸中,则纯洁质朴的德行就不完备;纯洁质朴的德行不完备,则精神不定;精神不定的人,是为大道所摒弃不容的。你说的机械我不是不知道,只是感到羞耻而不肯使用。"

子贡羞愧低头,无言以对。

过了一会儿,灌园老人说:"你是做什么的?"

子贡说:"我是孔丘的弟子。"

灌园老人说:"你不就是那位以博学自比于圣人,以自夸来超出众人,独自弹唱哀歌来向天下人博取好名声的人吗?你如果能忘掉你的神气,遗弃你的形体,你就差不多得道了!你连自身都不能治理,哪有工夫去治理天下呀!你走吧,不要耽误我灌溉!"

子贡惭愧不安,变了脸色,怅然若失,走了三十多里后才恢复正常。

他的弟子说:"刚才那个人是做什么的?先生为什么见了他就变容失色,一整天都不能恢复?"

子贡说:"原先我以为天下只有先生一位圣人,不知道还有这样的人。我听先生说,行事要求合理,事业要求成功,用的力气少,所见功效

176

多，就是圣人之道。现在才知道不是这样。执守大道的人德行完备，德行完备的人形体健全，形体健全的人精神健全。精神健全，才是圣人之道。得道者，托生在人世，与民众一样生活，而不知要往哪里去，茫昧深远而德行醇和完备啊！功利机巧必然早已从这种人心里消失了。像这样的人，不合乎他的志向就不去求，不合乎他的心意就不去做。即使天下人都称誉他，而这些称誉又与他的言论相符合，也高傲地不予理睬；天下人都责备他，这些责备与他的言论不符合，他也不予理会。天下人对他的非难和称誉，对他不会有增益和损害，这就是全德之人！我不过是受世间毁誉左右而摇摆不定的人。"

回到鲁国后，子贡把这件事告诉孔子。孔子说："他是假托浑沌氏道术来修身的人。只知道浑一的大道，不知有其他；只知治理自身，不知治理外界。这样的人心地清明纯洁无瑕，清静无为，回归淳朴，体悟本性而执守精神，以悠游于世俗之中，你又何必惊奇呢？而且浑沌氏的道术，我和你怎么能够懂得呢！"

【原文】

谆芒将东之大壑①，适遇苑风于东海之滨②。苑风曰："子将奚之？"

曰："将之大壑。"

曰："奚为焉？"

曰："夫大壑之为物也，注焉而不满，酌焉而不竭③，吾将游焉。"

苑风曰："夫子无意于横目之民乎④？愿闻圣治。"

谆芒曰："圣治乎？官施而不失其宜，拔举而不失其能，毕见其情事而行其所为，行言自为而天下化。手挠顾指，四方之民莫不俱至，此之谓圣治。"

"愿闻德人。"

曰:"德人者,居无思,行无虑,不藏是非美恶。四海之内共利之之谓悦,共给之之谓安。怊乎若婴儿之失其母也⑤,傥乎若行而失其道也。财用有余而不知其所自来,饮食取足而不知其所从,此谓德人之容。"

"愿闻神人。"

曰:"上神乘光,与形灭亡,此谓照旷⑥。致命尽情,天地乐而万事销亡,万物复情,此之谓混冥⑦。"

【注释】

①谆芒:虚构人物。大壑:大海,又说指东海。

②苑风:虚构人物,喻指小风。

③酌:取。

④横目之民:指万民。

⑤怊(chāo)乎:悲哀怅惘的样子。

⑥照旷:昭明虚旷。

⑦混冥:混同于玄冥。

【译文】

谆芒将东游大海,在东海岸边遇上苑风。苑风问:"您要去哪里?"

谆芒说:"要去大海。"

苑风问:"做什么?"

谆芒说:"大海这种东西,百川灌注而不会满,终日酌取也不会干,我将要去那里游览。"

苑风说:"先生不想当百姓的君主吗?我想听听您有关圣人治世的高见。"

谆芒说:"圣人治世之道?设立官职推行教化得当,选拔任用人才而不遗漏贤能之人,洞察物情而做该做的事,一言一行,任情而为,天下百姓自然归化。挥手顾盼之间,四方百姓没有不来投奔的,这就是圣治。"

苑风说:"希望听听有关德人的高见。"

谆芒说:"所谓德人,安居而不思考,行动而没有谋虑,不评论是非美恶。四海之内人人都得到好处就是喜悦,人人都富足就是安宁。惆怅的样子就像婴儿失去了母亲,茫然的样子像行人迷失了方向。财用有余却不知道是从何处来,饮食充足却不知道是从何处出,这就是德人的风采。"

苑风说:"希望听听有关神人的高见。"

谆芒说:"至上之神人驾乘光明,不见形迹,这就是昭明虚旷。达到生命性情的极致,与天地同乐而不受万物牵累,万物返璞归真,这就是混同于玄冥。"

【原文】

门无鬼与赤张满稽观于武王之师①。赤张满稽曰:"不及有虞氏乎②!故离此患也③。"

门无鬼曰:"天下均治而有虞氏治之邪? 其乱而后治之与?"

赤张满稽曰:"天下均治之为愿,而何计以有虞氏为! 有虞氏之药疡也,秃而施髢④,病而求医。孝子操药以修慈父⑤,其色燋然⑥,圣人羞之。至德之世,不尚贤,不使能,上如标枝⑦,民如野鹿。端正而不知以为义,相爱而不知以为仁,实而不知以为忠,当而不知以为信,蠢动而相使不以为赐⑧。是故行而无迹,事而无传。"

【注释】

①门无鬼、赤张满稽:皆为虚构人物。武王之师:周武王伐纣的军队。

179

②有虞氏:指舜。

③离:同"罹",遭受。

④髢(dí):假发。

⑤修:治。

⑥燋(qiáo)然:憔悴的样子。意为忧亲之病至于憔悴,不如养亲使不病更好。

⑦标枝:树梢上的细枝,比喻地位虽高却无心荣贵,听其自然而已。

⑧蠢动:虫类的蠕动,比喻出于本能的行动,没有意识,没有目的。

【译文】

门无鬼和赤张满稽看到周武王伐纣的部队。赤张满稽说:"周武王还是比不上有虞氏啊!所以天下才遭遇这种祸患。"

门无鬼说:"天下太平时有虞氏才去治理的呢,还是天下混乱时才去治理的呢?"

赤张满稽说:"天下太平是人们的心愿,又何必推举有虞氏为国君呢!有虞氏治理天下如同替人治疗头疮,成了秃子才装上假发,病了才去求医。孝子拿药来治疗慈父的疾病,累得面容憔悴,圣人却为他感到羞耻。至德的时代,不崇尚贤才,不任用能者,国君居于上位如树梢上的细枝,无心作为,百姓如山野中无拘无束的野鹿。行为端正却不知道这是义,相亲相爱却不知道这是仁,待人诚实却不知道这是忠,办事得当却不知道这是信,无心地相互支使却不把它看作恩赐。所以行动不会留下痕迹,事迹不会流传后世。"

【原文】

孝子不谀其亲,忠臣不谄其君,臣、子之盛也。亲之所言而然,所行而善,则世俗谓之不肖子;君之所言而然,所行而善,则世俗谓之不肖臣。而未知此其必然邪?世俗之所谓然而然之,

180

所谓善而善之,则不谓之道谀之人也①。然则俗故严于亲而尊于君邪?谓己道人,则勃然作色②;谓己谀人,则怫然作色。而终身道人也,终身谀人也,合譬饰辞聚众也③,是终始本末不相坐④。垂衣裳,设采色,动容貌,以媚一世,而不自谓道谀;与夫人之为徒,通是非,而不自谓众人,愚之至也。知其愚者,非大愚也;知其惑者,非大惑也。大惑者,终身不解;大愚者,终身不灵。三人行而一人惑,所适者犹可致也,惑者少也;二人惑则劳而不至,惑者胜也。而今也以天下惑,予虽有祈向,不可得也。不亦悲乎!

大声不入于里耳⑤,《折杨》《皇荂》则嗑然而笑⑥。是故高言不止于众人之心⑦,至言不出⑧,俗言胜也。以二缶钟惑,而所适不得矣。而今也以天下惑,予虽有祈向,其庸可得邪!知其不可得也而强之,又一惑也。故莫若释之而不推。不推,谁其比忧?厉之人,夜半生其子,遽取火而视之⑨,汲汲然唯恐其似己也⑩。

【注释】

①道谀:谄谀,谄媚逢迎。

②勃然:生气发怒的样子。

③合譬:汇集各种比喻来阐述事理,使人易于明白。饰辞:修饰润色言辞,使人相信。

④坐:因,关联。

⑤大声:高雅音乐。里耳:世俗人的耳朵。

⑥折杨、皇荂(fū):通俗乐曲名,在下层人中流行并受到欢迎。嗑(xiá):笑声。

⑦高言:高雅的谈吐。

⑧至言:至理之言。

181

⑨邌：速。

⑩汲汲然：匆忙急迫的样子。

【译文】

　　孝子不奉承他的父母，忠臣不谄媚他的君主，这是为臣、为子的最好表现。凡是父母所说的都加以肯定，父母所做的都加以称赞，那就是世俗所说的不肖之子；凡是君王所说的都加以应承，君王所做的都加以奉迎，那就是世俗所说的不肖之臣。可是人民却不知道世俗的看法是不是必然正确的呢？世俗人所谓正确的便当它是正确的，世俗人所谓好的便当它是好的，却不称他们是谄媚之人。那么，世俗之人难道比父母更可敬、比君王更可尊吗？听到有人说你是个谄谀的人，就勃然大怒面色剧变。可是一辈子却做着谄谀人的事。一辈子阿谀的人，只不过是用巧妙的譬喻和华丽的辞藻博取众人的欢心，这是首尾脱节、本末倒置了。君王穿着华丽的衣裳，装模作样，改动容貌表情，讨好献媚于世人，却不认为自己是谄媚和阿谀；与世俗为伍，是非观念相通，却不把自己看作世俗之人，真是愚昧到了极点。知道自己愚昧的人，并不是大愚昧；知道自己迷惑的人，并不是大迷惑。大迷惑的人，一辈子也不会醒悟；大愚昧的人，一辈子也不会明白。三个人在一起行走，其中一个人迷惑，所要去的地方还是可以到达的，因为迷惑的人少；三个人中，要是有两个人迷惑就徒劳而不能到达了，因为迷惑的人多。如今天下人都迷惑，我虽然有所祈求向往，也无能为力。这不是太可悲了吗！

　　高雅的音乐，俗人不懂欣赏，《折杨》《皇荂》之类的民间小曲，俗人听了都会哈哈大笑。所以高雅的谈吐不能留于俗人之心，至理名言不能行于世，而流俗的言谈却占了优势。用两只缶的俗音扰乱钟的正音，那么听者会无所适从而产生疑惑。如今天下人都大惑，我虽然有所祈求向往，又怎么可能达到呢！明知不可能达到却要勉强去做，这又是一个迷惑。所以不如弃置一旁不予推究。不去推究，怎么会有那么多忧愁呢？丑陋的人半夜里生下孩子，立即拿过火来照看，唯恐生下的孩子像自己一样丑陋。

【原文】

百年之木，破为牺尊①，青黄而文之，其断在沟中。比牺尊于沟中之断，则美恶有间矣，其于失性一也。跖与曾、史，行义有间矣，然其失性均也。且夫失性有五：一曰五色乱目，使目不明；二曰五声乱耳，使耳不聪；三曰五臭熏鼻②，困惾中颡③；四曰五味浊口，使口厉爽；五曰趣舍滑心④，使性飞扬。此五者，皆生之害也，而杨、墨乃始离跂自以为得⑤，非吾所谓得也。夫得者困，可以为得乎？则鸠鸮之在于笼也，亦可以为得矣。且夫趣舍声色以柴其内，皮弁鹬冠搢笏绅修以约其外⑥，内支盈于柴栅⑦，外重缪缴⑧，睆睆然在缪缴之中而自以为得⑨，则是罪人交臂历指而虎豹在于囊槛⑩，亦可以为得矣！

【注释】

①牺尊：古代酒器，用作祭祀。

②五臭：五种气味，指膻、薰、香、腥、腐。

③困惾（zōng）中颡（sǎng）：气味上逆，由鼻孔达于额头。

④趣舍：取舍。滑：乱。

⑤离跂：踮起脚跟，比喻用力显示自己，以超出众人。

⑥皮弁（biàn）：古冠名，用白鹿皮制成，大臣上朝时佩戴。鹬（yù）冠：鹬鸟羽毛装饰的帽子。搢（jìn）：插于带间。笏（hù）：士大夫上朝所持的手板，用玉、象牙或竹制成。

⑦支盈：塞满。

⑧缪（mò）：绳索。缴（zhuó）：生丝绳。

⑨睆睆（huǎn）然：视貌。

⑩交臂：背缚双臂。历指：古代刑罚，用木棍绑夹手指。囊槛：关养猛兽的笼子。

【译文】

百年大树,被剖开做成祭祀的酒器,再用青黄两色绘出美丽的花纹,余下的断木则弃置在山沟里。雕刻成祭祀酒器的一段木料与弃置在山沟里的木料相比,当然有美和丑的差别,但是在丧失木材的本性上是一样的。盗跖、曾参和史鱼,在行为和道义上存在差别,但是在失掉人的本性上也是一样的。大凡丧失本性有五种情况:一是五色扰乱视觉,使眼睛看不明晰;二是五声扰乱听觉,使耳朵听不真切;三是五臭熏扰嗅觉,使鼻额受伤害;四是五味污浊口舌,使口舌受伤害;五是取舍迷乱心弦,使心性驰骋浮动。这五种情况,对天性都是有伤害的,可是杨朱、墨翟却在汲汲追求自以为有所得,这并不是我所谓的自得。有所得反倒遭受困苦,也可以算自得吗?那么斑鸠被关在笼中,也可以算是自得了。况且取舍与声色的欲念像柴草一样充塞内心,皮帽、羽冠、朝笏和宽带捆束于外,内心里充满柴草栅栏,体外被绳索重重捆束,却睁着眼睛还自以为有所得,那么罪犯被反绑着双手,手指被夹起来,以及虎豹被关在圈栅里,也可以算是自得了。

【赏析】

在一开篇,庄子就点出"天地虽大,其化均也"。天地虽然很大,但其中的变化却是有规律可循的,万事万物都是如此。"天"和"地"在庄子哲学体系中乃是元气之所生,万物之所祖,一高远在上,一浊重在下,故而以"天地"开篇。本篇跟《在宥》的主旨大体相同,与下篇《天运》一样,表述的是庄子的政治思想。

纵览全篇,庄子首先提出天德就是无为,远古之君顺应天德,无欲无为而万物自化。这一论述可视为全文的总纲。接下来通过几个寓言故事,阐明大道深奥玄妙,并借此指出居于统治地位的人要想无为而治就得通晓大道。最后讲述世人迷惑于有为之见,终生不觉悟,无为之道不被理解,作者也只能无可奈何,任其自然。

天　运

　　本篇取首句二字为篇名。开篇即通过一串问题指出，作为万物之主的天道是不断运转变化的，"帝王顺之则治，逆之则凶"。随后，对儒家固守六经所宣扬的仁义教条以及如丑人效颦般推行周朝礼义法度的行为进行了抨击。

【原文】

　　"天其运乎？地其处乎？日月其争于所乎①？孰主张是？孰维纲是②？孰居无事推而行是？意者其有机缄而不得已邪③？意者其运转而不能自止邪？云者为雨乎？雨者为云乎？孰隆施是？孰居无事淫乐而劝是④？风起北方，一西一东，有上彷徨。孰嘘吸是⑤？孰居无事而披拂是⑥？敢问何故？"

　　巫咸祒曰⑦："来，吾语女。天有六极五常⑧，帝王顺之则治，逆之则凶。九洛之事⑨，治成德备，监照下土⑩，天下戴之，此谓上皇。"

【注释】

　　①争于所：争着返回各自的处所。

　　②维纲：维系。

　　③意：猜测。机缄：推动事物运动的造化力量。机，机关。缄，封闭，

关闭。

④淫乐:古人把云雨视为阴阳交和而成,故言淫乐。劝:勉励,助长。

⑤嘘吸:吐气与吸气。

⑥披拂:鼓动,如鼓动风箱使风吹出。

⑦巫咸袑(tiáo):虚构人物。

⑧六极:指四方上下。五常:指金、木、水、火、土五行。

⑨九洛:传说大禹治水时,有神龟出洛水,背上有书,称洛书。上面载有九种治理天下的大法,即为九洛。

⑩监照下土:照临天下。

【译文】

"天在运行吗? 地在静止吗? 日月交替出现,是在争着回到处所吗? 是谁在主宰呢? 是谁在维系呢? 是谁闲居无事在推动呢? 莫非是它们有机关控制而不得已吗? 莫非是它们自行运转而不能停止吗? 乌云蒸腾是为了施雨吗? 雨水降落是为了兴云吗? 是谁在兴云降雨呢? 是谁闲居无事地促成了呢? 风从北方刮起来,一会儿向东,一会儿向西,在空中盘旋环绕。是谁在呼吸间成风呢? 是谁闲居无事去吹动它呢? 请问这是什么缘故?"

巫咸袑说:"过来,我告诉你。天有六合和五行,帝王顺应天道的变化则天下大治,违逆则招来祸灾。依照九洛治理国家,则国家太平道德完备,帝王功业的光辉照临人间,万民拥戴,这就是至高无上的帝王。"

【原文】

商大宰荡问仁于庄子①。庄子曰:"虎狼,仁也。"

曰:"何谓也?"

庄子曰:"父子相亲,何为不仁?"

曰:"请问至仁。"

186

庄子曰:"至仁无亲。"

大宰曰:"荡闻之,无亲则不爱,不爱则不孝。谓至仁不孝,可乎?"

庄子曰:"不然。夫至仁尚矣,孝固不足以言之。此非过孝之言也,不及孝之言也。夫南行者至于郢②,北面而不见冥山③,是何也? 则去之远也。故曰:以敬孝易,以爱孝难;以爱孝易,以忘亲难;忘亲易,使亲忘我难;使亲忘我易,兼忘天下难;兼忘天下易,使天下兼忘我难。夫德遗尧、舜而不为也,利泽施于万世,天下莫知也,岂直太息而言仁孝乎哉④! 夫孝悌仁义,忠信贞廉,此皆自勉以役其德者也,不足多也⑤。故曰:至贵,国爵并焉⑥;至富,国财并焉;至愿⑦,名誉并焉。是以道不渝⑧。"

【注释】

①商:指宋国,因宋国是殷商的后代,故称。大宰:殷周时官名。大,同"太",大宰即太宰。荡:大宰之名。

②郢(yǐng):楚国都城,在今湖北江陵附近。

③冥山:北海山名。

④太息:深深地叹息。

⑤多:称道,推崇。

⑥国爵:国家赐予的爵位。并(bǐng):通"屏",除却,舍弃。

⑦至愿:最高的愿望。

⑧渝:变。

【译文】

宋国太宰荡向庄子请教仁。庄子说:"虎狼也有仁性。"

太宰问:"这该如何理解呢?"

庄子说:"虎狼父子在一起亲近,怎么不能叫仁?"

太宰又问:"请问什么是至仁?"

庄子说:"至仁没有偏爱。"

太宰说:"我听说,没有偏爱就不会爱父母,不爱父母也就不会孝顺父母。说至仁是不孝,可以吗?"

庄子说:"不是这样。至仁是高尚的,孝还远不能说明它。这并不是说它超过了孝,而是说仁与孝是不相干的。向南走到郢都,回头北望却看不见冥山,这是为什么呢?是因为距离太远了。所以说,用敬来尽孝易,用爱来尽孝难;用爱来尽孝易,用虚静之心忘怀双亲难;忘怀双亲易,让双亲不挂念我难;让双亲不挂念我易,一并忘怀天下难;一并忘怀天下易,让天下忘掉我难。天德之人忘怀天下,即使像尧、舜这样拥有帝位也不会去羡慕,功利恩泽施及于万代,而天下人却不知道,难道还用得着忧心地去宣扬仁孝吗?孝、悌、仁、义、忠、信、贞、廉八种美德,都是用来自勉而有害于人的天性的,不值得崇尚。所以说,最尊贵的,是舍弃国家赐予的爵位;最富有的,是摒弃全国的财富;最高的愿望,是摒弃一切名誉。所以,大道是永恒不变的。"

【原文】

北门成问于黄帝曰①:"帝张《咸池》之乐于洞庭之野②,吾始闻之惧,复闻之怠,卒闻之而惑③,荡荡默默,乃不自得。"

帝曰:"汝殆其然哉④!吾奏之以人,征之以天⑤,行之以礼义,建之以太清。四时迭起,万物循生。一盛一衰,文武伦经。一清一浊,阴阳调和⑥,流光其声。蛰虫始作⑦,吾惊之以雷霆。其卒无尾,其始无首。一死一生,一偾一起⑧,所常无穷,而一不可待。汝故惧也。

"吾又奏之以阴阳之和,烛之以日月之明。其声能短能长,能柔能刚,变化齐一,不主故常。在谷满谷,在阬满阬⑨。涂郤守神,以物为量。其声挥绰⑩,其名高明。是故鬼神守其幽,日

188

月星辰行其纪。吾止之于有穷，流之于无止。予欲虑之而不能知也，望之而不能见也，逐之而不能及也。傥然立于四虚之道⑪，倚于槁梧而吟。目知穷乎所欲见，力屈乎所欲逐，吾既不及，已夫！形充空虚，乃至委蛇。汝委蛇，故怠。

"吾又奏之以无怠之声，调之以自然之命，故若混逐丛生。林乐而无形，布挥而不曳⑫，幽昏而无声。动于无方，居于窈冥⑬。或谓之死，或谓之生；或谓之实，或谓之荣。行流散徙，不主常声。世疑之，稽于圣人。圣也者，达于情而遂于命也。天机不张而五官皆备。此之谓天乐，无言而心说。故有焱氏为之颂曰⑭：'听之不闻其声，视之不见其形，充满天地，苞裹六极。'汝欲听之而无接焉，而故惑也。

"乐也者，始于惧，惧故祟；吾又次之以怠，怠故遁；卒之于惑，惑故愚；愚故道，道可载而与之俱也。"

【注释】

①北门成：姓北门，名成。据说为黄帝之臣。

②张：演奏。咸池：古代乐曲。洞庭之野：广漠的旷野。

③惑：迷惑，指丧失自我、离形去智，接近大道了。

④殆其然哉：大概就是这样吧。

⑤征：证明，验证。

⑥阴阳：音律分五音十二律，十二律中六为阳声，称六律；六为阴声，称六间。演奏时律间相间即是阴阳调和。

⑦蛰（zhé）虫：冬眠之虫。作：活动，复苏。

⑧偾（fèn）：仆倒。

⑨阬（kēng）：通"坑"。

⑩挥绰：指乐器声悠扬悦耳。

⑪傥然：无心的样子。四虚之道：四面空虚、没有边际的路。

⑫不曳：不受牵制，余音袅袅。

⑬窈冥：幽远暗昧之境。

⑭有焱(yàn)氏：即神农氏。

【译文】

北门成向黄帝请教说："您在广漠的旷野上演奏《咸池》乐曲，我刚开始听时感到害怕，再听时就感觉松懈下来了，听到最后又迷惑了，心神恍惚，不能自主。"

黄帝说："你大概就是这样的！我用人事来演奏，用天道来验证，以礼义来推行，用自然元气让它得以建立。乐声如四时般更替，如万物般生长。旋律忽盛忽衰，犹如文治武功顺理成章。曲调忽清忽浊，犹如阴阳二调相互调和，乐声流动充满天地。犹如冬眠的蛰虫即将开始活动，我用雷霆之声惊动它们。乐声天成，结束却没有结尾，开始却没有源头。忽灭忽起，忽低忽高，变化多端没有穷尽，全然出乎意料。因此你会感到害怕。

"我又用阴阳调和之声演奏，用日月之光来照耀。曲调可短可长，可柔可刚，变化多样，变化中又有条理，推陈出新而又不拘泥于一调。乐声传到山谷，山谷便满盈；传到坑洞，坑洞便充实。堵塞心智的孔隙，固守虚寂的精神，以天地万物为尺度。声音悠扬悦耳，节奏高远明朗。因此阴阳调和，万物各得其所，鬼神安守幽居，日月星辰遵循轨道运行。我的演奏停止了，回声却无穷无尽。你想思虑它却得不出结果，想观看它却又看不见，想追逐它却又追不上。只能迷茫地站在四面无际的大道上，倚靠干枯的梧桐吟咏。视力和智力穷竭于想要看到的东西，力量穷竭于想要追逐的东西，我已经追赶不上了！形体充满而内心空虚，只能婉转徘徊于乐曲中。你能婉转徘徊于乐曲中，所以感到懈怠。

"我又演奏起以无怠为主题的乐曲，用自然的节奏调和，因此音调像禽兽般混相追逐，像草木般丛聚并生。众乐齐奏而不见形迹，乐声张扬而不留曳，幽暗昏昧而不可闻。它变化莫测，止于幽昏难窥的境地。它

190

忽而好像消失了,忽而好像兴起了;忽而好像结果了,忽而好像开花了。流播扩散,不拘于常调。世人充满疑惑,就向圣人问询查考。所谓'圣',就是通达情理顺乎自然。天然的神理不动而五官齐备。这叫作天乐,无须言说而内心自得其中乐趣。因此,神农氏歌颂它说:'听却听不见声音,看却看不到形体,但是它充满天地间,容纳了六极。'你想听却无法领会,所以感到迷惑。

"这种音乐,从忧惧开始,因为忧惧所以认为会有灾祸产生;接着我又演奏让人放松的音乐,心情放松,所以忧惧就消失了;最后在迷惑中结束乐声,因为迷惑不解就会淳朴愚痴;进入淳朴愚痴的境界也就接近天道了,到达这种境地,你就可以和道浑然一体了。"

【原文】

孔子西游于卫,颜渊问师金曰①:"以夫子之行为奚如?"

师金曰:"惜乎!而夫子其穷哉②!"

颜渊曰:"何也?"

师金曰:"夫刍狗之未陈也③,盛以箧衍④,巾以文绣⑤,尸祝齐戒以将之⑥。及其已陈也,行者践其首脊,苏者取而爨之而已⑦。将复取而盛以箧衍,巾以文绣,游居寝卧其下,彼不得梦,必且数眯焉。今而夫子亦取先王已陈刍狗,聚弟子游居寝卧其下。故伐树于宋,削迹于卫,穷于商周,是非其梦邪?围于陈蔡之间⑧,七日不火食,死生相与邻,是非其眯邪?

"夫水行莫如用舟,而陆行莫如用车。以舟之可行于水也,而求推之于陆,则没世不行寻常⑨。古今非水陆与?周鲁非舟车与?今蕲行周于鲁,是犹推舟于陆也,劳而无功,身必有殃。彼未知夫无方之传,应物而不穷者也。

"且子独不见夫桔槔者乎⑩?引之则俯,舍之则仰。彼,人之所引,非引人者也,故俯仰而不得罪于人。故夫三皇五帝之礼义法度⑪,不矜于同而矜于治⑫。故譬三皇五帝之礼义法度,其犹柤梨橘柚邪⑬!其味相反而皆可于口。

"故礼义法度者,应时而变者也。今取猿狙而衣以周公之服⑭,彼必龁啮挽裂⑮,尽去而后慊⑯。观古今之异,犹猿狙之异乎周公也。故西施病心而矉其里⑰,其里之丑人见而美之,归亦捧心而矉其里。其里之富人见之,坚闭门而不出;贫人见之,挈妻子而去之走⑱。彼知矉美而不知矉之所以美。惜乎,而夫子其穷哉!"

【注释】

①师金:鲁国太师,名金。

②穷:困穷,不通达。

③刍(chú)狗:用草扎成的狗,用于祭祀。

④箧(qiè):竹箱之类。衍:方形箱子。

⑤巾:覆盖。文绣:绣有文饰的盖巾。

⑥尸祝:古代祭祀中主持祭礼的巫师。齐戒:斋戒。古人于祭祀前,清心寡欲,沐浴更衣,不饮酒,不吃荤,不宿于内,以示诚敬。齐,同"斋"。

⑦苏者:打柴用以烧饭的人。爨(cuàn):烧火做饭。

⑧陈蔡:春秋时两个小国。

⑨没世:终生,一辈子。寻常:古代长度单位,八尺为寻,二寻为常。

⑩桔槔(jiégāo):古代用杠杆原理制成的汲水器械。

⑪三皇:指伏羲氏、神农氏和黄帝。五帝:指少昊、颛顼、高辛、尧、舜。

⑫矜:崇尚。

⑬柤(zhā):同"楂",即山楂。

⑭猿狙:猴子。

⑮龁啮(héniè):啃咬。挽裂:撕裂。

⑯惬（qiè）：满足。

⑰嚬（pín）：通"颦"，皱眉。

⑱挈（qiè）：提携，带领。

【译文】

孔子西游到卫国，颜渊问太师金说："您认为老师此行怎么样呢？"

太师金说："可惜！你的老师此行会遇到困厄啊！"

颜渊说："为什么呢？"

太师金说："刍狗在没有被用来祭祀时，用竹筐装着，用绣有花饰的饰物覆盖着，巫师斋戒后才敢捧起它行祭。等祭祀结束后，行人踩踏它的头和脊背，割草的人捡回去烧火做饭。假如有人再拿来装入竹筐中，用绣着花纹的饰物盖着，出游、居处都带在身边，即使不做噩梦，也会受到困扰惊吓。现在你的老师，也拿先王祭祀用过的刍狗，聚集弟子，无论出游还是居处都形影不离。所以在宋国遭受了伐树的惊吓，在卫国受到拘禁，在宋、卫等地均不得志，这不就是噩梦吗？在陈、蔡交界处被围困，七天没有饭吃，临近死亡，这不就是困扰吗？

"在水上通行最好的工具是船，而在陆地上通行没有比车更好的了。如果认为船可以在水上通行，而硬要它在陆地上行走，这样终生也走不了多远。古和今的不同，不就像水上和陆地上一样吗？周和鲁的差别，不就像船和车一样吗？现在想把西周时的制度硬搬到鲁国，就如同把船推到陆地上行走一样，不仅劳而无功，自身还会遭受祸害。他不明白没有方向的驿车，方能四通八达，毫无障碍。

"况且你没见过桔槔吗？有人拉它就会俯下，放开它就会仰起。它是被人牵引的，而不是牵引人的，所以无论俯下还是仰起都不会得罪人。所以三皇五帝制定的礼义法度，可贵的不是他们相同，而是可以让天下太平。故而用三皇五帝的礼义法度打个比方，就好像山楂、梨子、橘子和柚子等水果一样吧！虽然味道不同但是都很可口。

"所以，礼义法度都是要随着时代不断变化的。现在给一只猴子穿

193

上周公的礼服,它一定会把衣服咬破撕裂,直到完全脱掉后才满足。看古今之不同,就像猿猴不同于周公一样。所以,西施因为心口疼,在邻里面前皱起眉头,邻居一位丑女看了觉得很美,回去后也捧着胸口皱着眉头。邻里的富人看见了,紧闭屋门不肯出来;穷人看见了,带着妻子儿女跑走了。她只知道皱着眉头是美,却不知皱着眉头为什么美。可惜呀,你的老师将会遭受困厄!"

【原文】

孔子行年五十有一而不闻道,乃南之沛见老聃①。

老聃曰:"子来乎?吾闻子,北方之贤者也,子亦得道乎?"

孔子曰:"未得也。"

老子曰:"子恶乎求之哉②?"

曰:"吾求之于度数③,五年而未得也。"

老子曰:"子又恶乎求之哉?"

曰:"吾求之于阴阳,十有二年而未得也。"

老子曰:"然。使道而可献,则人莫不献之于其君;使道而可进,则人莫不进之于其亲;使道而可以告人,则人莫不告其兄弟;使道而可以与人,则人莫不与其子孙。然而不可者,无佗也④,中无主而不止,外无正而不行。由中出者,不受于外,圣人不出;由外入者,无主于中,圣人不隐。名,公器也,不可多取。仁义,先王之蘧庐也⑤,止可以一宿而不可久处,觏而多责⑥。

"古之至人,假道于仁,托宿于义,以游逍遥之虚,食于苟简之田⑦,立于不贷之圃⑧。逍遥,无为也;苟简,易养也;不贷,无出也。古者谓是采真之游。

"以富为是者,不能让禄;以显为是者,不能让名;亲权者,不能与人柄。操之则栗,舍之则悲,而一无所鉴,以窥其所不休

194

者,是天之戮民也。怨、恩、取、与、谏、教、生、杀八者,正之器也,唯循大变无所湮者为能用之⑨。故曰:正者,正也。其心以为不然者,天门弗开矣。”

【注释】

①沛:地名,治今江苏沛县。

②恶乎:疑问词,何所。

③度数:制度名数。

④佗:别的人或事。

⑤蘧(qú)庐:古代驿传中供人休息的房子。

⑥觏(gòu):见。多责:多受指责。

⑦苟简:草率而简略。

⑧不贷:指不借物于人。

⑨大变:天道,自然变化。湮(yān):滞塞。

【译文】

孔子五十一岁还没有得道,于是就南行到沛地拜访老聃。

老聃说:“您来了吗? 我听说您是北方的贤人,您也得道了吗?”

孔子说:“还没有。”

老子说:“那您是怎么求道的呢?”

孔子说:“我从制度名数中寻求,但五年都没有得道。”

老子说:“您又去何处求道呢?”

孔子说:“我从阴阳变化中求道,寻求了十二年也没有得道。”

老子说:“是的。如果道可以进献,那么没有谁会不把它进献给国君;如果道可以奉送,那么没有谁会不把它奉送给父母;如果道可以相告,那么没有谁会不把它告诉给兄弟;如果道可以传给人,那么没有谁会不把它留给子孙。但这种事情是不可能的,没有别的原因,内心不悟道则道不会停留,对外不能印证则道不能通行。出自内心所悟,若不为外界所接受,圣人也就不会传授;由外进入内心的东西,若与心中的主意不合,圣人也就不会把它放在心上。名,是天下公用的器物,不能多取。仁义,是先王的旅舍,只可以留宿一宿而不能久居,久居则要受到诸多责难。

"古代的至人,仅把仁义看成暂时借用、寄托的道路和旅舍,在逍遥的环境中遨游,吃粗耕浅作之田的粮食,立身于不施与的园圃。逍遥,便是无为;简略,就容易养活;不施与,就没有损费。古代把这叫作神采纯真的遨游。

"把财富作为追求目标的人,不会把利禄让给别人;把显要作为追求目标的人,不会把名誉让给别人;热衷于权势的人,不会把权柄交给别人。掌握这些东西时,觉得战栗不安,舍弃又觉得悲伤,心中却对此没有丝毫觉察,眼睛只盯着自己不停追求的东西,这些都是被天理惩罚的人。怨恨、恩惠、索取、赐给、谏止、教诲、生养、杀戮,这八种手段是治理天下的方法,只有顺应天道变化而不因物欲停滞的人,才能够使用。所以说,治理天下,必先端正自己,才能够使人端正。内心不这样认为的人,他的天道大门就不会打开。"

【原文】

孔子见老聃而语仁义。老聃曰:"夫播糠眯目,则天地四方易位矣;蚊虻噆肤①,则通昔不寐矣。夫仁义憯然②,乃愤吾心,乱莫大焉。吾子使天下无失其朴③,吾子亦放风而动④,总德而立矣!又奚杰然若负建鼓而求亡子者邪⑤?夫鹄不日浴而白⑥,乌不日黔而黑。黑白之朴,不足以为辩;名誉之观,不足以为广。泉涸,鱼相与处于陆,相呴以湿⑦,相濡以沫,不若相忘于江湖。"

孔子见老聃归,三日不谈。弟子问曰:"夫子见老聃,亦将何规哉?"

孔子曰："吾乃今于是乎见龙。龙，合而成体，散而成章⑧，乘云气而养乎阴阳。予口张而不能嗋⑨，予又何规老聃哉！"

子贡曰："然则人固有尸居而龙见，雷声而渊默，发动如天地者乎？赐亦可得而观乎？"遂以孔子声见老聃。

老聃方将倨堂而应微曰⑩："予年运而往矣，子将何以戒我乎？"

子贡曰："夫三皇五帝之治天下不同，其系声名一也。而先生独以为非圣人，如何哉？"

老聃曰："小子少进⑪！子何以谓不同？"

对曰："尧授舜，舜授禹，禹用力而汤用兵，文王顺纣而不敢逆，武王逆纣而不肯顺，故曰不同。"

老聃曰："小子少进！余语汝三皇五帝之治天下。黄帝之治天下，使民心一，民有其亲死不哭而民不非也。尧之治天下，使民心亲，民有为其亲杀其杀而民不非也。舜之治天下，使民心竞，民孕妇十月生子，子生五月而能言，不至乎孩而始谁，则人始有夭矣。禹之治天下，使民心变，人有心而兵有顺，杀盗非杀人，自为种而天下耳。是以天下大骇，儒墨皆起。其作始有伦，而今乎妇女⑫，何言哉！余语汝：三皇五帝之治天下，名曰治之，而乱莫甚焉。三皇之知，上悖日月之明⑬，下睽山川之精⑭，中堕四时之施⑮。其知憯于蛎虿之尾⑯，鲜规之兽，莫得安其性命之情者，而犹自以为圣人，不可耻乎？其无耻也！"

子贡蹴蹴然立不安⑰。

【注释】

①嗋(zǎn)：叮，咬。

②憯(cǎn)：同"惨"，毒害。

197

③吾子:对对方的敬称,您。

④放:依。

⑤杰然:用力的样子。

⑥鹄:天鹅。

⑦呴(xǔ):吐气。

⑧章:花纹。

⑨嗋(xié):合拢。

⑩倨:通"踞",伸开腿坐着。

⑪少进:稍稍往前来些。

⑫妇女:娶女为妇。

⑬悖:乱。

⑭睽(kuí):违背。

⑮堕:毁坏,破坏。

⑯蛎虿(lìchài):蝎子一类尾部有剧毒的虫。

⑰蹴蹴(cù)然:惊恐不安的样子。

【译文】

孔子见到老聃,就和他谈论仁义。老聃说:"糠皮进入眼睛,看天地四方的位置就会颠倒;蚊虻叮咬皮肤,就会整夜无法入眠。仁义给人的毒害尤甚,使我内心烦乱,没有比这更大的祸患了。您要使天下人不失淳厚质朴的本性,您就应该顺化而行,执德而立!又何必用力地宣扬仁义,像是敲着鼓去寻找逃亡的人一样?天鹅不用每日洗澡也是白的,乌鸦不用每日染色也是黑的。黑和白的本质,不值得争辩美和丑;名誉是外在的东西,不值得传播扩散。泉水枯竭了,鱼一起被困在陆地上,用湿气互相滋润,用口沫互相沾湿,倒不如在江湖里相互遗忘。"

孔子见老聃回来,三天不说话。弟子问道:"先生见到老聃,是怎么规劝他的呢?"

孔子说:"我直到如今才见到龙。龙,合在一起便是一体,分散开来

198

就是绚丽的文彩,乘着云气休养在阴阳二气之中。我惊得张开嘴就合不拢,又怎么能规劝老聃呢!"

子贡说:"有人能够安坐不动而神游如龙,似惊雷般震响而静默如渊,一举一动如天地般变幻莫测吗?我也可以去看看他吗?"于是子贡就借用孔子的名义去拜见老聃。

老聃正伸着腿坐在堂上,轻声应道:"我年岁老迈,你有什么指教吗?"

子贡说:"虽然三皇五帝治理天下的方法不同,但是他们的好名声却是一样的。只有您认为他们不是圣人,这是为什么呢?"

老聃说:"年轻人你上前来些!你为什么说他们治理天下的方法各不相同呢?"

子贡说:"尧让位给舜,舜让位给禹,禹辛苦治水而汤用兵伐桀,周文王顺从商纣而不敢违抗,周武王违抗商纣而不肯顺从,所以说不同。"

老聃说:"年轻人你再上前来一点!我给你讲一下三皇五帝治理天下的事。黄帝治理天下,使民心淳朴如一,百姓之中如果有谁死了父母而不哭泣,别人也不会责难他。尧治理天下,使民心有了偏亲,百姓之中如果有谁为了敬重双亲而区分丧服的等次,别人也不会非议他。舜治理天下,使民心相争,民间有孕妇十月生下孩子,孩子五个月就会说话,还没长成儿童就开始分辨人我,于是人就开始出现短命夭折的现象了。禹治理天下,使民心多变,人人都有机巧之心,使用兵器成了天经地义的事,杀死盗贼并不算杀人,各自结成团伙而以'为天下'自居。所以,天下百姓惊恐,儒家和墨家兴起。开始的时候还讲伦理秩序,现在却娶女为妇扰乱了伦理秩序,你还有什么可说的呢!我告诉你,三皇五帝治理天下,名义上是治理,实则没有比这更大的祸患了。三皇的才智,上遮日月光辉,下毁山川精华,中乱四时更替。他们的智慧比蝎子的尾巴还狠毒,就连细小的虫兽都遭扰动,不能安于性情,还自以为是圣人,不觉得可耻吗?实在太无耻了!"

子贡听后惊恐不安地站在那里。

199

【原文】

孔子谓老聃曰:"丘治《诗》《书》《礼》《乐》《易》《春秋》六经,自以为久矣,孰知其故矣,以奸者七十二君^①,论先王之道而明周、召之迹^②,一君无所钩用^③。甚矣!夫人之难说也?道之难明邪?"

老子曰:"幸矣,子之不遇治世之君也!夫六经,先王之陈迹也,岂其所以迹哉!今子之所言,犹迹也。夫迹,履之所出^④,而迹岂履哉!夫白鶂之相视^⑤,眸子不运而风化;虫,雄鸣于上风,雌应于下风而风化;类自为雌雄,故风化。性不可易,命不可变,时不可止,道不可壅。苟得于道,无自而不可;失焉者,无自而可。"

孔子不出三月,复见,曰:"丘得之矣。乌鹊孺,鱼傅沫^⑥,细要者化^⑦,有弟而兄啼。久矣,夫丘不与化为人^⑧。不与化为人,安能化人!"

老子曰:"可,丘得之矣!"

【注释】

①奸(gān):通"干",请求,求取。

②周、召:指周公和召公。

③钩用:引用,取用。

④履:鞋。

⑤白鶂(yì):一种水鸟。

⑥傅沫:以口沫相濡而受孕。

⑦细要:即"细腰",蜂名。

⑧化:造化,自然。为人:为友。

【译文】

孔子对老聃说:"我研究《诗》《书》《礼》《乐》《易》《春秋》六经,自以为很久了,已熟知其中的掌故,就去求见七十二个国君,论述先王治理天下的道理,阐明周公和召公的事迹,竟然没有一个国君采用。难啊! 是他们难以说服呢,还是大道难以弘扬呢?"

老子说:"幸亏你没有遇到治世明君! 六经,那是先王留下的陈旧足迹,哪里是产生足迹的本原呢! 现在你所说的话,就如同足迹啊。足迹,是由鞋子踩出来的,足迹岂能当鞋! 白鹇雌雄相互对视,眼睛盯视就能受孕生育;虫子,雄性在上风处鸣叫,雌性在下风处应和,就能受孕生育;'类'兽,身兼雌雄两性,所以能自行受孕生育。天性不可改,天命不可变,时光不可止,大道不能滞塞。如果得道,就没有行不通的;失道,就没有行得通的。"

孔子三个月闭门不出,又去见了老聃,说:"我得道了。乌鸦喜鹊孵化而生,鱼借助口沫而生,蜂类化育而生,弟弟出生后,哥哥怕失宠而哭。我不和造化做朋友很久了。不与造化为友,又怎么能去教化人呢!"

老子说:"可以了,孔丘得道了!"

【赏析】

所谓"天运",即各种自然现象按照自身的规律自动运行,没有谁在主宰,也没有谁能够主宰。上至天子下至百姓,必须与之相顺应。

在道家眼中,混沌的天可以抽象成人形。文中从天地、日月、风雨的运动变化归结出天有六极五常。这其中包含了天体运动以及自然循环的现象,具有一定的自然科学的萌芽。

全文分七个部分展开论述。一开始,庄子就提出天地、日月、风雨的运动,究竟是谁在推动? 从提问的问题和巫咸䄂的话,表达了一切都是自然的,没有谁在主宰的根本思想,并以此为根基,建立了天人关系的同一性,构成全篇的立论基础。第二部分写太宰荡向庄子请教,说明"至仁无亲"的道理。第三部分以乐论道,把音乐的节奏、情绪、意境和人的经验、情感以及自然界的变化统一起来。最后将人引入混沌世界,与道合一。第四部分写师金对孔子周游列国推行礼治的评价,指出古今变异而古法不可效法,必须"应时而变"。第五部分讲述求道于度数、阴阳,不可能得到。古之圣人,只是借助于仁义等有形的手段,去达到"采真之游"。一旦获得大道,一切具体有形的方法都可运用,使天下归于正道。第六部分写老聃对仁义和三皇五帝之治的批判,指出仁义对人的本性和真情的扰乱毒害至深,以致使人昏聩糊涂,而三皇五帝之治天下,实则是"乱莫甚焉",其毒害胜于蛇蝎之尾。最后一部分指出六经是先王陈迹。只有获得大道,才能与天道变化一体,无所不通。

本书扉页扫码 | 与大师共读国学经典

刻　意

本篇取首句"刻意尚行"之"刻意"二字为篇名。"刻意"的意思就是磨砺自己的心志。本篇内容讨论的是养神之道，不同的人有不同的修养要求，但都有弊病，只有"虚无恬淡"才合于"天德"，因而也才是修养的最高境域。

【原文】

刻意尚行①，离世异俗，高论怨诽②，为亢而已矣。此山谷之士，非世之人，枯槁赴渊者之所好也。语仁义忠信，恭俭推让，为修而已矣。此平世之士，教诲之人，游居学者之所好也。语大功，立大名，礼君臣，正上下，为治而已矣。此朝廷之士，尊主强国之人，致功并兼者之所好也。就薮泽③，处闲旷，钓鱼闲处，无为而已矣。此江海之士，避世之人，闲暇者之所好也。吹响呼吸④，吐故纳新，熊经鸟申，为寿而已矣。此道引之士，养形之人，彭祖寿考者之所好也。

若夫不刻意而高，无仁义而修，无功名而治，无江海而闲，不道引而寿，无不忘也，无不有也，澹然无极而众美从之⑤。此天地之道，圣人之德也。

【注释】

①刻意:磨砺心志。尚行:崇尚高尚的品行。

②怨诽:怨愤讥刺。

③薮(sǒu)泽:湖泽。

④吹呴(xǔ):指吐气,慢者为呴,快者为吹,为练功调息的方法。

⑤澹(dàn)然:淡漠无心的样子。

【译文】

磨砺心志,崇尚高尚的品行,超脱世俗与众不同,高谈阔论抨击时事,为了表现清高孤傲而已。这是幽居山谷之人、愤世之人、不满现实而以身殉志之人所喜好的。谈论仁义忠信、恭俭推让,为了修身而已。这是治世之人、教化别人之人、游居讲学之人所喜好的。讨论建立大功业,获得大名声,维护君臣礼仪,端正上下尊卑,为了治理天下而已。这是在朝为官之人、尊君强国之人、建功立业拓宽疆土之人所喜好的。隐身山泽,栖身旷野,钓鱼闲居,为了无为自在而已。这是游走江湖之人、躲避世事之人、闲暇幽居之人所喜好的。调息呼吸,吐故纳新,像熊之悬吊、鸟之伸展,为了延长寿命而已。这是引气导体之人、养身之人、像彭祖一样高寿之人所喜好的。

假如不磨砺心志而能高洁,不讲究仁义而能修身,不追求功名而能治世,不隐逸江湖而能悠闲,不引气导体而能高寿,一切无心,但一切都会得到,心境恬淡无所偏好,但一切美好的东西都汇聚在他周围。这就是天地的大道,圣人的美德。

【原文】

故曰:夫恬惔寂漠①,虚无无为,此天地之平而道德之质也。

故曰:圣人休,休焉则平易矣,平易则恬惔矣。平易恬惔,则忧患不能入,邪气不能袭,故其德全而神不亏。

故曰:圣人之生也天行②,其死也物化③。静而与阴同德,动而与阳同波。不为福先,不为祸始。感而后应,迫而后动,不得已而后起。去知与故,循天之理。故无天灾,无物累,无人非,无鬼责。其生若浮,其死若休。不思虑,不豫谋。光矣而不耀,信矣而不期。其寝不梦,其觉无忧。其神纯粹,其魂不罢④。虚无恬惔,乃合天德。

故曰:悲乐者,德之邪;喜怒者,道之过;好恶者,德之失。故心不忧乐,德之至也;一而不变,静之至也;无所于忤⑤,虚之至也;不与物交⑥,惔之至也;无所于逆,粹之至也。

故曰:形劳而不休则弊,精用而不已则劳,劳则竭。水之性,不杂则清,莫动则平;郁闭而不流,亦不能清;天德之象也。

故曰:纯粹而不杂,静一而不变,惔而无为,动而以天行,此养神之道也。

【注释】

①惔(dàn):通"憺",安静。

②天行:随自然而运行。

③物化:像万物一样变化。

④罢:同"疲",疲劳。

⑤忤(wǔ):违逆,抵触。

⑥不与物交:不与外物相交接。

【译文】

所以说,恬淡寂寞、虚无无为,是天地的准则、道德的本质。

所以说,圣人休息于恬淡无为的境地,在这一境地就会无所阻滞、安稳平易;安稳平易便会心境恬淡。安稳平易、心境恬淡,则忧患不能侵入内心,邪气不能侵袭身体,所以他的德行完整而精神不受亏损。

所以说,圣人活着时顺应自然而行,死后像万物一样变化。静时与阴气同隐寂,运时与阳气同流动。不做幸福的先兆,不做祸患的开始。有所感然后回应,有所迫然后行动,迫不得已然后兴起。抛弃智慧和奸诈,遵循自然之理。所以,没有自然灾害,没有外物拖累,没有旁人非议,没有鬼神责罚。活在人世如在水上漂浮,离开人世好像去休息。不思虑,也不谋划。有光亮但不耀眼,守信但不期求。睡觉时不会做梦,醒来后没有忧愁。精神纯粹,精力不疲惫。虚无恬淡,才能与自然的本性相合。

所以说,悲伤和快乐,是德的邪僻;欣喜和愤怒,是道的罪过;喜好和厌恶,是德的失误。所以内心没有担忧和快乐,是德性的最高境界;专一而不改变,是静寂的最高境界;不和外物抵触,是虚无的最高境界;不和外物交接,是恬淡的最高境界;不和外物相逆,是纯粹的最高境界。

所以说,形体劳累而不休息就会疲惫不堪,精力使用而不停歇就会元气劳损,劳损就会枯竭。水的天性,不混杂就会清澈,不搅动就很平静;闭塞而不流动,就不会清澈;这是天德的映照。

所以说,纯粹而没有杂质,虚静专一而没有改变,恬静淡泊而无为,遵循自然规律运行,这就是修养精神的道理。

【原文】

夫有干越之剑者①,柙而藏之②,不敢用也,宝之至也。精神四达并流,无所不极,上际于天,下蟠于地③,化育万物,不可为象,其名为同帝④。纯素之道,唯神是守。守而勿失,与神为一。一之精通,合于天伦。野语有之曰⑤:"众人重利,廉士重名,贤士尚志,圣人贵精。"故素也者,谓其无所与杂也;纯也者,谓其不亏其神也。能体纯素,谓之真人。

【注释】

①干越:干为吴国,越即越国。吴越出产名剑。

②柙(xiá):盛物的匣子。此指收入匣中。

③蟠(pán):遍及。

④同帝:指功用如同天地。

⑤野语:俗语。

【译文】

持有吴越宝剑的人,把它收入木匣中藏起来,不敢轻易使用,珍贵到了极点。精神可以四面八方通达,无所不至,向上接天,向下及地,化育万物,没有形迹可见,其功用如同天帝。纯粹质朴之理,在于专心守神,使之不外驰。守持精神而不外驰,就能让道和精神合为一体。精通纯一之道,就能和自然之理相合。俗话曾说:"普通人看重私利,廉洁之人注重名声,贤人君子崇尚高远志向,圣人看重精神。"所以,素朴就是不与物混杂,纯粹就是对精神没有损害。能够体悟纯素的人,称之为真人。

【赏析】

本篇篇幅简短精悍,文章连贯,主旨在阐述讨论心神的修养。庄子认为,只有"虚无恬惔"才合于"天德",要做到这一点,首先要抛弃喜怒悲欢,去掉智谋诈伪,使精神纯一不杂,成为恬淡寂寞、虚无无为、动以天行的得道真人。

全篇分三部分展开论述。第一部分分析了六种不同的修养态度,唯有第六种才值得称道,"澹然无极"才是"天地之道,圣人之德"。第二部分讲述养神的方法。要以恬淡寂寞、虚无无为为根本,要息心于安稳平易,动静随天,去知与故,超越死生,无好恶、喜怒、悲欢,不与物交,保持心神之纯一不杂。第三部分提出"贵精"的主张,所谓"贵精"即不丧"纯""素",这样的人就可叫作"真人"。

缮　性

　　本篇取篇首二字为题：缮性，即修心养性，缮是修养的意思。本篇与《刻意》同一主题，但内容各有所偏重。庄子认为，随着社会的发展，道德日益衰败，所以进行道德修养不能追随当时的俗学，而要向远古时代的人学习，做到以恬养知，穷乐无忧，勉励人们"不为轩冕肆志，不为穷约趋俗"。

【原文】

　　缮性于俗学①，以求复其初；滑欲于俗思②，以求致其明：谓之蔽蒙之民。

　　古之治道者，以恬养知；知生而无以知为也，谓之以知养恬。知与恬交相养，而和理出其性。夫德，和也；道，理也。德无不容，仁也；道无不理，义也；义明而物亲，忠也；中纯实而反乎情，乐也；信行容体而顺乎文，礼也。礼乐遍行，则天下乱矣。彼正而蒙己德，德则不冒③，冒则物必失其性也。

【注释】

①缮性：修心养性。俗学：指道家之外的百家之学。
②滑（gǔ）：治。
③冒：显露，炫耀。

　　用世俗的学问修缮本性,期望恢复原本的状态;用世俗的观念来整治欲望,还期望能明通:这种就是蔽塞蒙昧的人。

　　古代研习道的人,用恬静来涵养智慧;智慧生成后不外用,这就是运用智慧涵养恬静。智慧与恬静互相涵养,和谐就在本性中表现出来了。德,就是和顺;道,就是顺应。没有德不能包容的,这就是仁;没有道不能顺应的,这就是义;义理分明而与万物相亲,这就是忠;心中充满仁义,又与外物应和愉悦,这就是乐;信义而且能顺乎自然,这就是礼。礼乐普遍推行,就天下大乱了。人自正而且隐藏自己的德行,德行不显露并施加给别人,施加给别人就一定把自然的本性失去。

【原文】

　　古之人在混芒之中①,与一世而得澹漠焉②。当是时也,阴阳和静,鬼神不扰,四时得节,万物不伤,群生不夭,人虽有知,无所用之,此之谓至一③。当是时也,莫之为而常自然。

　　逮德下衰,及燧人④、伏羲始为天下,是故顺而不一。德又下衰,及神农、黄帝始为天下,是故安而不顺。德又下衰,及唐、虞始为天下,兴治化之流,澆淳散朴⑤,离道以善,险德以行,然后去性而从于心。心与心识知,而不足以定天下,然后附之以文,益之以博。文灭质,博溺心,然后民始惑乱,无以反其性情而复其初。

　　由是观之,世丧道矣,道丧世矣,世与道交相丧也。道之人何由兴乎世,世亦何由兴乎道哉!道无以兴乎世,世无以兴乎道,虽圣人不在山林之中,其德隐矣。

【注释】

①混芒:混沌蒙昧。

②与:通"举"。澹漠:恬静淡漠。

③至一:人与自然绝对同一的境界。

④燧人:燧人氏,传说为远古发明钻木取火的氏族领袖。

⑤澆(jiāo)淳散朴:浇薄其淳厚之性,耗散其浑朴之质。澆,同"浇",浇薄。

【译文】

古代的人,处于混沌蒙昧中,他们都恬静淡漠而对别人无所求。在那个时代,阴阳和谐宁静,鬼神不扰乱,四季的变化与时节符合,万物不受伤害,众生没有夭亡的,人们虽然有智慧,却没有地方使用,这就是完美纯一的境界。那时,无所作为而万物顺乎自然。

等到道德开始衰败,燧人氏、伏羲氏开始治理天下,只能顺乎民心却不能达到完美的境地。道德继续衰败,到神农氏、黄帝开始治理天下时,只能够让天下安定而不能顺乎民心。道德继续衰败,到尧、舜治理天下时,开启了治理和教化的风气,淳朴的民风被离散,悖逆道去企善,隐匿德去做事,然后丢弃天性而顺从各自的内心。人心之间互相察识,因此不足以安定天下,然后又附着文饰,增加广博的学问。文饰毁灭了质朴,广博沉溺了人的心灵,然后百姓开始迷惑,就不能够返回恬静淡泊的性情而恢复自然的本初了。

由此看来,人世抛弃了大道,大道抛弃了人世,人世与大道互相抛弃。通晓大道的人从哪里使道在世上兴起,人世又怎能凭借大道得到振兴呢!大道不能在世间兴起,人世也不能凭大道振兴,即使圣人没有躲藏在山林里,但他的德行也必将隐没。

【原文】

隐,故不自隐。古之所谓隐士者,非伏其身而弗见也①,非闭其言而不出也,非藏其知而不发也,时命大谬也②。当时命而

210

大行乎天下，则反一无迹③；不当时命而大穷乎天下④，则深根宁极而待：此存身之道也。

古之存身者，不以辩饰知，不以知穷天下，不以知穷德，危然处其所而反其性⑤，己又何为哉！道固不小行，德固不小识。小识伤德，小行伤道。故曰：正己而已矣。

乐全之谓得志。古之所谓得志者，非轩冕之谓也⑥，谓其无以益其乐而已矣。今之所谓得志者，轩冕之谓也。轩冕在身，非性命也，物之傥来⑦，寄者也。寄之，其来不可圉⑧，其去不可止。故不为轩冕肆志，不为穷约趋俗，其乐彼与此同，故无忧而已矣。今寄去则不乐。由是观之，虽乐，未尝不荒也⑨。故曰：丧己于物，失性于俗者，谓之倒置之民。

【注释】

①伏：隐匿。

②时命：所处时代与所遭命运。

③反一无迹：复归于人与自然同一境界而不留形迹。

④穷：困穷不通。

⑤危然：独立不倚的样子。

⑥轩冕：古时卿大夫所乘的车，所戴之冠。后为官位爵禄之代称。

⑦傥（tǎng）来：偶然来。这里指官位爵禄非关性命，是偶然得来之物。

⑧圉（yǔ）：通"御"，阻挡，抵挡。

⑨荒：空虚。

【译文】

德行隐没，不是自身隐没。古代所说的隐士，并不是隐藏形体不现身于世，也不是闭塞言论不宣示，更不是隐藏智慧不发挥，只是因为机缘不巧合而已。如果机缘巧合则必将大行于天下，就回到人与自然合一的境界而不露痕迹；机缘不巧合就穷困于天下，就深藏缄默来宁静等候：这就是保全自身的办法。

古时保全自身性命的人，不用言论来文饰智慧，不用智巧来困累天下人，也不为追求无限之知而困累德行，独立居处而复归道的自然天性，还有什么需要做的事呢！大道坦荡，不是小有作为的人所能遵循的；大德周遍万物，不是小有智慧的人所能识鉴的。小有智慧损伤德行，小有作为损害大道。所以说，端正自己就可以了。

乐意保持天性就是自得。古代所说的自得之人，不是指获得高官厚禄，而是无可附加的快乐。现在人们所说的怡然自得，就是指得到高官厚禄。高官厚禄加在身上，并不是性命之常，而是偶然得来，是暂时寄存在这里的。暂时寄存的物品，来的时候不能阻挡，离去的时候不能劝止。因此，不要为高官厚禄放纵心志，也不要因穷困而趋同流俗，身居高位的快乐和穷困的快乐是相同的，因此没有忧虑罢了。现在暂时寄存的物品离去就感觉不快乐。从这点看，即使曾经有过快乐，未尝不是心灵的荒芜。所以说，为追求物欲而丧失自我，为趋就流俗而失掉本性，就是本末倒置之人。

【赏析】

本篇内容简单，中心仍然是讨论如何养性。所谓"缮性"就是修心养性。从形式上看，本篇与上篇《刻意》有相似的地方，但具体内容与思想倾向又有所差异。

篇中，庄子批评人们越来越不注重修身养性，以至于世风日下，人心不古，并且伪道盛行，一代不如一代。最大的悲哀是，连圣人的德行也被世风所污浊，救世的隐士智者也不复存在。在这种情况下，庄子发出了无奈而深沉的呼唤：请大家意识到修心养性的重要性，端正自己的行为，只有这样才符合大道的要求，才能长久。

秋　水

　　《秋水》是《庄子》中的长篇,用篇首的两个字作为篇名,中心是讨论人应怎样去认识外物。本篇运用《齐物论》的观点,极力论证万物大小、是非的无限相对性和人生贵贱、荣辱的极端无常性,旨在要人息伪还真,顺应自然,不为追求名位、富贵等而伤害天然本性。

【原文】

　　秋水时至,百川灌河。泾流之大①,两涘渚崖之间②,不辩牛马。于是焉河伯欣然自喜③,以天下之美为尽在己。顺流而东行,至于北海,东面而视,不见水端。于是焉河伯始旋其面目④,望洋向若而叹曰⑤:“野语有之曰⑥‘闻道百,以为莫己若’者,我之谓也。且夫我尝闻少仲尼之闻而轻伯夷之义者,始吾弗信;今我睹子之难穷也,吾非至于子之门则殆矣,吾长见笑于大方之家⑦。”

【注释】

①泾流:指黄河河道。

②涘(sì):水边,岸边。渚:小洲,水中间的小块陆地。

③河伯:黄河水神。

④旋:转换。

⑤若:海神名。

⑥野语:俗语。

⑦大方之家:深明大道之人。

【译文】

秋天依时令而到了,千百条河流都灌注到黄河里。水流非常大,河面宽广,两岸和水中小洲之间连牛马都辨认不清。于是乎河伯欣然自喜,认为天下美妙的东西都汇聚到自己这里来了。他顺着河流朝东走,来到了北海,向东面一看,水面一望无际。于是河伯变了脸色,对着北海之神若感叹道:"有句俗语说'听了很多道理后,认为没有人比得上自己',说的就是我这样的人啊。而且我曾听说有人小看孔子的学识而轻视伯夷的道义,刚开始我还不相信;现在我看到您的无边无际难以穷尽,如果我不到您这里来,就糟糕了,我就会被得道的人永远取笑。"

【原文】

北海若曰:"井蛙不可以语于海者,拘于虚也①;夏虫不可以语于冰者,笃于时也②;曲士不可以语于道者③,束于教也。今尔出于崖涘,观于大海,乃知尔丑④,尔将可与语大理矣。天下之水,莫大于海,万川归之,不知何时止而不盈⑤;尾闾泄之,不知何时已而不虚;春秋不变,水旱不知。此其过江河之流,不可为量数。而吾未尝以此自多者,自以比形于天地,而受气于阴阳,吾在于天地之间,犹小石小木之在大山也。方存乎见少,又奚以自多!计四海之在天地之间也,不似礨空之在大泽乎⑥?计中国之在海内,不似稊米之在大仓乎⑦?号物之数谓之万,人处一焉;人卒九州,谷食之所生,舟车之所通,人处一焉,此其比万物也,不似豪末之在于马体乎?五帝之所连,三王之所争,仁人之所忧,任士之所劳,尽此矣! 伯夷辞之以为名,仲尼语之以为博,此其自多也,不似尔向之自多于水乎?"

【注释】

①虚:同"墟",域,指蛙所居之土井之类。

②笃:固守,束缚。

③曲士:指见识偏狭,孤陋寡闻的人。

④丑:浅薄无知。

⑤盈:盈满。

⑥礨(lěi)空:指蚁穴。

⑦稊(tí)米:细米。稊,一种形似稗的草,其种子很小。

【译文】

北海若说:"不能够和井里的蛙谈论大海,因其受地域的限制;夏天的虫类不可以同它讲结冰的事情,这是因为受到时间的限制;不能和孤陋寡闻的书生谈论大道,这是因为受到教养的束缚。现在你从河边来,看见了大海,知道自己的浅薄,这样才可以同你谈论大道。天下的水,没有比大海更大的了,所有的河流都归依于它,不知道何时才能停止,但大海没有盈满;海水从尾部流出去,不知道什么时候停止,但大海却不会枯竭;无论春秋都没有变化,无论旱涝都不能察觉。容量超过江河的水流,没有办法用数量计算。但我没有因此而自我满足,自从我从天地那里有了形体,从阴阳那里接受元气,我在天地之间,就像大山里的小石头、小木头一样。只有认为自己微小的念头,怎么会自我满足呢! 四海存在于天地之间,不就像是大泽中的蚁穴吗? 中国存在四海之内,不也像谷仓里的小米粒吗? 事物的名称有万种之多,人只是其中一种;人聚居于九州,这是谷物粮食生长的地方,是舟车通行的地方,人只占有其中的一小块,人与万物相比,不也就像马身上细小的毫毛吗? 五帝所运筹帷幄的,三王所互相争夺的,仁人所担忧的,贤能之人所操劳的,都在于此! 伯夷辞让它而获得名声,孔子谈论它而显示博学,他们如此自满自夸,不就像先前的你因河水浩荡而自得吗?"

【原文】

河伯曰:"然则吾大天地而小毫末①,可乎?"

北海若曰:"否。夫物,量无穷,时无止,分无常②,终始无故。是故大知观于远近③,故小而不寡,大而不多,知量无穷;证向今故④,故遥而不闷⑤,掇而不跂⑥,知时无止;察乎盈虚,故得而不喜,失而不忧,知分之无常也;明乎坦涂⑦,故生而不说,死而不祸,知终始之不可故也。计人之所知,不若其所不知;其生之时,不若未生之时。以其至小,求穷其至大之域,是故迷乱而不能自得也。由此观之,又何以知毫末之足以定至细之倪⑧?又何以知天地之足以穷至大之域?"

【注释】

①大天地而小毫末:以天地为大,以毫末为小。

②分无常:得与失是没有定准的。分,得失分位。

③大知:大智之人,领悟大道的圣人。知,通"智"。

④向:明。故:同"古"。

⑤遥而不闷:对遥远的古事不感到厌倦。闷,苦闷,厌倦。

⑥掇(duō):拾取,形容近。跂:通"企",企望。

⑦涂:通"途"。

⑧倪:边界,界限。

【译文】

河伯说:"那么我以天地为大,以毫毛的尖尖为小,可以吗?"

北海若说:"不可以。事物的量是没有穷尽的,时间是不会停止的,得失是没有常规的,始终是不会固定不变的。因此,有大智慧的人无论远近都能够观照到,不会因为事物小就认为少,不会因为事物大就认为它多,是因为知道事物的量是没有穷尽的;验证察明古今变化无穷的情形,对于久远的事物不感觉苦闷,对于眼前的也不期求,是因为明白时间是无休无止的;明察事物盈虚的道理,有所得不会沾沾自喜,有所失也不会忧虑重重,是因为明白得失是没有常规的;明白生死不过是人生应经历的大道,所以不以活着为乐事,不以死亡为祸殃,是因为明白始终是不会固定不变的。计算人所懂得的知识,总比不上他所不知道的;人活着的时间,总比不上他没有生命的时间。用有限的生命去追求无穷无尽的知识领域,一定会迷乱而没有任何收获。从这点来看,又怎么知道毫毛的尖尖可以判定是最小的限度? 怎么知道天地是可以穷尽的最大的领域呢?"

【原文】

河伯曰:"世之议者皆曰:'至精无形,至大不可围。'是信情乎?"

北海若曰:"夫自细视大者不尽,自大视细者不明。夫精,小之微也;垺,大之殷也。故异便①,此势之有也。夫精粗者,期于有形者也;无形者,数之所不能分也;不可围者,数之所不能穷也。可以言论者,物之粗也;可以意致者,物之精也;言之所不能论,意之所不能察致者,不期精粗焉。是故大人之行,不出乎害人,不多仁恩;动不为利,不贱门隶;货财弗争,不多辞让;事焉不借人,不多食乎力,不贱贪污;行殊乎俗,不多辟异;为在从众,不贱佞谄②;世之爵禄不足以为劝③,戮耻不足以为辱;知是非之不可为分,细大之不可为倪。闻曰:'道人不闻,至德不得,大人无己。'约分之至也。"

217

【注释】

①异便：物不相同却各有所宜。

②佞谄：奉承谄媚之人。

③劝：鼓励劝勉，使之为善。

【译文】

河伯说："世间议论的人都说：'最细小的东西没有形体，最大的东西不可围量。'这是真实情况吗？"

北海若说："从微小处看巨大的事物是不能够看全面的，从大的方面看细小之物是看不清晰的。所谓精，是细小中的微小者；所谓垺，是巨大之中特大者。所以大小不同，各有所便，这是客观形势所决定的。精细粗大，只是局限于有形体的东西；没有形体的东西，是数量所不能衡量的；无法围量的东西，是不能够用数量来计算的。能够被谈论的东西，是事物中的粗大者；能够用意念想象的东西，是事物中的精细者；不能够用语言谈论、不能用意念想象的东西，就不局限于精细粗大了。因此，道德高尚的人行为处事，不会出于伤害他人的目的，不因施与他人仁慈恩惠而自得；行动不为追求私利，但也不会看轻看门的杂役；不争夺财物，不因辞让谦虚而自得；做事不借助别人，也不推崇自食其力，不以贪得为卑贱；行为与世俗不同，不宣扬怪异邪僻；一切作为都顺从大众，也不以佞下谄上为卑贱；世间的高官厚禄不足以劝勉他，刑罚耻辱不足以羞辱他；因为他深知是非是不能够区分的，细小和庞大也无法划清界限。听说：'得道之人不求闻名于世，道德高尚的人不求有所得，伟大的人没有自我。'这是约束自己、安分守己达到极致了。"

【原文】

河伯曰："若物之外，若物之内，恶至而倪贵贱①？恶至而倪小大？"

北海若曰："以道观之,物无贵贱。以物观之,自贵而相贱。以俗观之,贵贱不在己。以差观之,因其所大而大之,则万物莫不大;因其所小而小之,则万物莫不小。知天地之为稊米也,知毫末之为丘山也,则差数睹矣[2]。以功观之,因其所有而有之,则万物莫不有;因其所无而无之,则万物莫不无。知东西之相反而不可以相无,则功分定矣[3]。以趣观之,因其所然而然之,则万物莫不然;因其所非而非之,则万物莫不非。知尧、桀之自然而相非,则趣操睹矣[4]。昔者尧、舜让而帝,之、哙让而绝[5];汤、武争而王,白公争而灭。由此观之,争让之礼,尧桀之行,贵贱有时,未可以为常也。梁丽可以冲城[6],而不可以窒穴[7],言殊器也[8];骐骥骅骝一日而驰千里[9],捕鼠不如狸狌[10],言殊技也;鸱鸺夜撮蚤[11],察毫末,昼出瞋目而不见丘山[12],言殊性也。故曰:盖师是而无非,师治而无乱乎? 是未明天地之理、万物之情者也。是犹师天而无地,师阴而无阳,其不可行明矣。然且语而不舍,非愚则诬也。帝王殊禅,三代殊继。差其时、逆其俗者[13],谓之篡夫[14];当其时、顺其俗者,谓之义之徒[15]。默默乎河伯! 女恶知贵贱之门、小大之家?"

【注释】

①恶至:从哪里,从何处。恶,何。倪:划分。

②差数睹矣:相差的程度就看清楚了。

③功分:功能,职分。

④趣操:志向和情操。

⑤之:燕国宰相子之,苏秦的女婿。哙:燕王哙。苏秦游说燕王哙让位于宰相子之,子之即位,国人不服,国家动乱。齐宣王兴师伐燕,杀哙与子之,燕国差点灭亡。

⑥梁丽:栋梁。丽,同"梠",屋栋。

219

⑦窒穴：堵塞小孔、鼠洞之类。

⑧言殊器：这是说不同器物有不同功用。

⑨骐骥、骅骝：均指日行千里的良马。

⑩狸狌：狸为野猫，狌即黄鼠狼。

⑪鸱鸺（chīxiāo）：即鸱鸮，猫头鹰，昼伏夜出之猛禽。撮蚤：抓取跳蚤。

⑫瞋（chēn）目：睁大眼睛。

⑬差其时：不合历史潮流。逆其俗：违背世道人心。

⑭篡夫：篡权夺位之人。

⑮义之徒：合乎正义之人。

【译文】

河伯说："那物体的外观，那物体的内质，从哪些地方来区分它们的贵贱呢？又从哪里区分它们的大小呢？"

北海若说："从道的观点看，万物没有贵贱之分。从万物自身角度来说，他们都以自己为贵而相互轻贱。从世俗观念来看，贵贱都不在于自身。从差别来说，顺着它大的方面而认为它是大的，那么万物没有一个不是大的；顺着它小的方面而认为它是小的，那么万物没有一个不是小的。明白天地和更大的事物相比好像细米粒般小，毫毛和更小的事物比较起来好像大山一样，那么就可以看出万物间差别的程度。从物的功效来看，顺着它有用的方面而认为它有用，那么万物没有一个不具备这种功能；顺着它没用的方面而认为它没用，那么万物没有一个具有这种功能。明白东西方向对立但是不能互相否定的道理，万物的功用就确定了。从事物的取向来看，顺着它对的方面而肯定它，则万物没有一个不是对的；顺着它不对的方面而否定它，则万物没有一个是对的。了解到尧与桀都自以为是而互相非议指责，那么他们的取向和节操就清楚了。从前尧舜因为禅让而成为帝王，燕王哙和燕相子之却因禅让而遭毁灭；商汤与周武王以武力相争而称王天下，白公胜因为争夺而遭杀身之祸。

由此看来,争夺与禅让的制度,尧与桀的行为,孰贵孰贱也因时而异,不能认为是固定不变的常理。栋梁能用于进攻的时候冲撞城门,而不可用来堵塞鼠穴,这是说器物的用处不一样;骐骥、骅骝一类的良马可日行千里,但是捕捉老鼠不如野猫和黄鼠狼,这是说各自的技艺不同;猫头鹰晚上明察秋毫,能够捉住跳蚤,但白天出来睁大眼睛也看不见丘山,这是说生性不同啊。所以说,为什么效法正确而抛弃错误,向治理取法而丢弃惑乱呢? 这是不明白天地的道理和万物的实情。就好像是向天取法而丢弃地,向阴取法而丢弃阳,很明显是不可行的。但谈论却没有停止过,不是愚昧就是故意骗人。帝王的禅让彼此不同,夏商周三代王位继承方法也不一样。不合时代、违背世道人心的,叫作篡权夺位之人;合乎时代、顺应世道人心的,称为合乎正义的人。沉默不语吧,河伯! 你哪里能知道万物贵贱的门经、大小的区别呢?”

【原文】

河伯曰:“然则我何为乎? 何不为乎? 吾辞受趣舍①,吾终奈何?”

北海若曰:“以道观之,何贵何贱? 是谓反衍②。无拘而志,与道大蹇③。何少何多? 是谓谢施④;无一而行,与道参差⑤。严乎若国之有君,其无私德;繇繇乎若祭之有社⑥,其无私福;泛泛乎其若四方之无穷⑦,其无所畛域⑧。兼怀万物,其孰承翼⑨? 是谓无方⑩。万物一齐,孰短孰长? 道无终始,物有死生,不恃其成。一虚一满,不位乎其形。年不可举,时不可止。消息盈虚⑪,终则有始。是所以语大义之方⑫,论万物之理也。物之生也,若骤若驰⑬,无动而不变,无时而不移。何为乎,何不为乎? 夫固将自化⑭。”

221

【注释】

①辞受趣舍:辞让与接受,取用与舍弃。

②反衍:反复,即向相反的方面转化。

③蹇(jiǎn):阻隔、违碍之意。

④谢施:新陈代谢,交互为用。

⑤与道参差:与大道不统一、不一致之意。

⑥繇繇(yóu):同"悠悠",悠闲自得的样子。社:社神,即土地神。

⑦泛泛:广阔无边的样子,形容无所不在。

⑧畛(zhěn)域:边界,界限。

⑨承翼:承受庇护,接受帮助。

⑩无方:无所偏向,不偏私。

⑪消息盈虚:消亡、生息、盈满、空虚,指万物循环往复、变化日新的不断转化过程。

⑫大义之方:大道的方向。

⑬骤、驰:车马快速奔跑之意,比喻万物生息变化之疾速。

⑭自化:自然变化。

【译文】

河伯说:"那我应该做什么,不应该做什么呢?我对于事物的辞受取舍,该怎么办呢?"

北海若说:"从道的观点来看,哪里有什么贵与贱呢?因为贵贱都各自向相反的方向发展变化。不要约束你的意志,以免违逆大道。哪里有什么多与少呢?因为多少是互相替代的;不要固执偏一,而和大道不合。像国君一样威严,没有偏私的恩惠;超然自得好像受祭祀的社神,没有偏私的保佑;汪洋浩瀚,像四方一样,没有穷尽没有界限。兼容包蕴万物,难道有谁能够专门承受扶助或庇护?这就叫作不偏私。万物都是浑然如一的,哪个短哪个长呢?大道无始无终,万物无生无死,不能依赖暂时的成功。万物有时空虚,有时充盈,没有固守不变的形体。岁月不可以留存,时间不能够停止。消亡生息,盈满空虚,结束后又开始。这都是谈论大道的方向,论说万物的道理。万物生长,好像骏马奔驰,一举一动都在发生变化,无时无刻不在迁移。什么该做,什么不该做? 万物本来就会自然地变化。"

【原文】

河伯曰:"然则何贵于道邪?"

北海若曰:"知道者必达于理,达于理者必明于权,明于权者不以物害己。至德者,火弗能热,水弗能溺,寒暑弗能害,禽兽弗能贼。非谓其薄之也①,言察乎安危,宁于祸福,谨于去就,莫之能害也。故曰:'天在内,人在外,德在乎天。'知天人之行,本乎天,位乎得,蹢躅而屈伸②,反要而语极③。"

【注释】

①薄:迫近,触犯。

②蹢躅(zhízhú):进退不定的样子。

③反要:返归大道之枢要。

【译文】

河伯说:"既然如此,那道为什么尊贵呢?"

北海若说:"明白大道的人一定能通达事理,通达事理的人必能通达权变,通达权变的人不会让外物伤害自己。真正获得大道的人,火不能烧灼他,水不能陷溺他,严寒酷暑不能损伤他,凶禽猛兽不能残害他。不是说他们靠近这些不会受到损害,而是说他们能够明察安危,安于祸福,来去谨慎,所以没有什么能够伤害他们。所以说:'天性存在于人的内心,人事存在于人的体外,德行在于不失自然。'知晓人与自然的规律,以自然为根本,处于悠然自得的环境,时而进退,时而屈伸,这就是返回到了大道的中心而谈论理的极致。"

【原文】

曰："何谓天？何谓人？"

北海若曰："牛马四足，是谓天；落马首^①，穿牛鼻，是谓人。故曰：'无以人灭天，无以故灭命，无以得殉名。'谨守而勿失，是谓反其真。"

【注释】

①落马首：给马首带上笼头。落，通"络"，羁勒。

【译文】

河伯说："什么叫作天性？什么叫作人为？"

北海若说："牛马长有四条腿，这就叫作天性；给马带上笼头，给牛穿上鼻绳，这就叫作人为。所以说：'不要用人事破坏天性，不要用造作来破坏性命，不要用有限的得益追求名声。'谨守天性不使失去，这就叫返本归真。"

【原文】

夔怜蚿^①，蚿怜蛇，蛇怜风，风怜目，目怜心。

夔谓蚿曰："吾以一足趻踔而行^②，予无如矣^③。今子之使万足，独奈何？"

蚿曰："不然。子不见夫唾者乎^④？喷则大者如珠，小者如雾，杂而下者不可胜数也。今予动吾天机^⑤，而不知其所以然。"

蚿谓蛇曰："吾以众足行，而不及子之无足，何也？"

蛇曰："夫天机之所动，何可易邪？吾安用足哉？"

蛇谓风曰："予动吾脊胁而行，则有似也。今子蓬蓬然起于

224

北海,蓬蓬然入于南海,而似无有,何也?"

风曰:"然。予蓬蓬然起于北海,而入于南海也。然而指我则胜我,鳅我亦胜我。虽然,夫折大木,蜚大屋者⑥,唯我能也。故以众小不胜为大胜也。为大胜者,唯圣人能之。"

【注释】

①夔(kuí):传说中的一足异兽,形似牛,无角。怜:羡慕、仰慕之意。蚿(xián):多足虫。

②趻踔(chěnchuō):蹦跳的样子。

③予无如矣:"无如予矣"的倒装,没有像我这样简便的了。

④唾者:吐唾沫或打喷嚏的人。

⑤天机:自性所具有的机能。

⑥蜚大屋:风掀翻房屋。蜚,同"飞",刮飞。

【译文】

独脚的夔羡慕长着多足的蚿,多足的蚿羡慕无足的蛇,蛇羡慕无形的风,风羡慕明察外物的眼睛,而眼睛羡慕内在的心灵。

夔对蚿说:"我用一只脚跳着走路,没有像我这样简便的了。现在您用万只脚走路,是怎样的走法呢?"

蚿说:"不是这样的。你没有见过打喷嚏的人吗?喷出的唾沫大的如水珠,小的如雾气,混杂在一起落下,不能够数清。现在我顺应自然而行,我也不知道为什么是这样。"

蚿对蛇说:"我用许多只脚行走,却不如您没有脚走得快,是什么原因呢?"

蛇说:"我顺应自然而动,怎么能够改变呢?我何必用脚呢?"

蛇对风说:"我靠运动脊骨和肋骨行走,好像有脚走路的样子。现在您从北海呼呼地刮起,直刮到南海,却没有行迹,为什么呢?"

风说:"是的。我从北海呼呼地刮到南海。但是,人们用手指阻挡就

225

能战胜我,用脚踏也能战胜我。虽然如此,吹折大树,掀翻房屋,只有我才能做到。这就是不追求小胜利而追求大胜利。完成大的胜利,只有圣人才能够做到。"

【原文】

孔子游于匡①,宋人围之数匝②,而弦歌不惙③。子路入见,曰:"何夫子之娱也④?"

孔子曰:"来,吾语女! 我讳穷久矣⑤,而不免,命也;求通久矣,而不得,时也⑥。当尧舜,而天下无穷人⑦,非知得也;当桀纣,而天下无通人,非知失也:时势适然。夫水行不避蛟龙者,渔父之勇也;陆行不避兕虎者,猎夫之勇也;白刃交于前,视死若生者,烈士之勇也;知穷之有命,知通之有时,临大难而不惧者,圣人之勇也。由,处矣⑧! 吾命有所制矣⑨!"

无几何,将甲者进辞曰⑩:"以为阳虎也⑪,故围之。今非也,请辞而退。"

【注释】

①匡:春秋时卫国邑名,在今河南睢县西。

②宋:"卫"之误。匝(zā):环绕一周。

③惙:同"辍",止。

④娱:快乐。

⑤讳穷:忌讳穷困。

⑥时:时运之意。

⑦穷人:穷困不通达之人。

⑧处:安然处之的意思。

⑨制:控制,限定。

⑩将甲者:统帅甲士的长官。

⑪阳虎:又名阳货,本为鲁国季孙氏家臣,却跻身鲁国卿大夫行列,进而执政鲁国。

【译文】

孔子周游来到匡国,卫人将他重重包围,但孔子仍没有停止弹琴歌唱。子路进见孔子说:"先生您为什么还这样快乐呢?"

孔子说:"过来,我告诉你! 我忌讳道行不通达很久了,但仍然潦倒,这是命运;我祈求道行通达已经很久了,但仍不能得到,这是时运。在尧舜治理天下的时代,天下没有不得志的人,不是因为他们智慧超群;在桀纣的时代,天下没有一个得志之人,不是因为他们没有才能:是时运造成的呀。在水底行走而不躲避蛟龙的人,是渔夫的勇敢;在陆上行走而不躲避犀牛老虎的人,是猎人的勇敢;闪光的刀剑横在面前,视死亡如同生存,是烈士的勇敢;知道困穷是命运决定的,知道通达是时机决定的,遭逢大危难而不恐惧的,这是圣人的勇敢。子路,安然处之吧! 我命中注定要受制约!"

不久,统帅士兵的将军进来道歉说:"以为你们是阳虎一伙人,所以把你们包围起来。现在知道不是,向您表示歉意并撤离军队。"

【原文】

公孙龙问于魏牟曰①:"龙少学先王之道,长而明仁义之行;合同异,离坚白;然不然,可不可②;困百家之知,穷众口之辩。吾自以为至达已。今吾闻庄子之言,汒焉异之③。不知论之不及与? 知之弗若与? 今吾无所开吾喙④,敢问其方。"

公子牟隐机大息⑤,仰天而笑,曰:"子独不闻夫坎井之蛙乎? 谓东海之鳖曰:'吾乐与! 出,跳梁乎井干之上⑥;入,休乎缺甃之崖⑦。赴水则接腋持颐⑧,蹶泥则没足灭跗⑨。还虷、蟹与科斗⑩,莫吾能若也。且夫擅一壑之水,而跨跱坎井之乐⑪,

此亦至矣。夫子奚不时来入观乎⑫?'东海之鳖左足未入,而右膝已絷矣⑬。于是逡巡而却⑭,告之海曰:'夫千里之远,不足以举其大⑮;千仞之高,不足以极其深。禹之时,十年九潦⑯,而水弗为加益;汤之时,八年七旱,而崖不为加损。夫不为顷久推移,不以多少进退者,此亦东海之大乐也。'于是坎井之蛙闻之,适适然惊⑰,规规然自失也⑱。

"且夫知不知是非之竟⑲,而犹欲观于庄子之言⑳,是犹使蚊负山,商蚷驰河也㉑,必不胜任矣。且夫知不知论极妙之言,而自适一时之利者,是非坎井之蛙与?且彼方跐黄泉而登大皇㉒,无南无北,奭然四解㉓,沦于不测;无东无西,始于玄冥,反于大通。子乃规规然而求之以察㉔,索之以辩,是直用管窥天,用锥指地也,不亦小乎!子往矣!且子独不闻夫寿陵余子之学行于邯郸与㉕?未得国能㉖,又失其故行矣,直匍匐而归耳。今子不去,将忘子之故,失子之业。"

公孙龙口呿而不合㉗,舌举而不下,乃逸而走。

【注释】

①公孙龙:战国时期赵国人,名家主要代表人物。魏牟:魏国公子,从其言论推断,为庄子推崇之得道者。

②然不然,可不可:以不然为然,以不可为可。

③汒焉:茫然,无所知的样子。汒,同"茫"。

④喙(huì):鸟兽的嘴,此指人之口。

⑤公子牟:即魏牟。隐机:背靠小几。隐,倚靠。机,同"几"。

⑥跳梁:即"跳踉",跳跃之意。

⑦甃(zhòu):砖瓦砌成的井壁。

⑧颐:面颊。

⑨蹶(jué):践踏。跗(fū):脚背。

228

⑩虷(hán):孑孓(jiéjué),蚊子的幼虫。一说为赤虫。科斗:即"蝌蚪"。

⑪跨跱(zhì):盘踞。

⑫夫子:井蛙对东海之鳖的尊称。

⑬縶(zhí):绊住。

⑭逡(qūn)巡:犹豫徘徊,迟疑不决。

⑮举:称说,形容。

⑯潦:同"涝",雨水过多,发生水灾。

⑰适适然:惊骇恐怖的样子。

⑱规规然:惊视自失的样子。

⑲知不知:智慧不能通晓。竟:同"境",境界,界限。

⑳观:观察领会

㉑商蚷(jù):又名马蚿、马陆,俗谓百足虫。

㉒跐(cǐ):踏,蹈。

㉓奭(shì)然:释然,逍遥自在,无拘无束的样子。

㉔规规然:拘泥浅陋的样子。

㉕寿陵:燕国邑名。余子:少年。邯郸:赵国都城。

㉖国能:一国之绝技,此指赵国人行路的本领。

㉗口呿(qù):张着嘴的样子。

【译文】

公孙龙向魏牟请教说:"我年轻的时候就学习先王的主张,长大后明白了仁义的行为;能把相同相异的事物混合为一,能把事物的坚硬和洁白分别开;能把不对的说成是对的,把对的说成是不对的;能使百家之士困惑不解,使众多的辩士都理屈词穷。我自认为已经是极通达事理的人了。现在我听了庄子的言论,感到非常茫然。不知是我的辩才不如他呢,还是知识不如他广博呢?现在我不能开口了,请问这是什么道理。"

魏牟靠着几案深深叹息,然后仰天而笑,说:"你难道没有听说浅井之蛙的故事吗？井蛙对东海的鳖说：'我多么快乐呀！我跳出井来，可以在井的栏杆上玩耍；跳进井里，便在井壁砖块破损的缺口休息。游进水中，水可以浮起我的两腋，托住我的两颊；踩进泥里，泥巴就会盖住我的脚背。看那些井里的小虫子、小螃蟹和小蝌蚪，没有一个能像我这样快乐的。况且我独自占有这一坑水，盘踞在这个浅井里的快乐，是最大的快乐了。先生，您为何不时常来看我呢？'东海的鳖左脚还没伸出去，就被绊住了右膝。于是，迟疑了一阵又退回去了。它把大海的样子告诉井蛙说：'千里的遥远，不能够形容海之大；千仞的高度，不足以穷尽海之深。在大禹治理天下的时候，十年有九年发生水灾，但是海水并不因此而增加；在商汤治理天下的时候，八年有七年闹旱灾，但海岸线却没有下降。它不因时间的推移而发生什么变化，不因雨水多少而有所增减，这也就是东海的快乐啊！'浅井之蛙听后，惊慌茫然得不知所措。

　　"再说你公孙龙的智慧，还不足以弄明白是非之界限，就想要观察庄子的言论，这好像驱使蚊子背负大山，驱使百足虫在河面上奔跑一样，一定是不能够胜任的。况且你的智慧不足以通晓奇妙的言论，自己满足于一时口舌相争的胜利，这不是和浅井之蛙一样吗？再说庄子的言论正如脚踏黄泉头顶青天，不论南北，四面通达无阻，深幽沉寂而不可探测；不论东西，起于玄妙幽远之境，返归通达之域。你竟然拘泥浅陋地察视以探寻它的奥妙，用诡辩的言辞去寻求它的真谛，这就像是从竹管里看天，用锥子量地一样，不是太渺小了吗！你走吧！难道你没有听过寿陵少年去邯郸学习走路的故事吗？他不仅没有学会赵国人走路的方法，反而忘记了自己原来的走法，最后只好爬着回去。现在你还不离开，将会忘记原来的本领，失掉你原来的事业。"

　　公孙龙惊异地张大嘴巴不能合拢，舌头翘起不能放下，心神恍惚，仓皇地逃离了。

【原文】

庄子钓于濮水①,楚王使大夫二人往先焉②,曰:"愿以境内累矣③。"

庄子持竿不顾,曰:"吾闻楚有神龟,死已三千岁矣。王巾笥而藏之庙堂之上④。此龟者,宁其死为留骨而贵乎? 宁其生而曳尾于涂中乎⑤?"

二大夫曰:"宁生而曳尾涂中。"

庄子曰:"往矣! 吾将曳尾于涂中。"

【注释】

①濮水:水名。

②楚王:指楚威王。往先:前往相邀,表示对贤人的礼遇。

③愿以境内累:愿把国事相累于先生。

④笥(sì):竹箱。

⑤曳尾于涂中:拖着尾巴在泥中爬行。

【译文】

庄子在濮水边钓鱼,楚王派两位大夫去庄子那儿表示他的意愿,说:"希望能把国事委托给先生您操劳。"

庄子手拿鱼竿连头也不回,说:"我听说楚国有只神龟,已经死了三千年了。楚王将它装在竹箱里,用布包着,珍藏在庙堂上。对这只龟来说,它是愿意死后留下骨甲让人崇拜呢? 还是宁愿活着拖着尾巴在泥里爬行呢?"

两位大夫说:"宁愿活着拖着尾巴在泥里爬行。"

庄子说:"你们请回吧! 我愿意拖着尾巴在泥里爬行。"

【原文】

惠子相梁①,庄子往见之。或谓惠子曰②:"庄子来,欲代子相。"于是惠子恐,搜于国中三日三夜。

庄子往见之,曰:"南方有鸟,其名为鹓鶵③,子知之乎? 夫鹓鶵,发于南海而飞于北海,非梧桐不止④,非练实不食⑤,非醴泉不饮⑥。于是鸱得腐鼠⑦,鹓鶵过之,仰而视之,曰:'吓!'今子欲以子之梁国而吓我邪?"

【注释】

①惠子:即惠施,战国时宋人,名家学派创始人及代表人物。曾为梁惠王宰相,是庄子的好友。

②或:有人,某人。

③鹓鶵(yuānchú):传说中鸾凤之类的神鸟。庄子用其自喻。

④梧桐:落叶乔木。传说凤凰只在梧桐树上栖息。

⑤练实:竹实。

⑥醴泉:像甜酒般甘美的泉水。醴,甜酒。

⑦鸱:猫头鹰。比喻惠施。

【译文】

惠施在梁国做宰相,庄子前去拜访他。有人对惠施说:"庄子来梁国了,要取代您做宰相。"惠施感到十分惊恐,派人在都城内搜索庄子,找了三天三夜。

庄子前去见他说:"南方有一种叫鹓鶵的鸟,您知道吗? 这种鸟从南海出发飞到北海,不是梧桐树就不肯歇息,不是竹子作为粮食就不吃,不是甘美的泉水就不饮。在这时,一只猫头鹰得到一只腐烂的老鼠,鹓鶵刚好飞过,猫头鹰仰头看着它,发出一声威吓:'吓!'现在,您也想因为梁国宰相的位子来吓我吗?"

【原文】

庄子与惠子游于濠梁之上①。庄子曰:"鲦鱼出游从容②,

是鱼之乐也。"

惠子曰:"子非鱼,安知鱼之乐?"

庄子曰:"子非我,安知我不知鱼之乐?"

惠子曰:"我非子,固不知子矣;子固非鱼也,子之不知鱼之乐,全矣③。"

庄子曰:"请循其本。子曰'汝安知鱼乐'云者,既已知吾知之而问我,我知之濠上也。"

【注释】

①濠梁:濠水桥上。濠水在今安徽凤阳东北,北流至临淮关入淮。

②鲦(tiáo)鱼:亦称白鲦,银白色,小型淡水鱼类。

③全矣:完全肯定的了。

【译文】

庄子与惠施在濠水桥上游玩。庄子说:"白鲦鱼悠闲自在地在水里游来游去,这就是鱼儿的快乐啊。"

惠施说:"您不是鱼,怎么知道鱼的快乐呢?"

庄子说:"您不是我,怎么知道我不知鱼的快乐呢?"

惠施说:"我不是您,固然不知道您;您本来不是鱼,所以您不知鱼的快乐,这也是完全可以肯定的。"

庄子说:"请回到原来的话题吧。您说的'您怎么知道鱼的快乐'这句话,就是您已经知道我之所知,然后才问我的,我是在濠水桥上知道鱼儿是快乐的呀!"

【赏析】

《秋水》是《庄子》中的名篇,中心是讨论如何去认识外物,是《逍遥游》《齐物论》宗旨的充实和展开。全篇的核心是河伯和北海若七段对话,将其综合起来,就是讲人由于受时空的局限,所闻所知是极有限的。

河伯以黄河汛期之水为多，到了海边才知道海水比河水多得多，由此引申开来，海比河大，天地比海大，天地以外还有更大的。人在无限的宇宙中，就更渺小，必须突破自身限制，才可能认识大道。

在庄子看来，生命的长短、得失、贫贱，物体的大小，视野的宽窄，境界的大小，数量的多少以及自身学识的渊博和浅陋，甚至世间的一切是非、黑白、对错等，这一切矛盾都是相对的，它们都会随着时空的推移发生变化。在文中，庄子列举实例，完善他的相对论观点，给后人留下了极其实用的人生哲理。

至 乐

本篇取第一句中"至乐"二字为篇名,"至乐"就是最高的快乐。本篇重点探讨了"至乐"的标准及达到的途径,涉及苦乐观、生死观和万物生化等方面,是虚静无为思想在这些方面的具体运用。

【原文】

天下有至乐无有哉？有可以活身者无有哉①？今奚为奚据？奚避奚处？奚就奚去？奚乐奚恶？

夫天下之所尊者,富贵寿善也;所乐者,身安、厚味、美服、好色、音声也;所下者②,贫贱、夭恶也;所苦者,身不得安逸,口不得厚味,形不得美服,目不得好色,耳不得音声。若不得者,则大忧以惧。其为形也③,亦愚哉!

夫富者,苦身疾作,多积财而不得尽用,其为形也亦外矣!夫贵者,夜以继日,思虑善否④,其为形也亦疏矣!人之生也,与忧俱生。寿者惛惛⑤,久忧不死,何苦也!其为形也,亦远矣。烈士为天下见善矣⑥,未足以活身。吾未知善之诚善邪,诚不善邪?若以为善矣,不足活身;以为不善矣,足以活人。故曰:"忠谏不听,蹲循勿争⑦。"故夫子胥争之,以残其形;不争,名亦不

235

成。诚有善无有哉？

今俗之所为与其所乐，吾又未知乐之果乐邪，果不乐邪？吾观夫俗之所乐，举群趣者，誙誙然如将不得已[8]，而皆曰乐者，吾未之乐也，亦未之不乐也。果有乐无有哉？吾以无为诚乐矣，又俗之所大苦也。故曰："至乐无乐，至誉无誉。"

天下是非果未可定也。虽然，无为可以定是非。至乐活身，唯无为几存。请尝试言之：天无为以之清，地无为以之宁，故两无为相合，万物皆化。芒乎芴乎[9]，而无从出乎！芴乎芒乎，而无有象乎！万物职职[10]，皆从无为殖。故曰："天地无为也，而无不为也。"人也孰能得无为哉！

【注释】

①活身者：全生保身的方法。

②下：卑贱，厌弃。

③为形：保养身体。

④否(pǐ)：恶。与善为对。

⑤愍愍(hūn)：精神恍惚，神志不清。

⑥烈士：殉名而死者，如儒家所称杀身成仁、舍生取义之辈。

⑦蹲循：如"逡巡"，退却之意。

⑧誙誙(kēng)然：竞相奔走的样子。

⑨芒(huǎng)、芴(hū)：同"恍惚"，形容难以捉摸。

⑩职职：繁多。

【译文】

天下有没有最大的快乐呢？有没有可以全生保身的方法呢？如果有，该做些什么，依据什么呢？回避什么，接受什么呢？趋就什么，舍弃什么呢？喜欢什么，厌恶什么呢？

天下所尊崇的,就是富有、尊贵、长寿、美名;所享受的,就是身体安逸、丰足的美味佳肴、漂亮的服饰、悦目的色彩、悦耳的音乐;所厌弃的,就是贫穷、地位低下、夭折和坏名声;所苦恼的,是身体不能够舒适安逸,口腹享用不到美味,身体不能够穿上华丽的衣服,眼睛不能够看到美丽的颜色,耳朵听不到悦耳的声音。假如不能够得到这些,就非常担忧恐惧。这样保养身体,不是太愚蠢了吗!

　　富有的人使自己身体劳累,辛勤工作,虽然积攒很多财富,却不能全部享受,这样养护自己的身体,难道不是背道而驰吗!处于尊位的人,日夜思索善恶,谋求保全权势地位,这样对于自己身体的保养也太疏忽了!人从一生下来,就与忧愁同在。长寿的人精神恍惚,忧愁了很长时间却没有死去,怎能这样痛苦呀!这样对于自己身体的养护,也错得太远了。烈士被天下人赞颂,但是却不能保全自己的性命。我不知道这种好名声究竟是好呢,还是不好呢?假如说它是好的,却不能够保全自己的性命;假如说它是不好的,却能救活别人。所以说:"忠实的谏言不能够被听从的话,就退到一边不要强谏了。"以前伍子胥因为强行劝谏,遭受残酷的杀戮;他如果不强行劝谏,就不能成就名声。这样看来果真有好没有呢?

　　现在世俗上所追求的和所喜欢的,我不知道那是真快乐,还是不快乐呢?我看世俗所感到快乐的,都成群结队地去追逐,争先恐后好像身不由己,大家都认为这样是快乐的,我不明白这应该算真快乐,还是不快乐。果真有快乐没有呢?我认为无为清净就是真正的快乐,但这却是世俗之人最苦恼的。所以说:"最大的快乐在于没有快乐,最高的荣誉在于没有荣誉。"

　　天下的是是非非实在难以定论。尽管如此,无为的态度是可以确定是非的。最大的快乐能够让身心存活,而唯有无为算是最接近使自身存活的了。请让我试着说一下:苍天因为无为而清虚明澈,大地因为无为而浊重宁寂,因此天与地的无为相结合,就使万物变化成长。恍恍惚惚,但却不知道从哪里产生出来的！恍恍惚惚，却没有一点迹象！万物繁茂，都是从无为的状态中生长出来的。所以说："天地无心作为，又是无所不为的。"有谁可以学习这种无为的精神呢！

【原文】

庄子妻死，惠子吊之，庄子则方箕踞鼓盆而歌①。

惠子曰："与人居，长子、老、身死②，不哭亦足矣，又鼓盆而歌，不亦甚乎！"

庄子曰："不然。是其始死也，我独何能无概③！然察其始而本无生，非徒无生也而本无形，非徒无形也而本无气。杂乎芒芴之间，变而有气，气变而有形，形变而有生，今又变而之死，是相与为春秋冬夏四时行也。人且偃然寝于巨室④，而我噭噭然⑤，随而哭之，自以为不通乎命，故止也。"

【注释】

①箕踞(jī jù)：盘腿而坐，其形如簸箕。古人屈膝跪地，臀部坐在脚跟上，为标准坐态。盘腿而坐是较随便的坐式。

②长子：生儿育女。

③概：通"慨"，慨叹、哀伤之意。

④偃然：安息的样子。巨室：比喻天地之间。

⑤噭噭(jiào)然：哀哭声。

【译文】

庄子妻子死了，惠子来吊丧，庄子正盘膝而坐，敲着盆子唱歌。

惠子说："你和妻子一起生活，她为你生儿育女，直到老迈而死，你不哭泣也就罢了，居然还敲着盆子唱歌，不是太过分了吗！"

庄子说："不是这样。她刚死去的时候，我怎能不悲痛呢！然而查探她的开始,原本是没有生命的;不仅没有生命,而且也没有形体;不仅没有形体,本来也没有气息。在恍恍惚惚、若有若无中,变化而生出气息,气息变化而生成形体,形体变化而有了生命,现在又由生而变成死,这就像那春秋冬夏四季交替运行一样。她安静地躺在天地之间,而我在旁边悲哀地啼哭,我认为这是不明白生命的真谛,所以才停止哭泣。"

【原文】

支离叔与滑介叔观于冥伯之丘^①、昆仑之虚^②,黄帝之所休。俄而柳生其左肘^③,其意蹶蹶然恶之^④。

支离叔曰:"子恶之乎?"

滑介叔曰:"亡^⑤,予何恶!生者,假借也;假之而生生者,尘垢也。死生为昼夜。且吾与子观化而化及我,我又何恶焉!"

【注释】

①支离叔、滑介叔:皆为虚构的人物,含有忘形遗智之意。冥伯之丘:虚构的地名,含有杳冥之意。

②昆仑之虚:虚构的地名,含混沌之意。虚,同"墟",旷野。

③柳:通"瘤"。

④蹶蹶(guì)然:惊动的样子。

⑤亡:通"无"。

【译文】

支离叔和滑介叔一起游览冥伯的丘陵和昆仑的旷野,这都是黄帝曾在游历途中休息的地方。不经意间,滑介叔左胳膊上生出一个瘤子,他焦躁不安,好像产生了厌恶情绪。

支离叔说:"你厌恶它吗?"

滑介叔说:"不,我为什么厌恶!生命不过是假借外在物质生成的;

假借他物生成的生命,就如同尘土暂时凑集。生死像昼夜交替变化一样。我和你一起来观察万物的变化,现在变化产生在我身上,我为什么要厌恶它!"

【原文】

庄子之楚,见空髑髅①,髐然有形②。撽以马捶③,因而问之,曰:"夫子贪生失理而为此乎④? 将子有亡国之事、斧钺之诛而为此乎⑤? 将子有不善之行、愧遗父母妻子之丑而为此乎? 将子有冻馁之患而为此乎? 将子之春秋故及此乎⑥?"

于是语卒,援髑髅⑦,枕而卧。夜半,髑髅见梦曰:"向子之谈者似辩士。视子所言,皆生人之累也,死则无此矣。子欲闻死之说乎?"

庄子曰:"然。"

髑髅曰:"死,无君于上,无臣于下,亦无四时之事,从然以天地为春秋⑧,虽南面王乐,不能过也。"

庄子不信,曰:"吾使司命复生子形⑨,为子骨肉肌肤,反子父母、妻子、闾里、知识,子欲之乎?"

髑髅深矉蹙頞曰⑩:"吾安能弃南面王乐而复为人间之劳乎!"

【注释】

①髑髅(dúlóu):死人的头骨。

②髐(xiāo)然:尸骨干枯的样子。

③撽(qiào):从旁边敲击。马捶:马鞭。

④失理:背弃养生之理。为此:成为这样,即死亡。

⑤将:抑或,表推测。

⑥春秋：年纪。

⑦援：拉。

⑧从然：放纵自如的样子。

⑨司命：主管人生死之神。

⑩深矉(pín)：紧皱眉头。矉，通"颦"。蹙頞(cù'è)：紧缩鼻梁。頞，鼻梁。

【译文】

庄子到楚国去，见到一具骷髅，空枯而尚保持人形。庄子拿马鞭敲了几下，然后就问："先生是因贪生违背了天理而死的吗？还是因为国家灭亡，在战乱中被斧钺诛杀的呢？还是有恶行，怕给父母妻子儿女丢丑而自杀的呢？还是因为挨冻受饿而成这样的呢？还是年岁大了而自然死亡呢？"

把这些话讲完，庄子拉过骷髅，枕在头下睡着了。半夜时，骷髅在梦中对庄子说："听您的言谈，好像是位善辩之士。您所说的情况，都是活人的负担，死后就没有这些事情了。您愿意听听死后的情形吗？"

庄子说："好。"

骷髅说："死后，上没有君主，下没有臣子，也没有一年四季的交替，自然从容而与天地一样长久，即使是做君王的快乐，也不能超过它啊。"

庄子不相信，说："假若我让掌管生命的神把您的形体恢复，使你长出骨头皮肤，重新回到父母、妻子、邻里和朋友那儿，您愿意吗？"

骷髅深深皱起眉头，缩着鼻梁，忧愁地说："我怎能放弃做国君一样的快乐，回到人间受苦呢！"

【原文】

颜渊东之齐，孔子有忧色，子贡下席而问曰①："小子敢问②，回东之齐，夫子有忧色，何邪？"

孔子曰："善哉,汝问! 昔者管子有言③,丘甚善之。曰：'褚小者不可以怀大④,绠短者不可以汲深⑤。'夫若是者,以为命有所成而形有所适也⑥,夫不可损益。吾恐回与齐侯言尧、舜、黄帝之道,而重以燧人、神农之言。彼将内求于己而不得,不得则惑,人惑则死。

"且女独不闻邪? 昔者海鸟止于鲁郊,鲁侯御而觞之于庙,奏《九韶》以为乐⑦,具太牢以为膳。鸟乃眩视忧悲,不敢食一脔⑧,不敢饮一杯,三日而死。此以己养养鸟也,非以鸟养养鸟也。夫以鸟养养鸟者,宜栖之深林,游之坛陆⑨,浮之江湖,食之鰍鳅⑩,随行列而止,委蛇而处⑪。彼唯人言之恶闻,奚以夫诇诇为乎⑫!《咸池》《九韶》之乐⑬,张之洞庭之野⑭,鸟闻之而飞,兽闻之而走,鱼闻之而下入,人卒闻之⑮,相与还而观之。鱼处水而生,人处水而死。彼必相与异,其好恶故异也。故先圣不一其能,不同其事。名止于实,义设于适,是之谓条达而福持⑯。"

【注释】

①下席：又称避席。古人席地而坐,在问话时,为了表示敬意,离座站立,称下席。

②小子：弟子晚辈对师长父兄自称小子。

③管子：管仲,春秋时期齐国人,曾相齐桓公四十年,协助桓公创建霸业,是中国历史上著名政治家、思想家。

④褚：装衣服的小袋子。

⑤绠(gěng)：汲水时系吊桶的绳子,俗称井绳。

⑥命有所成：性命各有形成之理。形有所适：形体各有适宜之处。

⑦九韶：舜时乐曲名,共有九章,故称九韶。韶乐被孔子称为尽善尽美之音乐。

⑧脔(luán)：切成小块的肉。

⑨坛陆：水中的沙洲。

⑩鳅：泥鳅之类。鲦(tiáo)：同"鲦"，白鲦。

⑪委蛇(wēiyí)：从容自如的样子。

⑫譊譊(náo)：喧闹嘈杂。

⑬咸池：黄帝时乐曲名。

⑭张：演奏。

⑮人卒：人众。

⑯条达：条理通达。福持：福德长存。

【译文】

颜渊东去齐国，孔子面带忧愁之色。子贡离开席位上前问道："学生向先生请教，颜回东去齐国，您面带忧虑之色，为什么呢？"

孔子说："你问得很好！从前管子有句话，我很欣赏。他说：'小袋子装不下大东西，短绳子不能汲取深井里的水。'如此看来，应当认为性命各有形成之理，形体各有所宜之处，这是不能改变的。我担心颜回向齐侯讲论尧舜、黄帝治国之道，还会推重燧人氏、神农氏的言论。齐侯听了将会内求于心而不能理解，不理解就要产生疑惑，疑惑不解就有杀身之祸了。

"况且，你没听说过吗？从前有一只海鸟飞落在鲁国都城的郊外，鲁侯把它迎进太庙，用酒宴招待，演奏《九韶》之乐给它取乐，宰杀牛羊给它吃。而海鸟却头晕目眩而内心悲苦，不敢吃一块肉，不敢喝一杯酒，三天后就死了。这是因为用养人的方式去养鸟，不是用养鸟的方式去养鸟。用养鸟的方式养鸟，应该让它栖息在深林中，漫游在沙洲上，漂流在江湖上，用泥鳅小鱼喂养它，随鸟群的队列休止，从容自在地生活着。鸟儿最厌烦听到人声，为什么还要如此喧哗吵闹！在广阔的原野上，演奏《咸池》《九韶》一类乐曲，鸟儿听了就要飞去，野兽听了就要逃跑，鱼儿听了就要潜入水底，但是人听到以后就会去围观。鱼在水里能生存，人在水里就要被淹死。人和鱼的秉性不一样，所以好恶也不同。因此古代的圣人不要求人的才能均等,不要求他们做相同的事。名副其实,事理的设置应与各自的性情相宜,这就叫作条理通达而又福气长存。"

【原文】

列子行,食于道从①,见百岁髑髅。攓蓬而指之曰②:"唯予与汝知而未尝死、未尝生也。若果养乎③? 予果欢乎?"

种有几④,得水则为㡭⑤,得水土之际则为蛙蚍之衣⑥,生于陵屯则为陵舄⑦,陵舄得郁栖则为乌足⑧。乌足之根为蛴螬⑨,其叶为胡蝶。胡蝶胥也化而为虫⑩,生于灶下,其状若脱⑪,其名为鸲掇⑫。鸲掇千日为鸟,其名为干余骨。干余骨之沫为斯弥⑬,斯弥为食醯⑭。颐辂生乎食醯⑮,黄軦生乎九猷⑯,瞀芮生乎腐蠸⑰。羊奚比乎不箰久竹生青宁⑱,青宁生程⑲,程生马,马生人,人又反入于机⑳。万物皆出于机,皆入于机。

【注释】

①道从:道旁。

②攓(qiān):拔取。

③养:通"恙",忧愁。

④种:种类。几:隐微、细微。

⑤㡭:同"继"。水中断续如丝的低级生物。

⑥蛙蚍(pín)之衣:青苔。因蛙蚍常隐蔽于其下,故名蛙蚍之衣。

⑦陵屯:丘阜,高地。陵舄(xì):车前草。

⑧郁栖:粪土。乌足:草名。

⑨蛴螬(qícáo):俗称地蚕,金龟子幼虫,生在粪壤中,并非乌足根所化。

⑩胥也:犹"俄而"。形容时间甚短。

⑪脱:同"蜕",蜕皮。

⑫鸲掇(qúduō):虫名,其状柔嫩,像刚刚蜕皮的样子。

⑬斯弥:虫名,或称之为米虫。

⑭食醯(xī):醯鸡,也叫蠛蠓虫,生于酒醋中。

⑮颐辂(lù):虫名。

⑯黄軦(kuàng):虫名。九猷(yóu):虫名。

⑰瞀芮(màoruì):蚊子。腐蠸(quán):萤火虫。

⑱羊奚:一种药草。不箰(sǔn):不能长笋的老竹子。箰,同"笋"。青宁:竹根虫。

⑲程:豹之别名。

⑳机:造化,自然。

【译文】

列子出行,在路边吃东西,见到一具百年骷髅。他拔了一根蒿草指点着骷髅说:"只有我和你知道你没有死,也没有生。你真的忧愁吗? 我真的欢乐吗?"

千变万化的物种源起微细状态的"几",得到水的滋养就成长为断续如丝的继草,在水土交界处则长成覆盖水面的青苔,生长在高地上就变成车前草,车前草得到粪土的营养就会成为乌足。乌足的根变成蛴螬,叶变成蝴蝶。蝴蝶很快又化而成虫,生活在灶底下,形状像蜕下来的皮,它的名字叫鸲掇。鸲掇经过一千天后又变成鸟,它的名字叫干余骨。干余骨的唾沫变为斯弥虫,斯弥虫又变成酒缸里面的蠛蠓虫。颐辂虫生于蠛蠓虫,黄軦虫生于九猷虫,瞀芮虫生于萤火虫。羊奚草与不生笋的老竹结合生出青宁虫,青宁虫生出豹子,豹子生出马,马生出人,人又复归于自然。万物都生于自然,又复归自然。

【赏析】

本篇的内容在于讨论、回答什么是人生最大的快乐,人应该怎样对待生与死。

　　人生最大的快乐究竟是什么呢？这是个很现实的问题。可是庄子却说"至乐无乐"：最大的快乐就是忘掉快乐，忘掉世俗间种种因功名利禄的获取所带来的快乐。这样的结论当然是很多人无法接受的。可是事实就是如此，庄子认为，对于快乐的期待就是获得快乐的最大障碍。因为我们总是期待很高，一旦结果稍微不如人意，我们就会陷入无尽的痛苦和悲伤之中。一旦我们忘记了对快乐和功名利禄的种种奢求，用一种淡然的态度去面对生活，突然有一天和它们在不经意间相遇时，心里必然会有说不出的惊喜和兴奋。这大概是庄子所说的"至乐"吧。

达 生

本篇主旨是养生,所谓"达生",就是通达生命的意思。庄子认为生命为自然所赋予,人对它无可奈何,所能做的是使自己"形全精复,与天为一"。也就是要看破生死,排除功名等杂念,调节色欲,以求心地纯净,达到"神全"的境界,这样才能算得上达生。

【原文】

达生之情者①,不务生之所无以为②;达命之情者,不务知之所无奈何。养形必先之以物,物有余而形不养者有之矣;有生必先无离形③,形不离而生亡者有之矣。生之来不能却,其去不能止。悲夫!世之人以为养形足以存生,而养形果不足以存生,则世奚足为哉!虽不足为而不可不为者,其为不免矣。

夫欲免为形者④,莫如弃世。弃世则无累,无累则正平⑤,正平则与彼更生,更生则几矣。事奚足弃而生奚足遗?弃事则形不劳,遗生则精不亏。夫形全精复,与天为一。天地者,万物之父母也,合则成体,散则成始。形精不亏,是谓能移;精而又精,反以相天。

【注释】

①达:通达。

②务:努力追求。

③离形:脱离形体,即死亡。

④为形:为形体操劳。

⑤正平:心性纯正平和。

【译文】

　　明白养生情理的人,不追求生命所不必要的东西;通达性命实情的人,不追求命运所无可奈何的事。保养形体必须先有物质保证,不过物质绰绰有余却保养不了身体的人也是有的;保存生命必须使形体不离散,然而形体虽未离散而生命却已终结的人也是有的。生命来临不能拒绝,生命离去也无法阻留。可悲啊!世上的人以为保养好身体就足以保全性命,然而只保养身体确实不足以保全性命,那么世间的事情还有什么值得去做呢!虽然不值得做却又不得不做,那么内中的勤苦也就不可避免了!

　　要想避免为形体所累,最好是摒弃世俗的一切。摒弃世俗的一切就没有牵累,没有牵累心性就会纯正平和,心性纯正平和就会和自然一起生存变化,和自然一起生存变化就接近大道了。世事为什么须得抛弃,而人生的痕迹为什么须得忘怀?抛弃世事则形体不劳累,忘怀人生则精神不消耗。形体健全,精神复原,就能和天合为一体。天地是万物的父母,天地阴阳结合就生成万物的形体,天地消散则回归到宇宙之本初。形体和精神不亏损,就叫能与天地一起变化推移;精神进一步精粹,反过来与自然相辅相成。

【原文】

　　子列子问关尹曰①:“至人潜行不窒②,蹈火不热,行乎万物之上而不栗③。请问何以至于此?”

　　关尹曰:“是纯气之守也,非知巧果敢之列。居,予语女!

248

凡有貌象声色者，皆物也，物与物何以相远？夫奚足以至乎先？是色而已！则物之造乎不形而止乎无所化④，夫得是而穷之者，物焉得而止焉！彼将处乎不淫之度，而藏乎无端之纪，游乎万物之所终始，壹其性，养其气，合其德，以通乎物之所造。夫若是者，其天守全，其神无郤，物奚自入焉！

"夫醉者之坠车，虽疾不死。骨节与人同而犯害与人异，其神全也。乘亦不知也，坠亦不知也，死生惊惧不入乎其胸中，是故遻物而不慑⑤。彼得全于酒而犹若是，而况得全于天乎！圣人藏于天，故莫之能伤也。复仇者不折镆干⑥，虽有忮心者不怨飘瓦⑦。是以天下平均，故无攻战之乱，无杀戮之刑者，由此道也。

"不开人之天，而开天之天。开天者德生⑧，开人者贼生⑨。不厌其天，不忽于人，民几乎以其真。"

【注释】

①子列子：即列子。关尹：又称关令尹。为函谷关令。

②窒：窒息。

③栗：恐惧，害怕。

④不形：无形。

⑤遻：抵触。慑(shè)：惊惧。

⑥镆干：即镆铘、干将，皆古代名剑名。

⑦忮(zhì)心：忌恨之心。

⑧德生：循性而动，则能培养出好道德。

⑨贼生：运用智巧，则生贼害之心。

【译文】

列子向关尹请教说："圣人在水里行走不会感到窒息，踩在火上也不觉得灼热，行走在万物之上也不恐惧。请问为什么能做到这样呢？"

关尹说:"这是能够守住纯和之气的缘故,不是智巧、果敢就能做到的。坐下,我告诉你!凡是具有外貌、形体、声音和颜色的,都是物,物和物之间为什么差别那么大呢?为什么有的能够超越其他物体而居前位?这都只不过是具有形体和颜色罢了。大凡一个有形之物却不显露形色而留足于无所变化之中,懂得这个道理而且深明内中奥秘的,外物怎么能够阻止他呢!那样的人身处不过当的限度,隐藏于变化无穷的境地,在万物始终之境神游,心性专一无二,保全涵养气息,融合德行,通达于自然。像这样的人,他的天性齐全,精神凝聚,外物怎么能侵入呢!

"喝醉酒的人从车上摔下来,虽然受伤但是不会死。他的骨节与别人相同,而所受伤害与人不同,这是因为他精神凝聚无杂念。不知道自己在乘车,也不知道自己掉下去,生死的惊惧没有进入他内心,因此受到外物伤害却完全没有恐惧之情。那个人凭借醉酒得以保全性命尚且如此,何况是通达自然之道的人呢!圣人藏身于自然,因此外物不能够伤害他。报仇的人不去弄折曾经伤害过他的宝剑,即使心存恨意的人也不会怨恨飘来的瓦片。因此天下人平等对待,所以没有相互攻战的动乱,没有杀戮刑罚,就是因为遵循了这个道理。

"不要开启人为的思想与智巧,而要开发自然的真性。开发了自然的真性就会培养好的道德,开启人的智巧就会产生贼害之心。不厌恶自然的禀赋,也不忽视人为的才智,民众也就接近纯真了!"

【原文】

仲尼适楚,出于林中,见痀偻者承蜩[①],犹掇之也[②]。

仲尼曰:"子巧乎!有道邪[③]?"

曰:"我有道也。五六月累丸二而不坠[④],则失者锱铢[⑤];累三而不坠,则失者十一;累五而不坠,犹掇之也。吾处身也[⑥],若厥株拘[⑦];吾执臂也[⑧],若槁木之枝。虽天地之大,万物之多,而唯蜩翼之知。吾不反不侧^⑨，不以万物易蜩之翼^⑩，何为而不得！"

孔子顾谓弟子曰："用志不分，乃凝于神^⑪，其痀偻丈人之谓乎！"

【注释】

①痀偻（gōulóu）：驼背。承蜩：捕蝉。承，粘。

②掇：拾取。

③道：窍门。

④五六月：指学习训练捕蝉技艺的时间五到六个月。

⑤锱铢：均为古代很微小的重量单位，六铢为一锱，四锱为一两。

⑥处身：立定身体。

⑦厥株拘：立着的断树桩子。厥，同"橛"，树桩。株拘，枯树根。

⑧执臂：控制手臂。

⑨不反不侧：不回头不侧身。形容心志凝注专一，无杂念。

⑩易：改变

⑪凝：凝神，专注。

【译文】

孔子前往楚国，经过一片树林，看见一位驼背老人在捕蝉，就像从地上拾取东西一样轻而易举。

孔子说："老先生真是灵巧啊！有什么窍门吗？"

老人回答说："当然有。经过五六个月的训练，在竿头上叠放两个小丸，持竿而不使坠地，这时去捕蝉，能逃掉的就很少了；在竿头叠放三个小丸而能不掉，则失手不过十分之一；叠放五个小丸而能不掉，再去捕蝉就如同在地上拾取一样容易了。我立定身体，就像一根立着的断树桩；我控制手臂持竿，就像枯树枝。虽然天地广大，万物纷繁，我只一心注意蝉的翅膀。我从不回头侧身，不因为万物纷繁而改变对蝉翼的注意力，

251

为什么不能得到呢!"

孔子回过头对弟子们说:"心不二用,精神凝聚专一,说的就是这位驼背老人啊!"

【原文】

颜渊问仲尼曰:"吾尝济乎觞深之渊①,津人操舟若神②。吾问焉,曰:'操舟可学邪?'曰:'可。善游者数能。若乃夫没人,则未尝见舟而便操之也。'吾问焉而不吾告③。敢问何谓也?"

仲尼曰:"善游者数能,忘水也。若乃夫没人之未尝见舟而便操之也,彼视渊若陵,视舟之覆犹其车却也。覆却万方陈乎前而不得入其舍,恶往而不暇! 以瓦注者巧,以钩注者惮,以黄金注者殙④。其巧一也,而有所矜⑤,则重外也。凡外重者内拙。"

【注释】

①济:渡。觞深之渊:渊名,水深而形似酒杯,故名。地在宋国。
②津人:摆渡人。
③吾告:即"告吾",告诉我。
④殙(hūn):心智昏乱。
⑤矜(jīn):顾惜。

【译文】

颜渊向孔子请教说:"我曾经渡过觞深之渊,摆渡人驾船的技术实在巧妙,我问他:'驾船可以学吗?'他回答:'可以。会游泳的人想学会很容易。若是会潜水之人,即便未曾见过船也会操作。'我再问其中的道理,但是他不再告诉我。请问他的话是什么意思呢?"

孔子说:"会游泳的人学会容易,是因他们能适应水性。能在水里潜水的人,即使没见过船也会驾船,是因为在他们眼中深渊就是高地,看到船覆没就好像看见车倒退。船只覆没和车子倒退的万种景象呈现在他眼前,也不能扰乱他的心神,到哪里不闲适自在呢!用瓦片作赌注的人内心坦然而技术格外高明,用带钩作赌注的人心存疑惧,用黄金作赌注的人则心智昏乱。本来赌博的技巧是一样的,但是有顾虑,就以身外之物为重。凡是注重身外之物的,内心必然笨拙。"

【原文】

田开之见周威公。威公曰:"吾闻祝肾学生[①],吾子与祝肾游,亦何闻焉?"

田开之曰:"开之操拔篲以侍门庭[②],亦何闻于夫子!"

威公曰:"田子无让,寡人愿闻之。"

开之曰:"闻之夫子曰:'善养生者,若牧羊然,视其后者而鞭之。'"

威公曰:"何谓也?"

田开之曰:"鲁有单豹者,岩居而水饮,不与民共利,行年七十而犹有婴儿之色,不幸遇饿虎,饿虎杀而食之。有张毅者,高门县薄,无不走也,行年四十而有内热之病以死。豹养其内而虎食其外,毅养其外而病攻其内。此二子者,皆不鞭其后者也。"

仲尼曰:"无入而藏,无出而阳,柴立其中央。三者若得,其名必极。夫畏涂者[③],十杀一人,则父子兄弟相戒也,必盛卒徒而后敢出焉,不亦知乎!人之所取畏者,衽席之上[④],饮食之间,而不知为之戒者,过也!"

【注释】

①学生:学习养生之道。

②拔彗:扫帚。

③畏涂:艰险多盗之途。

④衽(rèn)席:卧席,此指男女之事。

【译文】

田开之拜见周威公。威公说:"我听说祝肾学习养生之道,您跟随祝肾学习,也曾听到一些什么吗?"

田开之说:"我只不过拿起扫帚扫扫院子,又哪里能从先生那里听到什么!"

威公说:"您不必谦虚,我愿意听一听。"

开之说:"听先生说:'善于养生的人,就好像牧羊一样,看那落在后面的,就用鞭子抽打它。'"

威公问:"这是什么意思呢?"

田开之说:"鲁国有个叫单豹的人,住在岩洞里而饮用山泉,不与别人争夺利益,到了七十多岁还有婴儿的容色,但不幸遇到饥饿的老虎,饿虎就杀死并吃掉了他。还有个叫张毅的人,不管大户还是寒门,没有不和他来往的,四十岁时患内热之病而死。单豹修养内心而被老虎吃掉形体,张毅保养其身体而疾病却侵袭他的内心。这两个人,都像没被鞭打而落在后面的羊一样。"

孔子说:"不要进入荒山野岭把自己潜藏起来,也不要投进俗世使自己张扬显露,像根木柴一样没有心而立于动静之中。如果能做到这三点,就能称他为至人。使人可畏的道路,经过的十个人有一个被杀,则父子兄弟相互警告,一定要聚集许多人才敢行走,不也是很聪明吗! 人最害怕的,是在卧席之上,饮食之间,但是却不知道警戒,实在是大过错啊。"

【原文】

祝宗人玄端以临牢筴①,说彘曰:"汝奚恶死? 吾将三月豢汝②,十日戒,三日齐③,藉白茅,加汝肩尻乎雕俎之上④,则汝为之乎?"为彘谋,曰不如食以糠糟而错之牢筴之中;自为谋,则苟生有轩冕之尊,死得于腞楯之上、聚偻之中则为之⑤。为彘谋则去之,自为谋则取之,所异彘者何也?

【注释】

①祝宗人:掌管祭祀祝祷之官。玄端:黑色礼帽,指掌管祭祀之官穿的斋服。牢筴:猪栏,猪圈。筴,通"栅",栅栏。

②豢(huàn):同"豢",豢养。

③齐:同"斋",斋戒。

④尻(kāo):臀部。俎(zǔ):祭祀时盛肉的礼器,有木制漆饰,四足。

⑤腞楯(zhuànshǔn):绘有文采的运载灵柩之车。腞,画饰。楯,柩车。聚偻:棺椁上的彩饰,引申为装饰华美的棺椁。

【译文】

祭祀官穿着黑色的礼服来到猪圈旁,对猪说:"你为什么要害怕死亡呢? 我将喂养你三个月,十日戒,三日斋,铺上白茅,把你的肩和臀放在雕有花纹的祭器上,你愿意这样吗?"如果真是为猪打算,就不如以糟糠喂养而关在猪圈里;为自己打算,就希望活着的时候能有高官厚禄之尊贵,死后能有装饰华美的棺椁柩车送葬。为猪打算就会舍弃白茅、雕俎之类的东西,为自己打算却贪求这些东西,这样和猪又有什么不同呢?

【原文】

桓公田于泽①,管仲御,见鬼焉。公抚管仲之手曰:"仲父何见②?"对曰:"臣无所见。"

公反,欻诒为病③,数日不出。齐士有皇子告敖者曰④:"公则自伤,鬼恶能伤公! 夫忿滀之气⑤,散而不反,则为不足;上而不下,则使人善怒;下而不上,则使人善忘;不上不下,中身当心,则为病。"

桓公曰:"然则有鬼乎?"

曰:"有。沈有履⑥,灶有髻⑦。户内之烦壤⑧,雷霆处之⑨;东北方之下者,倍阿、鲑蠪跃之⑩;西北方之下者,则泆阳处之⑪。水有罔象⑫,丘有峷⑬,山有夔⑭,野有彷徨⑮,泽有委蛇。"

公曰:"请问,委蛇之状何如?"

皇子曰:"委蛇,其大如毂⑯,其长如辕⑰,紫衣而朱冠。其为物也,恶闻雷车之声,则捧其首而立。见之者殆乎霸。"

桓公辗然而笑曰⑱:"此寡人之所见者也。"于是正衣冠与之坐,不终日而不知病之去也⑲。

【注释】

①桓公:齐桓公,春秋五霸之一。

②仲父:桓公对管仲的尊称。

③欻诒(xīyí):因惊吓失魂而得病。

④皇子告敖:皇姓,名告敖,子为尊称。为齐之贤士。

⑤忿滀(chù):怒气郁结。滀,水停聚的样子。

⑥沈:通"沉",水下污泥。履:污水聚集处之鬼名。

⑦髻(jié):灶神名。

⑧烦壤:秽杂之物。

⑨雷霆:鬼名。

⑩倍阿、鲑蠪(guīlóng):皆鬼名。

⑪泆(yì)阳:神名,豹头马尾。

⑫罔象:又作"无伤",水神名。

⑬莘(shēn):怪兽名,状如狗,有角,身上有五彩花纹。

⑭夔(kuí):传说中的一种山怪,一足。

⑮彷徨:怪兽名,又作"方皇",状如蛇,两头,身有五彩花纹。

⑯毂(gǔ):车轮中心套轴的圆木,代指车轮。

⑰辕:车辕,车前驾马匹的两根直木。

⑱辴(chǎn)然:欢笑之态。

⑲不终日:不满一日。

【译文】

齐桓公在山泽中打猎,管仲驾车,看见了一个鬼。桓公拉着管仲的手说:"仲父,您看见什么了吗?"管仲说:"我什么都没看见。"

桓公回去后,因为受到惊吓而生病了,连续几天不出门。齐国有位贤士叫皇告敖的说:"您是自己伤害自己,鬼怎么能伤害您呢!如果体内郁结忿怒之气,散去不复聚集,精力就会不足;气往上升而不通于下,就使人容易发怒;下沉而不达于上,就使人容易健忘;上下不通达,闷在心里,就会得病。"

桓公说:"那么有鬼吗?"

皇告敖回答说:"有。水中污泥中有履鬼,灶里有灶神。户内堆放灰尘垃圾处,有雷霆之鬼在那里居住;住宅东北面墙根下,有倍阿、鲑蠪在那里跳跃;西北面墙根下,则有泆阳之鬼停留。水里有罔象神,丘里面有莘神,山中有夔神,旷野里有彷徨神,沼泽里有委蛇神。"

桓公说:"请问,委蛇是什么样子?"

皇告敖回答说:"委蛇有车轮一般粗细,车辕一般长短,衣着紫色而头戴红帽。这种鬼神害怕听到战车轰鸣声,听到了就捧着头立在那里。看见这种鬼神的人就要做霸主了。"

桓公高兴地笑着说:"这就是我所看见的。"于是端正衣冠坐起来和皇告敖谈话,不到一天工夫,病就不知不觉好了。

【原文】

纪渻子为王养斗鸡^①。

十日而问："鸡已乎？"曰："未也，方虚憍而恃气^②。"

十日又问，曰："未也。犹应向景。"

十日又问，曰："未也。犹疾视而盛气。"

十日又问，曰："几矣。鸡虽有鸣者，已无变矣，望之似木鸡矣，其德全矣。异鸡无敢应者，反走矣。"

【注释】

①纪渻（shěng）子：纪姓，名渻子。

②虚憍：虚浮骄矜。憍，同"骄"。

【译文】

纪渻子替周宣王驯养斗鸡。

十天之后周宣王来问："鸡可以斗了吗？"纪渻子回答说："还不行，现在还是虚浮骄矜而又自持意气的样子。"

十天后又来问，回答说："还不行。它听到声音、看到影子还是会马上做出反应。"

十天后又问，回答说："还不行。它经常盛气冲天，怒目而视。"

十天后再来问，回答说："差不多了。别的鸡即使打鸣，它也无动于衷，看上去像个木鸡，它的德性真可说是完美了。其他的鸡没有敢于应战的，见到它掉头就逃跑了。"

【原文】

孔子观于吕梁^①，县水三十仞^②，流沫四十里，鼋鼍鱼鳖之所不能游也^③。见一丈夫游之，以为有苦而欲死也，使弟子并流

258

而拯之④。数百步而出,被发行歌而游于塘下。

孔子从而问焉,曰:"吾以子为鬼,察子则人也。请问,蹈水有道乎?"

曰:"亡,吾无道。吾始乎故,长乎性,成乎命。与齐俱入⑤,与汩偕出⑥,从水之道而不为私焉。此吾所以蹈之也。"

孔子曰:"何谓始乎故,长乎性,成乎命?"

曰:"吾生于陵而安于陵,故也;长于水而安于水,性也;不知吾所以然而然,命也。"

【注释】

①吕梁:地名。

②县水:瀑布。县,同"悬"。

③鼋(yuán):鳖中之大者。鼍(tuó):鳄鱼类,俗称猪婆龙。

④并:傍。拯:援救。

⑤齐:漩涡。

⑥汩(gǔ):激流。

【译文】

孔子在吕梁游览,见到瀑布有三十多仞高,冲刷而起的激流和水花远达四十里,鱼鳖鼋鼍都不敢在这里游水。忽然看见一位男子在里面游水,以为他有什么痛苦的事想要寻死,就让弟子们沿着水流去救他。男子在水里潜行了数百步,浮出水面,披头散发,唱着歌游到岸边。

孔子跟过去问道:"我以为您是鬼,仔细观察却发现是人。请问,游水有什么方法吗?"

男子回答说:"没有,我没有特殊的方法。我开始是习以为常,长大后就成了习性,成年后就顺其自然了。我与漩涡一起沉入水底,又跟着上涌的激流一起浮出,只是顺着水势而不任性胡来。我就是这样游水的。"

孔子说:"什么叫作开始是习以为常,长大后就变成了习性,成年后就顺其自然?"

　　男子说:"我生在高地而安于高地生活,这就叫作开始是习以为常;在水边长大,安于水上生活而久习成性,这就叫作长大后就变成了习性;不知道我为什么会这样但确实这样,这就叫作顺其自然。"

【原文】

　　梓庆削木为鐻①,鐻成,见者惊犹鬼神。鲁侯见而问焉,曰:"子何术以为焉?"

　　对曰:"臣,工人,何术之有!虽然,有一焉。臣将为鐻,未尝敢以耗气也,必齐以静心②。齐三日,而不敢怀庆赏爵禄;齐五日,不敢怀非誉巧拙;齐七日,辄然忘吾有四枝形体也。当是时也,无公朝,其巧专而外骨消③,然后入山林,观天性,形躯至矣,然后成见鐻,然后加手焉,不然则已。则以天合天,器之所以疑神者,其是与!"

【注释】

　　①梓庆:名叫庆的木匠。鐻(jù):悬挂钟磬的架子。
　　②齐:同"斋"。
　　③外骨消:外界之扰乱完全排除。骨,通"滑",扰乱。

【译文】

　　名叫庆的木匠刻削木料制作鐻,鐻制成后,见到的人都惊叹为鬼斧神工。鲁侯见了之后问他说:"你用什么方法制成的呢?"

　　庆回答说:"我只是一名工匠,能有什么方法!虽然如此,还是有一点可以讲一讲。我要制作鐻时,不敢随便耗费精神,一定要斋戒使内心安静下来。斋戒三日,不敢有赏赐官爵厚禄的念头;斋戒五日,不敢有毁誉巧拙的念头;斋戒七日,已然忘了我有四肢形体。在这个时候,我忘了朝廷,没有外界的纷扰而技艺专一,然后我就进入山林,查看木头的质地,看到形躯最适宜的,一个成型的镰就好像呈现在眼前了,然后才动手去做,若没有这些条件就不做。这样,用我的本性结合木材自然的天性,制成后的器具被疑为鬼神所造,大概就是这个原因吧!"

【原文】

东野稷以御见庄公①,进退中绳,左右旋中规。庄公以为文弗过也,使之钩百而反②。

颜阖遇之③,入见曰:"稷之马将败。"公密而不应。

少焉,果败而反。公曰:"子何以知之?"

曰:"其马力竭矣,而犹求焉,故曰败。"

【注释】

①东野稷:人名,姓东野,名稷,善驾车。庄公:指鲁庄公。

②钩百:驾驭车马兜一百个圈。

③颜阖:鲁之贤人。

【译文】

东野稷因为善于驾车而被庄公接见,他驾车前进后退就像绳子一般笔直,左右旋转就像圆规一样圆。庄公认为就是画图也比不上这样,于是命他驾车转一百个圈后再返回。

颜阖遇见这件事,进来拜见庄公说:"东野稷的马将会疲惫不堪。"庄公默不作声,没有回应。

一会儿,果然因马筋疲力尽而回。庄公说:"您怎么知道呢?"

颜阖回答说:"他的马气力已经用尽了,还驱赶不停,所以知道一定会疲劳。"

工倕旋而盖规矩①,指与物化而不以心稽②,故其灵台一而不桎③。忘足,履之适也;忘要④,带之适也;知忘是非,心之适也;不内变,不外从,事会之适也;始乎适而未尝不适者,忘适之适也。

【注释】

①工倕:传说为尧时之能工巧匠。

②稽:思考。

③灵台:心。桎:桎梏,拘束,阻碍。

④要:同"腰"。

【译文】

工倕用手指画的图能超出用圆规矩尺所画的,手指像是与物体聚合为一而不须用心留意,因此他的内心专一而没有阻碍。忘记脚,是鞋子的闲适;忘记腰,是腰带的闲适;忘记是非,是内心的安适;不改变内心的持守,不随外物而有所改变,是处境的安适;本性安适而没有什么不适,这就是忘了安适的安适。

【原文】

有孙休者,踵门而诧子扁庆子曰①:"休居乡不见谓不修,临难不见谓不勇。然而田原不遇岁,事君不遇世,宾于乡里,逐于州部,则胡罪乎天哉?休恶遇此命也?"

扁子曰:"子独不闻夫至人之自行邪?忘其肝胆,遗其耳目,芒然彷徨乎尘垢之外,逍遥乎无事之业,是谓为而不恃,长而不宰。今汝饰知以惊愚,修身以明污,昭昭乎若揭日月而行也②。汝得全而形躯,具而九窍③,无中道夭于聋盲跛蹇而比于人数④,亦幸矣,又何暇乎天之怨哉! 子往矣!"

【注释】

①踵门:登门。子扁庆子:姓扁,名庆子,鲁之贤人。第一个"子"为对先生的尊称。

②昭昭乎:光明、明亮的样子。

③九窍:指人体的九个穴窍,即眼二,鼻二,耳二,口,肛门,尿道。

④跛蹇(jiǎn):瘸腿。

【译文】

有个叫孙休的人,走到门前,疑惑不已地询问他的老师扁庆子:"我孙休在乡间居住,没有听人说我德行差,遇到危难没有听人说我不勇敢。但耕种的庄稼总碰不到好年成,想为国君效力却没有机会,被乡里人排挤摈斥,又被地方官驱逐,难道是我得罪了上天吗? 我怎么就遇到这种命运呢?"

扁子说:"你难道没有听说那德行高的人的自我修养吗? 他们忘掉了自己的肝胆,遗忘了自己的耳朵和眼睛,放纵徘徊于世俗尘垢之外,自由自在而无所作为,这就叫作有所为而不自恃,为民长官却不主宰人。现在你修饰己智以使愚民感到惊异,修养自身以彰显别人的卑污,光耀明亮的样子就像托举着日月行走。你能够保全你的形体和身躯,具备了九窍,没有在人生半途因遭受耳聋、眼瞎和瘸腿的苦难而夭折,因而能和正常人并列,已经很幸运了,又哪里有闲工夫来抱怨老天啊! 你走吧!"

【原文】

孙子出。扁子入,坐有间,仰天而叹。弟子问曰:"先生何为叹乎?"

扁子曰:"向者休来,吾告之以至人之德,吾恐其惊而遂至于惑也。"

弟子曰:"不然。孙子之所言是邪? 先生之所言非邪? 非固不能惑是。孙子所言非邪? 先生所言是邪? 彼固惑而来矣,又奚罪焉!"

扁子曰:"不然。昔者有鸟止于鲁郊,鲁君说之,为具太牢以飨之,奏《九韶》以乐之。鸟乃始忧悲眩视,不敢饮食。此之谓以己养养鸟也。若夫以鸟养养鸟者,宜栖之深林,浮之江湖,食之以委蛇,则安平陆而已矣①。今休,款启寡闻之民也,吾告以至人之德,譬之若载鼷以车马②,乐鷃以钟鼓也③。彼又恶能无惊乎哉!"

【注释】

①平陆:平地,荒野。

②鼷(xī):鼷鼠,一种小老鼠。

③鷃(yàn):鷃雀,一种小鸟。

【译文】

孙休离开了。扁子进来,坐了一会儿,抬头向天叹了口气。弟子问道:"先生为什么叹息?"

扁子说:"刚才孙休来,我告诉他至人的德行,我担心他因震惊以至于更加迷惑。"

弟子说:"不会这样的。孙先生所说的话对吗? 老师所说的话不对吗? 不对的本不能使对的迷惑。孙先生所说的话不对吗? 老师所说的话对吗? 他本来就是因迷惑而来,那老师有什么过错呢!"

扁子说:"不是这样的。以前有只鸟停在鲁国的郊外,鲁国的国君非常高兴,杀牛宰羊来喂养它,奏《九韶》之乐来使它快乐。鸟儿于是开始忧愁悲伤起来,不敢吃喝。这就叫作用养自己的方式去养鸟。如果用养鸟的方式来养鸟,应当让它在深林中栖息,在水面浮游,用泥鳅小鱼喂养它,那么放之于原野就可以了啊。现今孙休是位见识狭小、孤陋寡闻之人,我把至人的德行告诉他,就好像用马车来装载小老鼠,用钟鼓娱乐小鸟一样。他又怎么能不受惊吓呢!"

【赏析】

本篇主要内容还是讲养生、养神。在文中,庄子指出,要达到"养生"的目的,最重要的就是要摒除各种外欲,要心神宁寂,事事释然。

在文中,围绕着凝神养气这一中心思想,庄子运用生动形象的寓言故事,再加以严谨的论述,让人领悟到其中的玄虚之理。全篇各段思想贯通一致,被认为是《庄子》中比较完整的篇目。

庄子认为,养形和养神同样重要,都不可忽视。养形是养神的前提,如果形体不能保全,那么养神也就无从说起;反过来说,如果养神不到位,那么形体就会出现问题,疾患频生。问题是,很多人没有意识到这一点,要么只顾养神,要么只顾养形。所以庄子在文中提出养生要做到"忘物",养神要做到忘记生命的存在,这样才能"形全精复,与天为一"。

杂篇

外　物

《外物》篇名来自篇首二字,"外物"即外在的事物。全文内容依旧很杂,但多数文字在于讨论处世养性的人生哲学,倡导顺应,反对矫饰,反对有所操持,从而做到虚己而忘言。

【原文】

外物不可必,故龙逢诛,比干戮,箕子狂①,恶来死②,桀、纣亡。人主莫不欲其臣之忠,而忠未必信,故伍员流于江③,苌弘死于蜀,藏其血,三年而化为碧。人亲莫不欲其子之孝,而孝未必爱,故孝己忧而曾参悲④。木与木相摩则然⑤,金与火相守则流。阴阳错行,则天地大絯⑥。于是乎有雷有霆,水中有火,乃焚大槐。有甚忧两陷而无所逃,螴蜳不得成⑦,心若县于天地之间,慰暋沉屯⑧,利害相摩,生火甚多,众人焚和。月固不胜火,于是乎有僓然而道尽⑨。

【注释】

①箕子:殷纣王的庶叔,曾劝谏纣王,纣王不从,箕子因而佯狂出逃。

②恶来:人名,殷纣王的佞臣。

③伍员:即伍子胥。

④孝己:殷高宗的儿子,受后母虐待,忧苦而死。曾参:字子舆,孔子

弟子。曾为父芸瓜,误断其根,大杖几死,故有忧悲之事。

⑤然:同"燃"。

⑥絯(hài):通"骇",惊。

⑦璹蜳(chéndūn):忧虑,恐惧。

⑧慰暋沉屯:郁闷,深忧。慰,郁。暋,闷。沉,深。屯,难。

⑨僓(tuí)然:颓废,毁败的样子。僓,通"隤",崩坏。

【译文】

外来的祸患是没有定准的,因此关龙逢被诛杀,比干被剖心,箕子装疯,恶来身死,桀纣灭亡。君主无不希望自己的臣子忠心,而忠心未必能被信任,因此伍子胥尸体漂在江中,苌弘死于蜀中,蜀人把他的血收藏起来,三年而化为碧玉。父母无不希望子女尽孝,而孝顺未必能得到父母的慈爱,所以孝己忧愁而曾参悲伤。木头与木头摩擦然后燃烧,金与火接触就会熔化。阴阳错乱,天地就会大受惊骇。于是雷霆大作,雨中夹着闪电火花,乃至焚烧高大的槐树。有人过度忧虑,陷入利害的两端而无法摆脱,惊恐而做不成事情,心好像悬在天地之间,忧郁沉闷,利害得失在心中碰撞,于是内心烦乱,焦躁万分,世俗之人便如此焚尽中和之气。清纯的天性经受不住利欲之火的熏烧,于是精神颓废,道理尽丧。

【原文】

庄周家贫,故往贷粟于监河侯①。监河侯曰:"诺。我将得邑金②,将贷子三百金,可乎?"

庄周忿然作色曰③:"周昨来,有中道而呼者。周顾视车辙中,有鲋鱼焉④。周问之曰:'鲋鱼来,子何为者耶?'对曰:'我,东海之波臣也。君岂有斗升之水而活我哉?'周曰:'诺。我且南游吴越之王,激西江之水而迎子,可乎?'鲋鱼忿然作色曰:

270

'吾失我常与,我无所处,吾得斗升之水然活耳。君乃言此,曾不如早索我于枯鱼之肆⑤!'"

【注释】

①贷:借贷。粟:谷子,亦粮食的通称。监河侯:监理河道的官。

②邑金:封邑的赋税。

③忿然:生气的样子。

④鲋(fù)鱼:即鲫鱼。

⑤枯鱼之肆:干鱼市场。

【译文】

庄周家庭贫穷,所以到监河侯家借粟米。监河侯说:"可以。我将要收封地的赋税,等收到了就借给你三百金,可以吗?"

庄周脸色骤变,生气地说:"我昨天来的时候,在半路上听到有叫我名字的。我回头看车辙碾过的坑洼,里面有条鲫鱼。我问它说:'鲫鱼呀,你在这里做什么?'它回答说:'我是东海水族的臣子,您能用升斗的水来救活我吗?'我说:'可以。我将要到南方游说吴、越两国的君王,请他们引西江的水来迎接你,可以吗?'鲫鱼骤然变色,生气地说:'我失去赖以生存的场所,无处安身,只要得到升斗之水就能活命。你居然这么说,还不如早些到干鱼市场去找我呢!'"

【原文】

任公子为大钩巨缁①,五十犗以为饵②,蹲乎会稽③,投竿东海,旦旦而钓,期年不得鱼。已而大鱼食之,牵巨钩,锱没而下④,骛扬而奋鬐⑤,白波若山,海水震荡,声侔鬼神⑥,惮赫千里。任公子得若鱼,离而腊之⑦,自制河以东⑧,苍梧已北⑨,莫不厌若鱼者⑩。已而后世辁才讽说之徒⑪,皆惊而相告也。夫揭竿累,趣灌渎^⑫,守鲵鲋^⑬,其于得大鱼难矣!饰小说以干县令^⑭,其于大达亦远矣。是以未尝闻任氏之风俗,其不可与经于世亦远矣!

【注释】

①任公子:任国的公子。缁:黑绳。

②犗(jiè):阉割过的牛。

③会稽:山名,在今浙江绍兴。

④銒没:沉没。銒,沉下。

⑤鹜扬:迅疾浮游。鬐(qí):通"鳍"。

⑥侔(móu):齐,等同。

⑦离:剖开。腊(xī):晾干。

⑧制河:浙江。

⑨苍梧:山名。在今广西。

⑩厌:饱食。

⑪辁才:小才,浅才。讽说:道听途说。

⑫灌渎:灌溉用的沟渠。

⑬鲵鲋:皆为小鱼。

⑭小说:浅陋的言辞。干:求。

【译文】

任国的公子造了一个大鱼钩和一段粗大的黑绳子,用五十头牛做鱼饵,蹲在会稽山上,把鱼竿投进东海,每天去钓鱼,一年也没有钓到鱼。后来有条大鱼吃饵,牵着鱼钩沉向海底,又迅速张开鱼鳍腾身而起,掀起的白浪汹涌如高山,海水震荡,好像鬼神在嚎叫,震动千里。任公子钓到这条鱼,把它剖开晾干,从浙江以东,到苍梧以北,没有不饱食这条鱼的。后来那些浅陋无知之人和道听途说之辈,都吃惊地奔走相告。假如举着细小的鱼竿,来到小水沟旁边,等着鲫鱼泥鳅上钩,那要想钓到大鱼就太难了!粉饰浅薄的话语来追求高名,对于通达大道的境界而言,相差也

272

太远了！所以，未曾了解任国公子风格的，也不能够与他谈论治世之道，因为相差也太远了！

【原文】

儒以《诗》《礼》发冢①，大儒胪传曰②："东方作矣，事之何若？"

小儒曰："未解裙襦③，口中有珠。"

"《诗》固有之曰：'青青之麦，生于陵陂④。生不布施，死何含珠为？'接其鬓，压其顪⑤，儒以金椎控其颐⑥，徐别其颊，无伤口中珠！"

【注释】

①发冢：盗掘坟墓。

②胪(lú)传：按礼的规定有秩序地向下传话。胪，上传语告下。

③裙襦：裙子和短衣。

④陵陂(bēi)：山坡。

⑤顪(huì)：胡须。

⑥控：敲。颐：下巴。

【译文】

儒士嘴里念着《诗》《礼》盗墓。大儒传话说："太阳要出来了，事情办得怎样了？"

小儒说："还没有解下裙子和短袄，嘴里含有珍珠。"

大儒说：《诗》上说：'青青的麦苗，生长在山坡上。活着的时候不施舍别人，死后含着珍珠做什么！'抓住他的头发，压着他的胡子，用铁锤敲他的下巴，慢慢地别开他的两颊，可别损伤了嘴里的珍珠！"

【原文】

老莱子之弟子出薪①,遇仲尼,反以告,曰:"有人于彼,修上而趋下,末偻而后耳②,视若营四海,不知其谁氏之子。"

老莱子曰:"是丘也,召而来。"

仲尼至,曰:"丘,去汝躬矜与汝容知③,斯为君子矣。"

仲尼揖而退,蹴然改容而问曰④:"业可得进乎?"

老莱子曰:"夫不忍一世之伤,而骛万世之患,抑固窭邪⑤?亡其略弗及邪?惠以欢为骛,终身之丑,中民之行易进焉耳!相引以名,相结以隐。与其誉尧而非桀,不如两忘而闭其所誉。反无非伤也,动无非邪也。圣人踌躇以兴事,以每成功。奈何哉,其载焉终矜尔!"

【注释】

①老莱子:人名。楚国的贤人,曾居蒙山。出薪:打柴。

②末偻:曲背。末,脊背。偻,伛偻,驼背。后耳:耳贴脑后。

③躬矜:矜持的态度。容知:智者的容貌。

④蹴(cù)然:局促不安的样子。

⑤窭(jù):陋,不足。

【译文】

老莱子的弟子出去打柴,碰见了孔子,回去以后就告诉老莱子,说:"有个人在那儿,上身长下身短,背部伛偻而耳朵向后,目光远视,像是经营天下的样子,不知道他是什么人。"

老莱子说:"这是孔丘,把他叫来。"

孔子来了,老莱子说:"孔丘啊,去掉你矜持高傲的姿态和聪明机智的容貌,那就可以成为君子了。"

孔子作揖后退,骤然变色而惭愧不安地说:"我的德行还能够有所精进吗？"

老莱子说："你不忍一世之创伤，却做贻害万世之事，是因你本来就孤陋寡闻呢？还是智慧谋略达不到呢？以施人恩惠受人欢心而自傲，是终生的耻辱，这不过平庸之辈的行为罢了！他们通过名声互相招引，通过私利互相勾结。与其去赞誉尧而非议桀，不如把这两种人都忘记，把非议和赞誉全都扬弃。违反物性就会受到损伤，轻举妄动就会流入邪僻。圣人迫不得已而后兴起事业，所以每每成功。你的行为总是不免于骄矜，怎么办呢！"

【原文】

宋元君夜半而梦人被发窥阿门①，曰："予自宰路之渊，予为清江使河伯之所，渔者余且得予。"元君觉，使人占之，曰："此神龟也。"君曰："渔者有余且乎？"左右曰："有。"君曰："令余且会朝。"

明日，余且朝。君曰："渔何得？"对曰："且之网得白龟焉，其圆五尺。"君曰："献若之龟。"龟至，君再欲杀之，再欲活之。心疑，卜之。曰："杀龟以卜吉。"乃刳龟②，七十二钻而无遗策③。

仲尼曰："神龟能见梦于元君，而不能避余且之网；知能七十二钻而无遗策，不能避刳肠之患。如是则知有所困，神有所不及也。虽有至知，万人谋之。鱼不畏网，而畏鹈鹕④。去小知而大知明，去善而自善矣。婴儿生，无石师而能言，与能言者处也。"

【注释】

①阿门：旁门，侧门。

275

②刳(kū):剖空。

③钻:占卜。

④鹈鹕:一种捕鱼的水鸟。

【译文】

宋元君半夜梦见有个披散头发的人在侧门窥视,说:"我从宰路的深渊来,作为清江的使者被派到河神那里去,渔夫余且捉到了我。"宋元君醒来,就命人占卜,占卜的人说:"这是一只神龟。"宋元君说:"打鱼的有余且这个人吗?"左右说:"有。"宋元君说:"让余且来见我。"

第二天,余且来朝见。宋元君说:"你打鱼捕到了什么?"回答说:"我网到了一只白龟,周圆五尺长。"宋元君说:"把你的龟献上来。"白龟献来了,宋元君又想杀了它,又想放了它,犹豫再三。迟疑不决,只好叫人占卜。说:"杀掉白龟用来占卜,吉利。"于是把龟剖开挖空,用它的甲占卜七十二次,没有一次不灵验的。

孔子说:"神龟能托梦于宋元君,但是却不能逃避余且的渔网;智能占卜七十二次而没有不灵验的,但是却不能逃避被剖腹挖空的祸患。如此看来,智也有穷困的时候,神也有预料不到的地方。即使有最高的智慧,也敌不过万人谋算。鱼不知道惧怕渔网,却畏惧鹈鹕。抛弃小聪明才能显出大智慧,去除人为的善行自然便有善性了。婴儿出生后,没有高明的老师教导而能够说话,是因为和会说话的人相处在一起。"

【原文】

惠子谓庄子曰^①:"子言无用。"

庄子曰:"知无用,而始可与言用矣。夫地非不广且大也,人之所用容足耳。然则厕足而垫之致黄泉^②,人尚有用乎?"

惠子曰:"无用。"

庄子曰："然则无用之为用也,亦明矣!"

【注释】

①惠子:惠施,宋人,名家代表人物。
②厕:通"侧"。垫:挖掘。

【译文】

惠施对庄子说:"你的言论没有什么用处。"

庄子说:"知道无用,然后才能和他谈论用的问题。大地并非不宽广阔大,人所用的不过是立足之地而已。然而把立足之地以外的土地向下一直挖到黄泉,那么它对人还有用吗?"

惠施说:"没有用了。"

庄子说:"那么无用的用处也就很明白了啊!"

【原文】

庄子曰:"人有能游,且得不游乎! 人而不能游,且得游乎! 夫流遁之志,决绝之行,噫! 其非至知厚德之任与! 覆坠而不反,火驰而不顾。虽相与为君臣,时也,易世而无以相贱。故曰至人不留行焉。夫尊古而卑今,学者之流也。且以狶韦氏之流观今之世①,夫孰能不波! 唯至人乃能游于世而不僻,顺人而不失己。彼教不学,承意不彼。"

【注释】

①狶韦氏:三皇以前的帝号。

【译文】

庄子说:"人若能逍遥自适,那么何往而不自得呢! 人如果不能逍遥自适,那么何往而自得呢! 游荡忘返的心志,决然弃绝人世的行为,唉,这些不是最高智慧、最高德性之人的所作所为吧！流遁之人濒临覆灭而不知悔悟,决绝之人心急如焚地追逐外物而不愿反顾。虽然有君臣之分,不过是时势使然罢了。世代改变,就不再有原来的贵贱了。所以说至人不会有偏滞的行为。尊崇古代而鄙视当今,不过是学者之流。假如用豨韦氏的观点来观察当今时代,谁能不随波逐流呢！只有至人能够遨游于世而不流入邪僻,随顺众人而不丧失自己的天性。世俗之教不应学取,禀受其意而不认同于他们。"

【原文】

目彻为明,耳彻为聪,鼻彻为颤,口彻为甘,心彻为知,知彻为德。凡道不欲壅,壅则哽^①,哽而不止则跈^②,跈则众害生。物之有知者恃息,其不殷,非天之罪。天之穿之,日夜无降,人则顾塞其窦^③。胞有重阆^④,心有天游。室无空虚,则妇姑勃谿^⑤;心无天游,则六凿相攘^⑥。大林丘山之善于人也,亦神者不胜。

【注释】

①壅:滞塞。

②跈(jiàn):践踏。

③窦:孔,穴。

④阆(làng):空旷。

⑤妇:儿媳。姑:婆婆。勃谿(xī):争吵,争斗。

⑥六凿:六孔,实指耳、目、口、鼻、心、智。攘:扰攘,扰乱。

【译文】

眼睛灵敏为明,耳朵灵敏为聪,鼻子灵敏为膻,口舌灵敏为甘,心灵通彻为智,智慧通彻为德。大凡道是不能滞塞的,滞塞就会梗塞不顺,梗塞久之就会互相践踏,互相践踏就会产生各种祸害。有知觉的物体能够依靠气息生存,气息不盛,不是自然的罪过。自然贯通万物,日夜不停,是人自己反而堵塞了这些孔窍。胎中尚有重重空隙以通气息,心灵必得空虚之处才能逍遥自适。室内没有一点空地,则婆媳相处就会发生争吵;心灵不能自然畅游,则耳、目、鼻、口、心、智六孔就会互相扰乱。森林山丘之所以适宜于人,也正是因为心神不胜外物干扰的缘故。

【原文】

德溢乎名,名溢乎暴,谋稽乎誸①,知出乎争,柴生乎守②,官事果乎众宜。春雨日时,草木怒生,铫鎒于是乎始修③,草木之倒植者过半,而不知其然。

【注释】

①誸(xián):急。

②柴(zhài):栅栏,营垒。

③铫鎒(yáonòu):除草的农具。

【译文】

德行的荡失是由于名声,名声的荡失是由于张扬,谋略的考究是由于危急,智巧的运用是由于争斗,栅栏是出于防守所需,官事则决于众人所宜。春雨应时而降,草木勃然而生,于是开始整修锄地的农具,但是田地里的杂草锄去而后再生者超过半数,而人们往往并不知道为什么会这样。

【原文】

静然可以补病①,眦搣可以休老②,宁可以止遽。虽然,若

279

是劳者之务也,非佚者之所未尝过而问焉③;圣人之所以骇天下④,神人未尝过而问焉;贤人所以骇世,圣人未尝过而问焉;君子所以骇国,贤人未尝过而问焉;小人所以合时,君子未尝过而问焉。

【注释】

①补病:调养病体。

②眦(zì):眼角。搣(miè):按摩。

③佚:通"逸",安闲。

④骇(hài):同"骇",惊骇,震动。

【译文】

沉静可以调养病体,按摩眼角可以延缓衰老,宁寂安定可以止息内心的急促。虽然如此,像这样,仍是操劳的人所务必要做的,闲逸的人却从不予以过问;圣人用来惊世骇俗的办法,神人不曾过问;贤人用来惊世骇俗的办法,圣人不曾过问;君子用来惊世骇俗的办法,贤人不曾过问;小人用来苟合一时的办法,君子不曾过问。

【原文】

演门有亲死者①,以善毁爵为官师,其党人毁而死者半。尧与许由天下,许由逃之;汤与务光,务光怒之;纪他闻之,帅弟子而踆于窾水②,诸侯吊之。三年,申徒狄因以踣河。

【注释】

①演门:宋国城门名。

②踆(qūn):同"蹲"。

【译文】

演门那儿有个死了双亲的人,因为他善于用毁损身体的方式表示哀伤,所以被封官师,他的邻里人因学他哀毁而死的过半。尧要把天下让给许由,许由逃跑了;汤把天下让给务光,务光大怒;纪他听说后,带着弟子到窾水隐居,诸侯都去慰问他;三年以后,申徒狄因仰慕纪他而投河自杀。

【原文】

荃者所以在鱼^①,得鱼而忘荃;蹄者所以在兔^②,得兔而忘蹄;言者所以在意,得意而忘言。吾安得夫忘言之人而与之言哉!

【注释】

①荃:通"筌"。捕鱼的竹器。
②蹄:捕兔的网。

【译文】

荃是用来捕鱼的,捕到了鱼就忘记了荃;蹄是用来捉兔的,捉到了兔就忘记了蹄;言语是用来表达心意的,领会了心意就忘记了言语。我哪里能够遇到忘记言语的人而和他进行交谈呢!

【赏析】

本篇内容庞杂,但大部分内容是讨论养生处世,倡导顺其自然。在一开篇,庄子就指出外在事物不可能有定准,世俗之人追逐于利害得失,到头来精神崩溃,玄理丧尽。接着写庄周家贫前往借贷的故事,借以说明顺应自然、依其本性的必要。而任公子钓大鱼的故事,则巧妙讽刺了眼光短浅、好发议论的鄙陋之士,说明治理世事的人必须立志有所大成。之后在老莱子、宋元君、"人有能游"、"目彻为明"诸段落中,庄子表明了自己的处事方法是"两忘而闭其誉""游于世而不僻""顺人而不失己"。在"德溢乎名""静然可以补病"等最后几个小段中,进一步阐明顺应自然的道理,并最终进入"得意而忘言"的境地。

列御寇

《列御寇》以人名篇。列御寇,郑人,道家学派的代表人物,人称列子,主张贵虚。全篇的主旨在于宣扬不可炫智于外而应养神于心,通达生命,虚己遨游的思想。

【原文】

列御寇之齐,中道而反,遇伯昏瞀人①。伯昏瞀人曰:"奚方而反?"曰:"吾惊焉。"曰:"恶乎惊?"曰:"吾尝食于十浆,而五浆先馈。"伯昏瞀人曰:"若是,则汝何为惊已?"曰:"夫内诚不解,形谍成光②,以外镇人心,使人轻乎贵老,而齑其所患③。夫浆人特为食羹之货,无多余之赢,其为利也薄,其为权也轻,而犹若是,而况于万乘之主乎!身劳于国,而知尽于事,彼将任我以事,而效我以功。吾是以惊。"伯昏瞀人曰:"善哉观乎!女处已,人将保汝矣!"

无几何而往,则户外之屦满矣④。伯昏瞀人北面而立,敦杖蹙之乎颐,立有间,不言而出。宾者以告列子⑤,列子提屦,跣而走⑥,暨乎门⑦,曰:"先生既来,曾不发药乎?"曰:"已矣,吾固告汝曰'人将保汝',果保汝矣。非汝能使人保汝,而汝不能使人无保汝也,而焉用之感豫出异也? 必且有感,摇而本性,又无谓

282

也。与汝游者,又莫汝告也。彼所小言,尽人毒也。莫觉莫悟,何相孰也!巧者劳而知者忧,无能者无所求,饱食而敖游,泛若不系之舟,虚而敖游者也!"

【注释】

①伯昏瞀(wú)人:虚构的人名。《德充符》篇作"伯昏无人"。

②谍:当为"渫"之假借,通"泄"。

③齍(jī):酿致。

④屦(jù):麻葛鞋。

⑤宾:同"傧",接引宾客的人员。

⑥跣(xiǎn):光着脚。

⑦暨:及。

【译文】

列御寇到齐国去,半途中又返回,碰到了伯昏瞀人。伯昏瞀人说:"为何刚去就返回呢?"列御寇说:"我感到惊慌。"伯昏瞀人说:"为什么感到惊慌呢?"列御寇说:"我曾去十家浆铺吃米汤,其中有五家店先赠送给我。"伯昏瞀人说:"这样的事,你为何惊慌呢?"列御寇说:"内心诚实不能化解,就会外泄而成光仪,用这样的外形来镇服人心,使人对我的尊重超过对贵者、老者的尊重,就会招来灾祸。卖浆人不过是做些饮食买卖,并没有多余的赢利,得到的利润也很少,权势也很轻微,尚且这样对待我,更何况是万乘的君主呢!国君身体操劳于国事,而才能和智慧消耗殆尽,他委任我以国家大事,而要求我有所功绩,所以我感到惊慌。"伯昏瞀人说:"你真会观察问题啊!你安居吧,百姓将会归附你!"

没多久,伯昏瞀人去看望列御寇,而门外前来拜访的人的鞋子已经摆满了。伯昏瞀人面向北站着,把拐杖竖起顶着下巴而使皮肉都皱起来了,站了一会儿,没说话就走了。接引宾客的人告诉列子,列子提着鞋,光脚跑出来,到了门口,说:"先生既然来了,为什么不发药石之言以针砭我呢?"伯昏瞀人说:"算了吧,我曾经告诉你'百姓将会归附你',果然归附你了。不是你能使人归附你,而是你不能不使人归附你,你何必为了得人欢心而表现出与众不同的迹象呢? 如果一定要得人欢心,必定动摇你的自然本性,又没有什么益处。同你交游的人,又不能把这番道理告诉你。他们的细巧之言,都是毒害人的。没有觉悟,怎能相习熟呢! 有技巧的人劳苦,有智慧的人忧虑,而没有智巧的人无所求,吃饱了肚子就自由自在地遨游,飘然如没有牵系的小舟,在心境虚无的境界中逍遥遨游。"

【原文】

郑人缓也^①,呻吟裘氏之地^②。祗三年而缓为儒^③,河润九里,泽及三族^④,使其弟墨。儒、墨相与辩,其父助翟。十年,而缓自杀。其父梦之曰:"使而子为墨者,予也! 阖胡尝视其良^⑤? 既为秋柏之实矣。"

夫造物者之报人也,不报其人而报其人之天,彼故使彼。夫人以己为有以异于人,以贱其亲,齐人之井饮者相捽也^⑥。故曰今之世皆缓也。自是,有德者以不知也,而况有道者乎! 古者谓之遁天之刑^⑦。

圣人安其所安,不安其所不安;众人安其所不安,不安其所安。

庄子曰:"知道易,勿言难。知而不言,所以之天也;知而言之,所以之人也。古之人,天而不人。"

【注释】

①缓:人名。

②裘氏:地名。

③祗:只,止。

④三族：父族、母族、妻族。

⑤阖：何不。良：同"埌"，坟墓。

⑥捽(zuó)：揪，扭打。

⑦遁天之刑：违背自然的刑罚。

【译文】

郑国有一个名叫缓的人，在裘氏这个地方读书。只用了三年时间，缓便成就了儒业。河水浩大滋润九里，儒成富贵而泽及三族，又让他的弟弟学习墨家。儒、墨不能相容而相互争辩，父亲帮助翟。十年后，缓辩论不过翟而自杀。他父亲梦见他说："让你的小儿子成为墨者的，是我啊！为什么不来看看我的坟墓？我坟墓旁的秋柏已经结果实了。"

造物者成就人，不是成就人事而是成就其天性，他的天性使他发展成这样。缓以为自己不同于常人，而轻侮他的父亲，就跟齐人自以为挖井有功而与饮水的人互相扭打一样。所以说，如今的人差不多都是像缓这样贪天之功以为己有的人。自以为有德，而有德的人却不知道自己有德，更何况是有道的人呢！古代的人认为这是和自然相违背而得到的刑罚。

圣人安于自然，不安于人为；普通人安于人为，不安于自然。

庄子说："知道道容易，不谈论道则困难。知大道而不言说，就合于自然天道；知大道而去言说，这就是人为了。古代的人，合于自然，不事人为。"

【原文】

朱泙漫学屠龙于支离益①，单千金之家②，三年技成，而无所用其巧。

圣人以必不必，故无兵；众人以不必必之，故多兵。顺于兵，故行有求。兵，恃之则亡。

285

小夫之知,不离苞苴竿牍③,敝精神乎蹇浅④,而欲兼济道物,太一形虚。若是者,迷惑于宇宙,形累不知太初。彼至人者,归精神乎无始,而甘冥乎无何有之乡。水流乎无形,发泄乎太清。悲哉乎！汝为知在毫毛而不知大宁⑤。

【注释】

①朱泙(pēng)漫:复姓朱泙,名漫。支离益:复姓支离,名益。

②单:通"殚",尽。

③苞苴竿牍:指交际应酬。苞苴,香草,古人用以包裹馈赠的礼物。竿牍,竹简,竹简为书以相问遗。

④敝:消耗。蹇浅:浅陋,短浅。

⑤大宁:宁静虚无的大道。

【译文】

朱泙漫跟支离益学屠龙之技,耗尽千金的家产,三年以后学成,但是却没有机会施展他的技术。

圣人把必然的事情视为不然,因此没有纷争;众人把不必然的事情视为必然,因此纷争很多。顺从这些纷争,因此便有追逐贪求的行为。依仗纷争,必然败亡。

世俗之人的智慧,离不开交际应酬,把精神疲敝在这些浅陋琐碎的小事上,还想要兼济众生导引万物,以达到太一形虚的境界。像这样的人,被浩瀚的宇宙所迷惑,身形疲敝而不了解天地初始的混沌境界。至于至人,他们的精神归向于天地混沌的初始时期,而安处虚无的大道境界。像水流一样随顺无形,自然而然地流入太虚之域。可悲啊！他们的心智只用在毫毛一样的琐碎之事上,而不能领悟宁静虚无的大道。

【原文】

宋人有曹商者,为宋王使秦。其往也,得车数乘。王说之,益车百乘。反于宋,见庄子,曰:"夫处穷闾陋巷,困窘织屦,槁项黄馘者^①,商之所短也;一悟万乘之主而从车百乘者,商之所长也。"

庄子曰:"秦王有病召医,破痈溃痤者得车一乘^②,舐痔者得车五乘^③。所治愈下,得车愈多。子岂治其痔邪?何得车之多也?子行矣!"

【注释】

①槁项:颈项枯槁无肉。馘(xù):脸。

②痈:脓疮。痤(cuó):痤疮,粉刺。

③舐(shì):舔。痔(zhì):痔疮。

【译文】

宋国有个叫曹商的人,替宋王出使秦国。当他前往秦国时,得到宋王赏赐车子数辆。秦王非常喜欢他,又增赐车子百辆。曹商返回宋国,见到庄子,说:"居住在偏僻狭窄的巷子里,贫穷困乏而靠编织草鞋为生,颈项枯槁,面黄肌瘦,这是我的短处;一旦使万乘的君主醒悟,使随从的车辆有百乘之多,这是我的长处。"

庄子说:"秦王有病召见医生,能破除脓疮的可得车一辆,能舐痔疮的可得车五辆。所医治的愈卑下,得到的车子愈多。你难道是为秦王舐痔疮了吗?不然为什么获得这么多车子呢?你走吧!"

【原文】

鲁哀公问乎颜阖曰:"吾以仲尼为贞干^①,国其有瘳乎^②?"

曰:"殆哉圾乎^③!仲尼方且饰羽而画,从事华辞,以支为旨,忍性以视民^④,而不知不信。受乎心,宰乎神,夫何足以上民!彼宜女与?予颐与?误而可矣!今使民离实学伪,非所以视民也。为后世虑，不若休之，难治也。"

施于人而不忘，非天布也，商贾不齿。虽以事齿之，神者弗齿。

为外刑者，金与木也；为内刑者，动与过也。宵人之离外刑者，金木讯之；离内刑者，阴阳食之⑤。夫免乎外内之刑者，唯真人能之。

【注释】

①贞干：古代筑墙的工具。立于两端的木柱为桢，坚于两侧的木板为幹。此处喻指栋梁，国家重臣。贞，通"桢"。

②瘳(chōu)：病愈。

③圾：通"岌"，危。

④忍性：矫饰自然之性。

⑤食：通"蚀"，腐蚀，侵蚀。

【译文】

鲁哀公问颜阖："我希望任用孔子为国家重臣，国家可以治理好吗？"

颜阖说："危险，太危险了啊！孔子正一心想着粉饰装扮，讲习虚伪华丽的文辞，把细枝末节当作主旨，矫饰性情以夸示于民众，却不知自己全无诚信。这样承受在内心，主宰着精神，怎么能够管理民众呢！他果真适合于你吗？他能够养育百姓吗？您的考虑错误无疑！现在使民众脱离真情而去学习虚伪，这不是引导民众的办法。为后世考虑，不如停止，他是很难治理好国家的。"

对别人施恩但却不忘却自己的功劳，这不能算是自然的施与，连商贾也会看不起他。虽然偶尔会因为一些事情谈论到他，神人还是鄙视他。

施加体外刑罚的，不外乎金属或木质的刑具；施加内心惩罚的，则自身的烦乱和行为的过失。小人遭受体外刑罚,不外乎是用金属或木质的刑具来审讯他;遭受内心惩罚,则是阴阳之气交错而侵蚀他。能够免除体外和内心刑罚的,只有真人才能够做到。

【原文】

孔子曰:"凡人心险于山川,难于知天。天犹有春秋冬夏旦暮之期,人者厚貌深情①。故有貌愿而益,有长若不肖②,有顺懁而达③,有坚而缦,有缓而焊④。故其就义若渴者,其去义若热。故君子远使之而观其忠,近使之而观其敬,烦使之而观其能,卒然问焉而观其知,急与之期而观其信,委之以财而观其仁,告之以危而观其节,醉之以酒而观其侧,杂之以处而观其色。九征至,不肖人得矣。"

【注释】

①厚貌深情:貌虽忠厚而其情深藏难测。

②不肖:不贤。

③懁(xuān):性急,急躁。

④焊(hàn):急。

【译文】

孔子说:"人心比山川还要险恶,比天象还要难以测知。自然尚有春夏秋冬及早晚的限定,人却容貌敦厚,情感深沉。所以有的人貌似谨慎老实而内心骄傲不群,有的人貌似尊长而其实不肖,有的人貌似急躁而内心通达,有的人貌似坚韧刚强而内心懈怠涣散,有的人貌似舒缓而内心烦躁。所以他们寻求道义好像饥饿难耐,背弃道义好像逃离炙热。所以君子总是让人到远处而后观察他是否忠诚,让人在近处而后观察他是否恭敬,让人处理烦乱困难的事情而后观察他是否有能力,突然询问人难题而后观察他是否有智慧,交给人期限紧迫的任务而后观察他是否守信用,把钱财交给人保管而后观察他是否廉洁,告诉人危难的事情而后观察他是否有节操,用酒灌醉人而后观察他是否有仪则,使男女混杂相处而后观察他是否好色。这九种表现得到验证,不肖的人就被看出来了。"

【原文】

正考父一命而伛①,再命而偻②,三命而俯,循墙而走,孰敢不轨!如而夫者,一命而吕钜③,再命而于车上儛④,三命而名诸父,孰协唐许⑤!

贼莫大乎德有心而心有睫,及其有睫也而内视,内视而败矣。凶德有五⑥,中德为首。何谓中德?中德也者,有以自好也,而吡其所不为者也⑦。

穷有八极,达有三必,形有六府。美、髯、长、大、壮、丽、勇、敢,八者俱过人也,因以是穷。缘循、偃佒、困畏不若人⑧,三者俱通达。知、慧外通,勇、动多怨,仁、义多责。达生之情者傀⑨,达于知者肖;达大命者随,达小命者遭。

【注释】

①正考父:宋国大夫。命:任命。伛(yǔ):曲背,表示恭敬。

②偻(lǒu):弯腰。

③吕钜:自高自大的样子。钜,大。

④儛:同"舞"。

⑤协:合。唐许:指唐尧、许由。尧让帝位于许由,许由不受,隐居颍水之阳,箕山之下。

⑥凶德有五:指招惹凶祸的官能有耳、眼、鼻、舌、心五种。

⑦吡(bǐ):訾,诋毁。

⑧缘循:随顺万物。偃佒:同"偃仰",顺从人意。困畏:怯懦谦下。

⑨傀(guī):大,指胸襟宽大。

【译文】

正考父第一次被任命为士而逢人便曲背行走,第二次被任命为大夫而逢人便弯下腰行走,第三次被任命为卿而逢人便俯下身子,避开大路而沿着墙行走,有谁敢不效法呢!假若是凡夫俗子,第一次被任命为士就会骄傲自大,第二次被任命为大夫就会在车上手舞足蹈,第三次被任命为卿就会直呼叔伯之名,谁能像唐尧、许由那样谦虚呢!

最大的贼害莫过于有心为德而心上长有眼睛,等到有了心眼就会主观臆断,而主观臆断必定导致失败。招惹凶祸的官能有耳、目、鼻、口、心五种,而内心的谋虑是祸害之首。什么是内心谋虑的祸害呢?所谓内心谋虑的祸害,就是自以为是而诋毁与自己不同的意见。

困厄有八个方面,通达有三项必要条件,形体有六个脏腑。美姿、长须、身高、形大、体壮、华丽、勇猛、果敢,这八个方面都超过别人,就会遭受役使而穷困。随顺万物,顺从人意,怯懦谦下,这三项都可以使人遇事通达。智慧外露而通于物则易伤身,勇猛躁动必多招怨恨,倡导仁义必多遭责难。通达生命实情的人心胸开阔,通达智巧的人心胸狭窄;通晓天命的人随顺自然,知道人各有命之理的人随遇而安。

【原文】

人有见宋王者,锡车十乘①,以其十乘骄稚庄子②。庄子曰:"河上有家贫恃纬萧而食者③,其子没于渊,得千金之珠。其父谓其子曰:'取石来锻之④!夫千金之珠,必在九重之渊而骊龙颔下⑤。子能得珠者,必遭其睡也。使骊龙而寤,子尚奚微之有哉!'今宋国之深,非直九重之渊也;宋王之猛,非直骊龙也。子能得车者,必遭其睡也。使宋王而寤,子为齑粉夫⑥!"

【注释】

①锡:通"赐"。

②稚:骄矜。

③纬:编织。萧:芦苇。

④锻:锤碎。

⑤骊龙:黑龙。颔(hàn):下巴。

⑥齑粉:粉身碎骨。齑,同"齑"。

【译文】

有个人去拜见宋王,宋王赐给他车马十乘,这个人依仗这些车马在庄子面前炫耀。庄子说:"河边有一户贫穷依靠编织苇席而生的人家,他的儿子潜入深渊,得到了一颗价值千金的宝珠。父亲告诉儿子说:'拿石头来把它砸碎!价值千金的宝珠,必定出自九重深渊的黑龙的下巴下面。你能得到这颗宝珠,一定是碰到黑龙睡着了。假如黑龙醒着,你哪里会有一点点存在呢!'现在宋国危机深重,远非九重的深渊可比;宋王的凶猛,远非黑龙可比。你能得到这十乘车马,一定是趁宋王睡着的时候。假若宋王清醒过来,你就粉身碎骨了!"

【原文】

或聘于庄子,庄子应其使曰:"子见夫牺牛乎①?衣以文绣,食以刍叔②。及其牵而入于大庙,虽欲为孤犊③,其可得乎!"

【注释】

①牺牛:用来祭祀的牛。

②刍叔:细草和大豆。

③孤犊:无母之小牛。

292

有人来聘请庄子,庄子回答使者说:"你见过用来祭祀的牛吗?给它披上锦绣,用细草和大豆来喂养它。等到它被牵着进入太庙的那一天,即使想要做个无母的小牛,哪里能做得到呢!"

【原文】

庄子将死,弟子欲厚葬之。庄子曰:"吾以天地为棺椁,以日月为连璧,星辰为珠玑,万物为赍送①。吾葬具岂不备邪?何以加此!"弟子曰:"吾恐乌鸢之食夫子也②。"庄子曰:"在上为乌鸢食,在下为蝼蚁食③,夺彼与此,何其偏也!"

以不平平,其平也不平;以不征征④,其征也不征。明者唯为之使,神者征之。夫明之不胜神也久矣,而愚者恃其所见入于人,其功外也,不亦悲乎!

【注释】

①赍(jī)送:持物送葬,此处指陪葬品。

②鸢(yuān):老鹰。

③蝼蚁:蝼蛄和蚂蚁。

④征:征验。

【译文】

庄子快要死了,弟子们打算厚葬他。庄子说:"我把天地作为棺椁,把日月作为连璧,把星辰作为珠玑,万物都可以成为我的陪葬品。我陪葬的器具难道还不齐备吗?还有什么能超过这些东西呢!"弟子们说:"我们担忧乌鸦和老鹰啄食先生的遗体。"庄子说:"遗尸地面让乌鸦和老鹰啄食,埋在地下会让蝼蛄和蚂蚁吃掉,从乌鸦老鹰嘴里夺过来送给蝼蛄蚂蚁,何等偏心啊!"

用不公平的方式来使之公平,这种公平还是不公平;用不能够征验的东西来征验,征验的结果还是不能征验。自认为聪明的人唯有被外物役使,精神世界完全超脱于物外的人才会自然地感应。自以为聪明人远不及精神世界完全超脱于物外的人,此等情况早就存在了,而愚蠢的人还自恃偏见而沉溺于人为之事,他们的功利只在于追逐外物,不也是很可悲吗!

【赏析】

全篇内容庞杂,由若干无内在联系的小故事组合而成,中间时有议论。从主要段落看,主要主张忘我的思想,人生在世应抛弃声名、智巧和外炫于世,做到虚无宁静,安于所安,任其自然。

文章先通过伯昏瞀人与列御寇的对话,告诫人们不要显迹于外。世人之所以不能忘我,是因为他们始终不能忘外,“无能者无所求”,无所求的人才能虚己而遨游。接着通过对贪天之功以为己有的人的批评,对照朱泙漫学习屠龙技成而无所用,教导人们要顺应天成,不要追求人为,要像水流一样“无形”,而且让精神归于“无始”。接下来,嘲讽了势利的曹商,批评了矫饰学伪的孔子,指出给人们精神世界带来惩罚的,还是自身的烦乱不安,而能够摆脱精神桎梏的只有真人,即形同槁木、超脱于世俗之外的人。然后先借孔子之口大谈人心叵测,择人困难,再以正考父做官为例,引出处世原则的讨论,即态度谦下,不自以为是,不自恃傲人,而事事通达,随顺自然。最后连续写了庄子的三则小故事,旨意全在说明一无所求的处世原则。

天　下

　　《天下》以篇首二字名篇。本篇记录先秦诸子百家的历史渊源，来龙去脉，既是《庄子》一书的导言，又是中国最早的学术史著作。

【原文】

　　天下之治方术者多矣，皆以其有为不可加矣。古之所谓道术者，果恶乎在？曰："无乎不在。"曰："神何由降？明何由出①？""圣有所生，王有所成，皆原于一。"

　　不离于宗，谓之天人；不离于精，谓之神人；不离于真，谓之至人。以天为宗，以德为本，以道为门，兆于变化②，谓之圣人；以仁为恩，以义为理，以礼为行，以乐为和，薰然慈仁③，谓之君子；以法为分④，以名为表，以参为验，以稽为决⑤，其数一二三四是也⑥，百官以此相齿⑦；以事为常⑧，以衣食为主，蕃息畜藏⑨，老弱孤寡为意，皆有以养，民之理也。

　　古之人其备乎！配神明，醇天地，育万物，和天下，泽及百姓；明于本数，系于末度，六通四辟⑩，小大精粗，其运无乎不在。其明而在数度者，旧法、世传之史尚多有之。其在于《诗》《书》《礼》《乐》者，邹鲁之士、搢绅先生多能明之。《诗》以道志，《书》以道事，《礼》以道行，《乐》以道和，《易》以道阴阳，《春秋》以道名分。其数散于天下而设于中国者,百家之学,时或称而道之。

　　天下大乱,贤圣不明,道德不一,天下多得一察焉以自好。譬如耳目鼻口,皆有所明,不能相通。犹百家众技也,皆有所长,时有所用。虽然,不该不遍⑪,一曲之士也⑫。判天地之美,析万物之理,察古人之全。寡能备于天地之美,称神明之容。是故内圣外王之道,暗而不明,郁而不发,天下之人各为其所欲焉,以自为方。悲夫! 百家往而不反,必不合矣! 后世之学者,不幸不见天地之纯、古人之大体。道术将为天下裂。

【注释】

①明:明王,圣明的君主。

②兆于变化:谓能预知征兆,随物变化。

③薰然:温和的样子。

④分:分守,职分。

⑤稽:考查,考核。

⑥其一二三四是也:谓像数一二三四那样清楚明白。

⑦齿:序列。

⑧事:指耕作。

⑨蕃:繁衍。

⑩六通:指上下四方六合通达。四辟:指春夏秋冬四时顺畅。

⑪该:完备,兼备。

⑫一曲:指偏于一隅。

【译文】

　　天下研究方术的人很多,都以为自己所学的登峰造极、无以复加了。古时所谓的道术,究竟在哪里呢? 回答说:"无所不在。"问说:"圣人从哪里降生? 明王从哪里出现?"回答说:"圣人之所以降生,明王之所以出现,都源于道。"

不脱离大道宗本的人,称作天人;不脱离大道精微的人,叫作神人;不脱离大道真实的人,叫作至人。以天为主宰,以德为根本,以道为门径,能预知征兆而顺随变化的,称为圣人;以仁施行恩惠,以义分清事理,以礼规范行为,以乐调和性情,表现温和而仁慈的,称为君子;以法度为分守,以名号为表率,以比较为验证,以考稽作决断,好像数一二三四那样清楚明白,百官以此相序列;以劳作为常业,把丰衣足食放在首位,繁衍生息,积蓄储藏,老弱孤寡一一放在心上,使他们都能得到抚养,这是治理百姓的道理。

古时的圣人是很完备的了!能够和神明相匹配,以天地为准则,养育万物,调和天下,恩泽百姓;不仅通晓大道的根本,又能维系细枝末节的法度,上下四方无不通达,春夏秋冬四时无不顺畅,无论小大精粗,其作用无所不在。那些明明白白地反映在礼法和制度中,过去的典章法规和世代相传的史书都还多有记载。那些记载在《诗》《书》《礼》《乐》中的,邹、鲁一带的学者和仕人大多都还通晓。《诗经》是表达志向的,《书经》是记载政事的,《礼》是规范行为的,《乐》是调和性情的,《易经》是预测阴阳变化的,《春秋》是讲述名分的。这些学问散布于天下而施行于中国,诸子百家的学说对此时常称引和讲述。

天下大乱,贤人圣哲的学说不能显扬于世,道德规范不能统一,天下的学者多是偏执一孔之见而自以为是。就像耳、目、口、鼻,都有各自的官能,而不能相互替代。犹如百家的各种技艺,各有所长,适宜时才能有所用。虽然如此,不能兼备不能周遍,只能是偏于一隅的人。割裂了天地的自然之美,离析了万物存在的常理,分离了古人完美的德性。很少能具备天地的自然之美,很少能配称神明的形象。所以内圣外王的道理,被障蔽而不能显明,被抑制而不能发扬,天下之人各尽所欲,而偏执一己之学说。可悲啊!百家学说走入极端而不知返回,必然不能合于大道!后世的学者,不幸不能看到天地的自然之美,不能看到古圣人的全貌。道术将要被天下世人割裂。

不侈于后世^①,不靡于万物^②,不晖于数度^③,以绳墨自矫,而备世之急,古之道术有在于是者。墨翟、禽滑釐闻其风而说之,为之大过,已之大循。作为《非乐》,命之曰《节用》。生不歌,死无服。墨子泛爱兼利而非斗,其道不怒。又好学而博,不异,不与先王同,毁古之礼乐。黄帝有《咸池》,尧有《大章》,舜有《大韶》,禹有《大夏》,汤有《大濩》,文王有《辟雍》之乐,武王、周公作《武》。古之丧礼,贵贱有仪,上下有等。天子棺椁七重^④,诸侯五重,大夫三重,士再重。今墨子独生不歌,死不服,桐棺三寸而无椁,以为法式。以此教人,恐不爱人;以此自行,固不爱己。未败墨子道,虽然,歌而非歌,哭而非哭,乐而非乐,是果类乎?其生也勤,其死也薄,其道大觳^⑤,使人忧,使人悲,其行难为也,恐其不可以为圣人之道,反天下之心,天下不堪。墨子虽独能任,奈天下何!离于天下,其去王也远矣。

墨子称道曰:"昔禹之湮洪水^⑥,决江河而通四夷九州也^⑦,名川三百,支川三千,小者无数。禹亲自操橐耜^⑧,而九杂天下之川。腓无胈^⑨,胫无毛^⑩,沐甚雨^⑪,栉疾风,置万国。禹,大圣也,而形劳天下也如此。"使后世之墨者,多以裘褐为衣,以跂蹻为服^⑫,日夜不休,以自苦为极,曰:"不能如此,非禹之道也,不足谓墨。"

相里勤之弟子,五侯之徒,南方之墨者苦获、已齿、邓陵子之属,俱诵《墨经》,而倍谲不同^⑬,相谓别墨。以坚白、同异之辩相訾^⑭,以觭偶不仵之辞相应^⑮,以巨子为圣人,皆愿为之尸^⑯,冀得为其后世,至今不决。

墨翟、禽滑釐之意则是,其行则非也。将使后世之墨者,必自苦以腓无胈、胫无毛相进而已矣。乱之上也,治之下也。虽然,墨子真天下之好也,将求之不得也,虽枯槁不舍也,才士也夫!

【注释】

①侈:奢侈。

②靡(mí):浪费。

③晖(huī):炫耀。数度:数指法律条文,度指法度。

④椁:外棺。重:层。

⑤觳(què):刻薄。

⑥湮:堵塞。

⑦四夷:四方边远地区。九州:冀、兖、青、徐、扬、荆、豫、梁、雍。

⑧橐(tuó):盛土的器具。耜(sì):掘土的工具。

⑨腓(féi):腿肚子。胈(bá):腿肚子的白肉。

⑩胫(jìng):小腿。

⑪甚雨:淫雨,暴雨。

⑫跂(jī):同"屐",木鞋。𪨶(juē):草鞋。

⑬倍谲(jué):矛盾,相反。倍,通"背"。谲,异。

⑭訾(zǐ):诽谤,非议。

⑮觭(jī):通"奇"。忤(wǔ):合,同。

⑯尸:神主,神像。

【译文】

教诲后代不要奢侈,不浪费万物,不宣扬礼法,用规矩来匡正自己的过失,来防备当世的急难,古代的道术有这方面的内容。墨翟、禽滑釐听到这种风教就很喜欢,但做得实在太过分了,要人抑制欲念而顺从己见。作《非乐》,讲《节用》。活着的时候不唱歌,死的时候不穿丧服。墨子主张兼爱、互利,反对战争,教导人们不要怨怒。他又好学而博识,不标新立异,不同于先王,主张毁弃古代的礼乐制度。黄帝时有《咸池》之乐,尧时有《大章》之乐,舜时有《大韶》之乐,禹时有《大夏》之乐,汤时有《大濩》之乐,文王时有《辟雍》之乐,武王、周公创作了《武》乐。古代的丧礼,贵贱有不同的仪则,上下有不同的等次。天子的内棺外椁共有七层,诸侯五层,大夫三层,士两层。现在唯独墨子主张活着的时候不作乐欢歌,死后不穿丧服,只用三寸厚的桐木棺材而且没有外椁,以此作为天下的法度标准。用这个来教化民众,恐怕不是爱人的道理;自己照此去实行,实在是不爱惜自己。这样说并不是要抨击墨子的学说,然而,人想唱歌的时候反对唱歌,人想哭泣的时候反对哭泣,人想奏乐的时候反对奏乐,这样真的合乎人情吗?活着的时候勤劳,死后薄葬,他的学说太苛刻了,使人忧虑,使人伤悲,他的主张难以实行,恐怕不能够成为圣人之道,违背了天下人的心愿,让天下人不堪忍受。墨子虽然能够自己实行他的学说,但他能把天下人怎么样呢!背离了天下之人,距离王道也就远了。

墨子宣扬说:"过去大禹堵塞洪水,疏通江河,从而沟通四夷九州,著名大河有三百条,支流有三千条,小河不计其数。禹亲自拿着盛土和掘土的工具而汇集天下的河流,累得大腿上没有肉,小腿上没有毛,暴雨淋身,狂风梳理头发,终于安置了万国。禹是个大圣人,他却为天下之人而使形体劳累到这般地步。"从而使后世的墨家学者,多以粗布和兽皮做衣服,脚穿木屐草鞋,日夜不息,把辛劳刻苦作为准则,说:"不能这样辛勤劳苦,就不符合禹的道,不足以称为墨者。"

相里勤的弟子,五侯的门徒,南方的墨者苦获、已齿、邓陵子一派,都诵读《墨经》,却背异不相同,互相指责对方不是正统墨家。以坚白、同异之类的辩论相互诋毁,用奇偶不合的言辞相互应答,把巨子当作圣人,全都乐意敬奉他为领袖,希望能成为墨家学派的继承者,而至今各派之间仍争论不休。

墨翟、禽滑釐的用意是好的,但他们的行为太苛刻了。这会使后代的墨者,一定要劳苦到自己的大腿上没有肉、小腿上没有毛,依靠这些相互竞争罢了。他们扰乱天下的罪过多,治理天下的功劳少。虽然如此,墨子真能算是天下真正的善人了,实在是求而不可得的人,即使弄得自己面容枯槁,他也不会舍弃自己的主张,真是个有才能的人啊!

【原文】

不累于俗,不饰于物,不苟于人,不忮于众①,愿天下之安宁以活民命,人我之养毕足而止,以此白心②,古之道术有在于是者。宋钘、尹文闻其风而悦之③,作为华山之冠以自表,接万物以别宥为始。语心之容,命之曰"心之行"。以聏合欢④,以调海内,请欲置之以为主。见侮不辱,救民之斗;禁攻寝兵,救世之战。以此周行天下,上说下教,虽天下不取,强聒而不舍者也⑤。故曰上下见厌而强见也。

虽然,其为人太多,其自为太少,曰:"请欲固置五升之饭足矣。"先生恐不得饱,弟子虽饥,不忘天下,日夜不休,曰:"我必得活哉!"图傲乎救世之士哉!曰:"君子不为苛察,不以身假物。"以为无益于天下者,明之不如已也。以禁攻寝兵为外,以情欲寡浅为内,其小大精粗,其行适至是而止。

【注释】

①忮(zhì):违逆。

②白心:表白心迹。

③宋钘:即宋荣子,战国时期思想家。尹文:姓尹名文,齐人,稷下学派人物,著有《尹文子》。

④聏(ér):柔,和。

⑤聒(guō):喧嚷。

【译文】

不为世俗所牵累,不用外物来矫饰,不苟求于他人,不违逆众情,希望天下安宁以保全百姓的性命,别人和自己的给养能够满足也就够了,用这种观点来表白自己的心迹,古代的道术有这方面的内容。宋钘、尹文听到这种风教就很喜欢,制作了一种像华山一样的帽子来表明自己上下均平的主张,应接万物以除去成见为先。他们说内心可以容纳万物,并把它命名为内心的行为。以柔和的态度投合他人的欢心,使得天下协调一致,请求大家把这种主张作为主导思想。受到侮辱而并不感到耻辱,能够解救人们的争斗;禁绝互相攻伐,停止征战,能够解救天下的战乱。怀抱这种主张而周游天下,向上游说君王,向下教化民众,虽然天下没有人接受这种主张,仍然强劝而不放弃。所以说,他们的学说上上下下的人都厌烦,但是仍勉力宣扬自己的观点。

然而,他们为别人谋求得太多,但为自己谋虑得太少,说:“请为我们准备五升饭就够了。”他们的先生恐怕都不能吃饱,弟子们也常常处于饥饿之中,但是他们仍旧念念不忘天下之人,日夜不停地为人民谋划,说:“我们必能活命呀!”多么高大的救世之士啊!他们还说:“君子不苛刻计较,不为外物所役使。”认为对天下没有益处的,明白不如干脆不做。把禁止攻伐、停止用兵作为外在活动,把清心寡欲作为内在修养,他们主张的小大精粗,及其所行所为,也只是达到如此境界而已。

【原文】

公而不党,易而无私,决然无主,趣物而不两,不顾于虑,不谋于知,于物无择,与之俱往,古之道术有在于是者。彭蒙、田骈、慎到闻其风而悦之[①],齐万物以为首,曰:“天能覆之而不能载之,地能载之而不能覆之,大道能包之而不能辩之。”知万物皆有所可,有所不可,故曰:“选则不遍,教则不至,道则无遗者矣。”

是故慎到弃知去己,而缘不得已。泠汰于物[②],以为道理,曰:"知不知,将薄知而后邻伤之者也。"謑髁无任③,而笑天下之尚贤也;纵脱无形,而非天下之大圣。椎拍辁断④,与物宛转;舍是与非,苟可以免。不师知虑,不知前后,魏然而已矣⑤。推而后行,曳而后往,若飘风之还,若羽之旋,若磨石之隧,全而无非,动静无过,未尝有罪。是何故?夫无知之物,无建己之患,无用知之累,动静不离于理,是以终身无誉。故曰:"至于若无知之物而已,无用贤圣,夫块不失道。"豪桀相与笑之曰:"慎到之道,非生人之行,而至死人之理。适得怪焉!"

田骈亦然,学于彭蒙,得不教焉。彭蒙之师曰:"古之道人,至于莫之是、莫之非而已矣。其风窢然⑥,恶可而言!"常反人,不见观,而不免于魭断⑦。其所谓道非道,而所言之韪⑧,不免于非。彭蒙、田骈、慎到不知道。虽然,概乎皆尝有闻者也。

【注释】

①彭蒙:齐人。田骈:齐人。慎到:赵人。《史记·孟子荀卿列传》说他们号称修"黄老道德之术",却干着"以干世主"的勾当。

②泠(líng)汰:听从自然,任其自然。

③謑髁(xíkē):儿戏,随便的样子。

④椎:击,使之自柔。拍:拍打,使之应节。辁(wàn)断:削去圭角。断,切。

⑤魏:同"巍",独立不动。

⑥窢(xù)然:寂静。

⑦魭(wǎn)断:无圭角的样子。

⑧韪(wěi):是。

【译文】

公正而不结党,平易而无偏私,去除私意而没有主见,顺随万物变化而不起两意,不去思虑营求,不用智巧谋虑,对于万物没有主观上的好恶选择,随着万物一起变化而已,古代的道术有这方面的内容,彭蒙、田骈、慎到听到这种风教就很喜欢,以齐同万物作为首要任务,说:"天能覆盖万物而不能承载万物,地能承载万物而不能覆盖万物,大道能包容万物而不能辨别万物。"知道万物皆有能够认识的方面,也有不能够认识的方面,因此说:"选择就不能遍及,教化就不能周全,顺从大道就不会有遗漏了。"

所以慎到抛弃智慧,忘却自我偏见,顺随于不得已的事。听任事物自然发展,来作为他的道理,说:"追求人所不能知道的知识,将必然为知所迫而受到损伤。"随随便便,不受牵累,而讥笑天下人崇尚贤能;放纵洒脱,不修德行,而非议天下的圣人。随物宛转,与万物推移变化;舍弃是非,或许能够免于牵累。不用智巧谋虑,不瞻前顾后,巍然独立而已。推动然后才跟着前进,拖曳然后才跟着前往,像飘风回旋,像落羽飘扬,像磨石转动,保全自身而无可非议,动静适度而没有过失,无非无过而未曾有罪。这是什么原因呢?凡是没有知觉的东西,也就没有树立自己的忧患,没有运用智慧的牵累,动与静皆不会离开自然的道理,因此终身没有毁誉。所以说:"达到像没有智慧的东西那样罢了,用不着圣贤,那土块也不会失于道。"豪杰们都讥笑他说:"慎到的学说,不是活人能施行的,却是死人的道理。当然让人觉得怪异!"

田骈也是这样,向彭蒙学习,学得不言之教。彭蒙说:"古代得道的人,达到不肯定是也不肯定非的境界而已。其风教寂静无化,哪里能够用语言表达出来呢!"经常违反人意,不为人所称赏,仍然不免于随物宛转。他们所宣扬的道不是真正的大道。而所说的是也不免于谬误。彭蒙、田骈、慎到并不通晓真正的大道。虽然如此,他们都还听闻过大道的大概。

【原文】

以本为精,以物为粗,以有积为不足,澹然独与神明居,古之道术有在于是者。关尹、老聃闻其风而悦之，建之以常无有，主之以太一，以濡弱谦下为表，以空虚不毁万物为实。

关尹曰："在己无居，形物自著。其动若水，其静若镜，其应若响。芴乎若亡^①，寂乎若清。同焉者和，得焉者失，未尝先人而常随人。"

老聃曰："知其雄，守其雌，为天下溪；知其白，守其辱，为天下谷。"人皆取先，己独取后，曰"受天下之垢"；人皆取实，己独取虚，无藏也故有余，岿然而有余。其行身也，徐而不费，无为也而笑巧。人皆求福，己独曲全，曰"苟免于咎"。以深为根，以约为纪，曰"坚则毁矣，锐则挫矣"。常宽容于物，不削于人，可谓至极。关尹、老聃乎，古之博大真人哉！

【注释】

①芴：通"惚"，恍惚。

【译文】

认为无形无为的道是极其精微的，认为有形有为的物是极其粗鄙的，认为有所积蓄而易生不满足之心，恬淡无心而独自与神明共处，古代的道术有这方面的内容。关尹、老聃听到这种风教就很喜欢，树立常有与常无的基本观点，把道作为自己学说的核心，以柔弱谦下为外在形式，以空虚不与万物相斥为内里实质。

关尹说："自己主观上不囿于私意，有形的外物便自然显露。动如流水般自然，静如平镜般空明，反应好像回声应声而作。迷离恍惚好像无物存在，寂静安宁好像清虚无有。与万物混同就能和谐，有所得必然会有所失，未尝赶在别人前面而常常跟在别人后面。"

老聃说："知道雄强，而持守雌弱，便能成为汇聚众流的溪谷；知道洁白，而持守暗昧，便能成为容纳万物的山谷。"人人都争先进取，自己却独独居后，说"甘愿承受天下的污垢"。人人都求取实惠，自己却单单选择虚无,没有储藏所以感到有余,充足的样子显得绰绰有余。立身处世,宽缓而不耗费精神,清静无为而取笑智巧。人人都追求幸福,唯独他委曲求全,说"姑且免于祸患"。以深玄作为根本,以简约作为纲纪,说"坚强则易毁坏,锐利则易挫折"。经常宽容待物,不侵削人,可以说已达到极致了。关尹、老聃,真可谓古时宽宏伟大的得道之人啊!

【原文】

苅漠无形①,变化无常,死与生与,天地并与,神明往与! 芒乎何之? 忽乎何适? 万物毕罗,莫足以归,古之道术有在于是者。庄周闻其风而悦之,以谬悠之说②,荒唐之言,无端崖之辞③,时恣纵而不傥④,不以觭见之也⑤。以天下为沈浊,不可与庄语。以卮言为曼衍⑥,以重言为真,以寓言为广。独与天地精神往来,而不敖倪于万物⑦,不谴是非,以与世俗处。其书虽瑰玮⑧,而连犿无伤也⑨;其辞虽参差,而諔诡可观⑩。彼其充实,不可以已,上与造物者游,而下与外死生、无终始者为友。其于本也,弘大而辟,深闳而肆⑪;其于宗也,可谓稠适而上遂矣⑫。虽然,其应于化而解于物也,其理不竭,其来不蜕,芒乎昧乎,未之尽者。

【注释】

①苅漠:恍惚茫昧。

②谬悠:迂远。

③无端崖:无头绪,无边际。

④恣纵:无拘碍,恣意发挥。傥:偏私。

⑤觭(jī):通"奇",一端。

⑥卮言:无心的言论。曼衍:不拘常规。

⑦敖倪:犹"傲睨",指傲视。

⑧瑰玮:奇伟,不平凡。

⑨连犿(fān):连缀婉转的样子。无伤:谓不失于理。

⑩诚(chù)诡:奇异,变幻。

⑪深闳:深邃。肆:放纵,畅达。

⑫稠适:相吻合。稠,通"调",调和。

【译文】

恍惚茫昧不显露形迹,变化没有常规,死啊生啊,和天地共存,与神明同往!渺渺茫茫不知何去?恍恍惚惚不知何往?包容万物,不知归宿在哪里,古代的道术有这方面的内容。庄周听到这种风教就很喜欢,便用虚远的论说,荒诞的话语,漫无边际的言辞,时常放任发挥而不偏执,不拘泥于一孔之见来表现自己的学说。认为天下人沉迷浑浊,不能够用庄重的语言来跟他们讲道理。使用自然无心之言漫无边际地发挥,借用先贤圣哲的言论来使人信以为真,用寄托深意的言论来广泛地阐发道理。独自和天地精神来往,而不傲视万物,不拘泥于是非,以此来与世俗相处。他的书虽然奇特伟岸,但是婉转述说而不失于道理;他的言辞虽然变化多端,但是诡异奇特而大有可观。他内心充实,思想奔放毫无止境,向上与造物主神游,向下与超脱死生、不知始终的人为友。他对于大道根本的阐释,恢弘而透彻,深远而畅达;他对于大道宗旨的阐释,真可谓和谐适宜而达到最高境界。虽然如此,他顺应万物的变化而超脱于外物的束缚,他的道理无穷无尽,其渊源始终不脱离大道,窈冥茫昧,无法穷尽其妙。

【原文】

惠施多方,其书五车,其道舛驳①,其言也不中②。历物之意,曰:"至大无外,谓之大一;至小无内,谓之小一。无厚,不可积也，其大千里。天与地卑，山与泽平。日方中方睨③，物方生方死。大同而与小同异，此之谓小同异；万物毕同毕异④，此之谓大同异。南方无穷而有穷，今日适越而昔来。连环可解也。我知天下之中央，燕之北、越之南是也。泛爱万物，天地一体也。"

惠施以此为大，观于天下而晓辩者。天下之辩者相与乐之：卵有毛，鸡三足；郢有天下；犬可以为羊；马有卵；丁子有尾⑤；火不热；山出口；轮不蹍地；目不见；指不至，至不绝；龟长于蛇；矩不方，规不可以为圆；凿不围枘；飞鸟之景，未尝动也；镞矢之疾⑥，而有不行、不止之时；狗非犬⑦；黄马骊牛三⑧；白狗黑；孤驹未尝有母；一尺之棰⑨，日取其半，万世不竭。辩者以此与惠施相应，终身无穷。

桓团、公孙龙辩者之徒⑩，饰人之心，易人之意，能胜人之口，不能服人之心，辩者之囿也。惠施日以其知与人之辩，特与天下之辩者为怪，此其柢也。

然惠施之口谈，自以为最贤，曰："天地其壮乎！"施存雄而无术。南方有倚人焉，曰黄缭，问天地所以不坠不陷、风雨雷霆之故。惠施不辞而应，不虑而对，遍为万物说，说而不休，多而无已，犹以为寡，益之以怪。以反人为实，而欲以胜人为名，是以与众不适也。弱于德，强于物，其涂隩矣⑪。由天地之道观惠施之能，其犹一蚊一虻之劳者也，其于物也何庸！夫充一尚可⑫，曰愈贵道，几矣！惠施不能以此自宁，散于万物而不厌，卒以善辩为名。惜乎！惠施之才，骀荡而不得⑬，逐万物而不反，是穷响以声，形与影竞走也，悲夫！

【注释】

①舛（chuǎn）杂：驳杂不纯。舛，错乱。

②中(zhòng)：不当于道，不中肯。

③睨(nì)：斜视，此处为偏斜的意思。

④毕：完全。

⑤丁子：蛤蟆。

⑥镞矢：箭头。

⑦狗：古时特指未长长毛的小狗崽。犬：古代特指大狗。

⑧骊：黑色的马。

⑨捶(chuí)：木杖，棍棒。

⑩桓团：先秦名家学派代表人物。公孙龙：先秦名家学派代表人物，著有《公孙龙子》。二人皆平原君门客。

⑪隩(ào)：水曲处，此指道路偏曲。

⑫充一：充当一家之言。

⑬骀荡：放荡。

【译文】

惠施的学问广博，他著述的书能装五大车，他所讲的道理杂乱无章，他的言辞不当于道。分析事理时，说："最大的东西没有外围，叫作大一；最小的东西没有内限，叫作小一。没有厚度，不能积累，但其广大可以延伸到千里之遥。天和地一样低，山陵和水泽一样平。太阳刚升至正中就开始偏斜，万物刚刚产生就开始走向死亡。全体相同与局部相同是不一样的，这就叫作'小同异'；万物完全相同又完全不同，这就叫作'大同异'。南方没有尽头而又有尽头，今天到越国而昨天已经到达。封闭的连环是可以解开的。我知道天下的中央，是在燕国的北方和楚国的南方。普爱万物，天地是一个整体。"

惠施把这些当作最大的道理，向天下人显示，并让那些善辩之士知晓。天下善辩之士都喜欢和他谈论这些问题：鸡蛋里面有羽毛，鸡有三只脚；楚国的郢都能够包容天下；犬可以叫作羊；马是有卵的；蛤蟆有尾巴；火是不热的；山能长出嘴巴；车轮碾不着地；眼睛不能看见东西；指事不能达到物的实质，即使达到也不能够穷尽；乌龟比蛇长；曲尺不能画方，圆规不能画圆；榫眼不能围住榫头；飞鸟的影子，不曾移动；急速飞行的箭头，既是静止的又是运动的；狗不是犬；一匹黄马加一头骊牛一共是三个；白狗是黑的；孤马不曾有母亲；一尺长的棍棒，每天都截去一半，万世都截不完。天下善辩之士用这些论题和惠施相互周旋，终身辩论个没完没了。

桓团、公孙龙都是辩士一类的人，他们迷惑人心，篡改人意，他们能在口舌上战胜别人，但是却不能使人心服，这就是好辩之士的局限。惠施每天靠他的智慧与人辩论，专门和天下善辩之士一起制造许多怪异的论题，这些就是他们辩论的大概情况。

然而惠施口辩，自以为最高明，说："天地是多么伟大啊！"但他虽有雄心却没有道术。南方有一个奇异的人，叫黄缭，问惠施天为什么不掉下来，地为什么不塌陷，以及风雨雷霆形成的原因。惠施毫不推辞地接受提问，不假思索地对答起来，几乎说遍万物，说个不停，话多得无穷无尽，还自以为说得太少了，又加上一些奇奇怪怪的言论。把违反常理的事情当作实情，想要胜过别人而获取名声，所以他与众人格格不入。轻视修养德行，重视博物思辨，他所走的道路越走越曲折。从天地之大道看惠施的才能，就好像一只蚊子、一只牛虻那样徒自辛劳，对于万物又有何用处呢！充当一家之言尚可，如果说能进一步尊奉大道，那就差不多了！惠施不能自安于大道，心思分散于争论万物而不厌烦，最终只落得个善辩之名。可惜啊！惠施的才能，放荡不羁而终无所得，追逐万物而迷途不返，这就像是用声音来使回声停止，用形体和影子竞走一样，可悲呀！

【赏析】

《天下》是《庄子》的最后一篇，从庄子学派的观点出发，褒贬各家学派，可以说是中国最早的一篇学术史论文，是研究先秦哲学思想不可多得的珍贵文献。

一开篇,庄子就提出学术有道术和方术之分:道术是普遍的学问,只有天人、圣人、神人、至人才能掌握它;方术则是具体的各家学派的学问,是各执一词的片面的学问。

　　接着,庄子对先秦时代几个主要的学派做了简明扼要的概述和批评。第一是墨家学派,庄子肯定其兼爱、非攻、勤俭等主张,又否定其消极、严苛的方面。第二是宋尹学派,庄子赞扬了其寡情少欲、追求上下平等、希望社会和平安宁、反对攻伐的主张,又指出他们不知爱己、自为太少的缺点。第三是彭蒙、田骈、慎到一派,庄子肯定其齐物、弃知、去己的思想与道术有相通之处,又指出其"非生人之行,而至死人之理"的缺点。第四是关尹、老聃一派,庄子充分地肯定了他们的道的观点和谦下的处世态度,有褒无贬,认为他们是古之博大真人。第五是庄子自评,"独与天地精神往来,而不敖倪于万物",追求精神的自由。庄子虽还以方术自居,但已经真正把握了道的本体,是真正的逍遥。第六是惠施,庄子认为"其道舛驳,其言也不中",对他的历物十事和辩者二十一事的命题提出了尖锐的批评,指出"桓团、公孙龙辩者之徒,饰人之心,易人之意,能胜人之口,不能服人之心",未能真正把握"道"。

　　该篇在庄子哲学思想中占有十分重要的地位及意义,历来评价颇高,一般认为是庄派后学比较先秦诸家后概括而成的。

本书扉页扫码 | 与大师共读国学经典

"崇文国学经典"书目

诗经	古诗十九首 乐府诗选
周易	世说新语
道德经	茶经
左传	资治通鉴
论语	容斋随笔
孟子	了凡四训
大学 中庸	徐霞客游记
庄子	菜根谭
孙子兵法	小窗幽记
吕氏春秋	古文观止
山海经	浮生六记
史记	三字经 百家姓 千字文 弟子规
楚辞	声律启蒙 笠翁对韵
黄帝内经	格言联璧
三国志	围炉夜话